내 입맛에 꼭 맞는 197가지 집밥 메뉴

한복선의
엄마의 밥상

• 들어가며

사랑하는 사람의
마음이 담긴 음식

2007년 12월 〈엄마의 밥상〉 첫 판을 펴내고 15년이 지났습니다. 그때만 해도 '집밥'이라는 것이 식문화의 화두가 아니었는데, 요즘 외식이다 혼밥이다 하는 말들이 현재의 사회상을 보여주는 것 같습니다.

시간이 지나도 변치 않는 우리 음식.

사랑하는 사람의 마음이 담긴 음식을 먹는 것이 바로 행복이겠지요. 그 소중함을 알아, 세월이 흐른 2022년 다시 '엄마의 밥상'을 차려봅니다. 정말 우리에게 필요한 것은 따스한 엄마의 손맛, 엄마의 밥상입니다.

어머니의 손맛에 길들여진 우리는 어른이 되어서도 어머니가 차려주신 밥상을 그리워합니다. 그 맛을 떠올리며 이제 우리는 가족을 위해 밥상을 차립니다.

음식하기 55년, 그동안의 공부를 정리하여 어머니의 손맛을 담은 요리책 〈엄마의 밥상〉 개정판을 내게 되었습니다.

사람은 홀로가 아닙니다. 아버지, 어머니 그리고 그 위의 위 조상들이 계셔서 내가 이 세상에 나오게 된 것이지요. 이렇게 건강하게 낳아주셔서 좋은 음식을 먹고 건강한 몸과 마음으로 사는 것이 얼마나 고맙고 행복한 일인지요. 다 주위 여러분들의 덕분입니다.

황혜성, 나의 어머니이며 스승이시지요. 55년 전 식품영양학과에 입학하여 어머님 수업을 듣게 되었습니다. 평소엔 엄마, 학교에서나 밖에선 교수님이셨던 어머니가 2006년 12월에 가시고 이제는 항상 사진으로만 뵙고 인사드립니다.

일하는 엄마라 소풍에도 함께 못 가고, 집에 가면 아무도 없는 쓸쓸함이 가슴 깊이 박혔습니다. 그래서 나는 절대로 일을 안 할 것이라 다짐하면서, 한옥에 살며 철철이 장을 담그는 9남매 종가의 막내에게 시집을 갔습니다. 그렇지만 일하는 것은 내 뜻대로 되지 않아 1인 다역을 하며 지금껏 행복하게 일하고 있습니다.

나는 맛있는 것을 좋아하는 남편의 아내이기도 하고, 밖에 나가서 강의도 하는 선생님이며, 사회활동을 하는 경제인이기도 합니다. 딸아이 둘이 시집가서 아이를 낳는 바람에 할머니도 되었습니다. 밥하는 일은 누구나가 다 하는 일이라 언제나 나는 밖에서 말하는 사회인 한복선과 본래의 나인 한복선은 별개라고 생각하며, 항상 그 자리에서 나의 일만 잘하려고 해왔습니다.

어머니께서 한국의 전통음식과 궁중음식의 체계를 잘 잡아 한국 음식문화의 큰일을 하셨다는 것을 나의 공부가 깊어갈수록 점점 절감하게 되고, 그 훌륭함을 다시 한번 새기게 됩니다.

지금으로부터 350여 년 전 안동 장씨 할머니가 우리나라 최초의 한글 요리책 〈음식디미방〉을 남기셨습니다. 이 책에는 김치를 비롯한 우리 음식 146가지와 술 51가지가 기록되어 있습니다. 당시는 우리나라에 고춧가루가 들어오기 전이라 김치는 고춧가루 없이 담가 먹었으며, 가정의 대소사에 꼭 필요한 술도 종류별로 담갔습니다.

이 책을 통해 그 시절 여성들의 삶을 엿보았으며, 당시 여성들의 가장 큰 덕목은 가족들을 위해 음식 만들고 술을 빚으며 자식을 훌륭하게 키우는 것이라는 사실을 알 수 있었습니다. 어떻게 사는 게 옳은 건지는 모르겠지만, 사랑하는 사람을 위하여 맛있는 음식을 준비하고 함께 먹으며 즐거워하는 것은 예나 지금이나 다를 바가 없을 듯합니다.

안동 장씨 할머니가 그러하셨듯, 모든 것을 차분하게 정리하는 마음으로 '엄마의 밥상'이라는 주제로 한 권의 책을 내고, 다시 15년 만에 그 개정판을 내게 되었습니다.

이 책을 보시는 모든 분들이 하나라도 익혀서 정성들여 음식을 만들어 가족과 함께 맛있게 드시고 어머니의 추억을 생각하며 건강하고 행복하셨으면 좋겠습니다.

고맙습니다.

한복선

목차

들어가며
사랑하는 사람의 마음이 담긴 음식　2

• 요리하기 전 알아두세요
기억해두면 좋은 식품 계량법과 어림치　10
올바른 칼 사용법과 기본 썰기　12
살림의 지혜, 식품 보관법　13
채소 제대로 고르기 & 손질 · 보관하기　14
생선 · 해물 고르기 & 손질하기　16
고기 손질 · 보관하기 & 부위별 맛내기　18
요리의 제맛 내는 양념장과 소스　20

• 조리의 기초
조림 · 찜 기본 익히기　22
볶음 · 무침 기본 익히기　24
구이 · 전 · 튀김 기본 익히기　26
국 기본 익히기　28
찌개 · 전골 기본 익히기　30
자주 쓰는 국물 7가지　32
맛있는 밥 짓기　34
사계절 기본 반찬, 김치 담그기　36
아삭아삭 새콤한 피클 만들기　38
대표 저장 음식, 장아찌 만들기　39

part 1 매일매일 반찬 · 밑반찬

돼지고기김치찜 42
불고기 44
장조림 45
갈치무조림 46
고등어조림 47
코다리조림 48
양미리조림 49
삼치데리야키구이 50
북어찜 51
북어포양념구이 52
뱅어포구이 53
간장게장 55
간장새우장 57
꽃게무침 59
오징어볶음 60
골뱅이북어포무침 61
꼬막양념무침 62
오징어채무침 63
홍합초 64
잔멸치아몬드볶음 65
멸치고추장볶음 66
멸치꽈리고추조림 67
가지볶음 68
가지나물 69
깻잎나물 70

쑥갓나물 71
콩나물 · 숙주나물 · 무나물 72
대보름나물 74
도라지나물 · 시금치나물 · 고사리나물 76
삼색무생채 78
무말랭이무침 79
냉이무침 80
오이지무침 81
도라지오이생채 82
더덕구이 83
연근 · 우엉조림 84
감자조림 85
호두땅콩조림 86
콩자반 87
톳두부무침 88
미역오이초무침 89
고추부각 · 다시마튀각 90
미역줄기볶음 92
마늘종볶음 93
애호박새우젓볶음 94
고구마순들깨볶음 95
두부김치 96
두부조림 98
뚝배기달걀찜 99
소시지채소볶음 100
어묵볶음 101

part 2 보글보글 국·찌개·전골

사골우거지국 104
갈비탕 106
쇠고기무국 108
쇠고기미역국 110
황태해장국 112
오징어무국 114
생태국 116
배추속댓국 118
아욱된장국 119
감잣국 120
콩나물국 121
재첩국 122
어묵국 123
오이미역냉국 124
우무냉국 125
불고기뚝배기 126
돼지고기김치찌개 128
돼지고기감자고추장찌개 129
꽃게찌개 130
알탕 132
대구맑은탕 134
대구탕 136
동태매운탕 137
명란두부찌개 138
굴두부새우젓찌개 139
순두부찌개 140
콩비지찌개 142
콩비지김치찌개 143
청국장찌개 144
애호박된장찌개 145
참치김치찌개 146
부대찌개 147

part 3 간단한 한 끼 한 그릇 요리

궁중비빔밥 150
전주비빔밥 152
취나물보리비빔밥 154
쇠고기달걀덮밥 156
오므라이스 158
카레라이스 160
영양솥밥 162
참치회덮밥 163
콩나물밥 164
알솥밥 165
라이스치킨그라탱 166
김치치즈볶음밥 168
치즈오믈렛 169
포크커틀릿 170
햄버그스테이크 172

떡만둣국　174
바지락칼국수　176
닭칼국수　178
잔치국수　179
감자수제비　180
콩국수　181
골동면　182
동치미냉면　183
쫄면　184
김치말이국수　185
메밀묵밥　186
쇠고기채소죽　187
팥죽　188
단호박죽　189

part 4 가족사랑 건강 요리

오향장육　192
돼지보쌈과 굴무생채　194
수삼떡갈비　196
주꾸미볶음　198
굴전　199
3가지 맛 장어구이　200
삼계탕　202
육개장　204

설렁탕 206
초계탕 207
추어탕 208
낙지연포탕 210
불고기낙지전골 212
버섯전골 214
토란국 216
들깨미역국 217
쑥콩가루국 218
매생이굴국 219
전복죽 220
흑임자죽 221
잣죽 222
새우부추죽 223

닭갈비 238
아귀찜 240
낙지볶음 242
새우케첩볶음 243
마파두부 244
해물매운탕 246
감자탕 248
샤부샤부 250
국수전골 252
스키야키 253
쟁반국수 254
미트소스 스파게티 256
일본식 볶음우동 258
오코노미야키 260
월남쌈 262
양장피잡채 264
탕수육 264
부추잡채와 꽃빵 266
버섯잡채 267
고추장떡볶이 · 간장떡볶이 270
해물파전 272
애호박전 · 표고버섯전 · 연근전 274
도토리묵무침 · 메밀묵무침 276
해파리냉채 278
탕평채 279

part 5 특별한 날 별식·손님초대요리

쇠갈비찜 226
LA갈비구이 228
너비아니구이 229
돼지갈비찜 230
등갈비강정 232
오삼불고기 234
닭매운찜 236

part 6 사계절 김치·장아찌·피클

통배추김치　282

백김치　284

총각김치　286

열무물김치　288

깍두기　290

동치미　292

나박김치　293

섞박지　294

배추겉절이　295

오이소박이　296

고추소박이　297

파김치　298

부추김치　299

깻잎김치　300

갓김치　301

마늘초장아찌　302

오이피클　303

매실장아찌　304

풋고추장아찌　305

찾아보기　306

• 요리하기 전 알아두세요

기억해두면 좋은 식품 계량법과 어림치

재료의 양이 정확하지 않으면 음식의 제맛을 낼 수 없어요. 계량스푼이나 저울로 재는 것도 요령이 있답니다. 계량도구 쓰는 일이 번거롭다면 어림치를 알아두세요. 눈대중, 손대중을 기억해두면 훨씬 편해요.

계량에 필요한 도구

계량스푼
양념 등 적은 양을 정확히 재기 위해 꼭 필요한 도구다. 1큰술인 15mL짜리와 1작은술인 5mL짜리 하나씩 갖추고 있으면 편리하다. 가루 재료는 넉넉히 담은 뒤 칼이나 막대기로 평평하게 깎아내고, 액체는 찰랑찰랑하게 담는다.

계량컵
가장 많이 쓰는 것은 200mL짜리 컵이다. 유리, 플라스틱, 스테인리스 등 소재가 다양한데, 투명한 유리컵이 내용물과 눈금이 잘 보여 쓰기 편하다. 눈금을 볼 때는 평평한 곳에 놓고 눈높이를 눈금 높이에 맞춰서 본다.

저울
적은 양도 잴 수 있게 눈금이 최소한 5g 단위로 나뉘어 있고, 최대 1~2kg까지 잴 수 있는 것이 좋다. 저울을 평평한 곳에 놓고 눈금이 0에 있는지 확인한 다음 재료를 올려 잰다. 그릇에 담아 잴 때는 그릇을 먼저 올려놓고 눈금을 0에 맞춘 뒤 재료를 담는다. 요즘은 디지털 저울을 많이 사용한다.

알아두면 편리한 계량법

1큰술 = 15mL
일반적인 밥숟가락에 수북이 담은 양

1/2큰술 = 7.5mL
밥숟가락에 조금 봉긋하게 담은 양

1작은술 = 1/3큰술 = 5mL
찻숟가락에 수북이 담은 양 또는 밥숟가락으로 한 숟가락 정도

1/2작은술 = 2.5mL
찻숟가락에 2/3 정도 담은 양 또는 밥숟가락으로 반 숟가락 정도

1컵 = 13.5큰술 = 200mL
종이컵에 가득 담은 양

1줌
한 손으로 가볍게 잡은 정도

조금
엄지와 검지로 가볍게 잡은 정도

자주 쓰는 재료의 100g 어림치

 감자 = 작은 것 1개
 당근 = 큰 것 1/3개
 양파 = 1/2개
 오이 = 1/2개
 애호박 = 1/2개
무 = 지름 9cm×길이 1.5cm

 콩나물 = 1줌 반
 시금치 = 7포기
 풋고추 = 8개
 마늘 = 20쪽
 양배추 = 1/8포기
 양송이 = 5개

 두부 = 6×5×3cm
 새우살 = 12개 = 3/4컵
 덩어리 고기 = 8×6×1.5cm
 다진 고기 = 3/4컵
 닭가슴살 = 1쪽
 닭다리 = 중간 것 1개

자주 쓰는 재료의 무게 어림치

채소 · 버섯	
가지 1개	120g
감자(작은 것) 1개	85g
감자(큰 것) 1개	210g
고구마 1개	130g
당근(큰 것) 1개	330g
애호박(큰 것) 1개	280g
양파 1개	250g
오이 1개	210g
연근 1개	300g
우엉(지름 3cm) 20cm	100g
풋고추(큰 것) 1개	20g
피망 1개	100g
깻잎 10장	10g
대파 1뿌리	45g
무 10cm	460g
배추 1포기	1kg
양배추 1포기	800g
시금치 1포기	14g
고사리·쑥갓·미나리·부추 1줌	100g
콩나물 1줌	50g

느타리버섯 1개	10g
양송이버섯 1개	17g
팽이버섯 1봉지	100g
표고버섯(큰 것) 1개	20g

고기 · 달걀	
쇠고기 주먹 크기	120g
닭다리 1개	100g
달걀 1개	50g

해물 · 건어물	
고등어 1마리	400g
조기 1마리	50g
게 1마리	200g
굴 1컵	130g
모시조개 1개	25g
새우(중하) 1마리	18g
칵테일새우 10마리	50g
오징어 1마리	250g
북어포 1줌	15g
잔멸치 1줌	15g

오징어채 1줌	15g
다시마 10×10cm	35g

가공식품	
두부 1모	480g
식빵 1장	35g
어묵(네모난 것) 1장	30g
어묵(둥근 것) 10cm	50g
프랑크소시지 1개	35g

양념	
고운 소금 1큰술	6g
굵은소금 1큰술	18g
고춧가루 1큰술	8g
다진 마늘 1큰술	12g
설탕 1큰술	12g
통깨 1큰술	8g
간장 1큰술	13g
올리브유 1큰술	12g
된장 1큰술	20g
고추장 1큰술	20g

• 요리하기 전 알아두세요

올바른 칼 사용법과 기본 썰기

음식 만들기의 기본은 칼질에 있어요. 재료를 어떻게 써느냐에 따라 음식의 모양은 물론 맛도 달라지죠. 요리 실력도 칼질을 보면 알 수 있어요. 올바른 칼 사용법을 배우고 썰기의 기본기를 차근차근 익혀볼까요?

용도에 따른 칼 사용법

 **재료를 썰 때** 힘이 고르고 안정적인 칼날 가운데 부분으로 썬다.

 **양배추 등의 밑동을 도려낼 때** 뾰족한 칼끝으로 도려낸다. 칼끝은 섬세한 작업을 하기에 알맞다.

 **우엉 등의 껍질을 얇게 벗길 때** 칼등으로 벗긴다. 칼을 뒤집어 수직으로 세워 바깥쪽으로 긁어낸다.

 **재료를 다질 때** 칼날 전체로 다진다. 왼손으로 칼끝을 누르고 칼을 위아래로 움직여 다지면 쉽다.

 **두부, 마늘 등을 으깰 때** 칼을 뉘어 옆면으로 눌러 으깬다.

 **감자 싹, 흠집 등을 도려낼 때** 칼 아래쪽 뾰족한 부분으로 빙 돌려 파낸다.

자주 사용하는 기본 썰기

동글 썰기 애호박이나 오이 같은 원통 모양의 재료를 동글동글한 모양을 살려 써는 방법이다. 칼을 똑바로 세워 일정한 두께로 썬다. 애호박전, 오이무침, 연근조림 등을 할 때 쓴다.

어슷썰기 재료를 가지런히 놓고 칼을 비스듬히 틀어 사선으로 썬다. 대파나 고추 등 양념으로 들어가는 채소를 썰 때 많이 쓰며, 떡국에 들어가는 가래떡도 어슷하게 썬다.

송송 썰기 풋고추나 실파처럼 가늘고 긴 재료를 썰 때 쓴다. 동그란 단면을 살려 잘게 썰어 양념장에 넣거나 고명으로 쓴다.

반달썰기 애호박, 감자, 고구마 등의 재료를 길이로 반 가른 뒤 원하는 두께로 썬다. 주로 국이나 찌개, 볶음 등을 할 때 많이 쓴다.

나박 썰기 재료를 막대 모양으로 썬 뒤 다시 얇게 썬다. 나박김치나 국에 들어가는 무를 썰 때 주로 쓴다.

깍둑썰기 무, 감자, 당근 등의 재료를 주사위 모양으로 써는 방법이다. 먼저 막대 모양으로 썬 뒤 다시 네모나게 썬다. 깍두기를 담글 때 쓴다.

저며썰기 마늘이나 생강 등을 얇게 썰 때 쓰며, 편썰기라고도 한다. 크기에 상관없이 얇고 고르게 썬다. 다져서 넣는 것보다 음식의 모양이 깔끔하다.

채썰기 무나 당근 등을 길고 가늘게 써는 방법이다. 얇게 저며 썬 다음 비스듬하게 겹쳐놓고 다시 가늘게 썬다. 생채, 잡채, 김밥 소 등을 만들 때 많이 쓴다.

돌려 깎기 오이, 애호박 등을 씨를 빼고 채 썰거나 대추의 씨를 바를 때 쓴다. 5~6cm 길이로 토막 낸 뒤 과일 껍질을 벗기듯이 칼을 살살 움직여 깎는다.

삐져 썰기 연필을 깎듯이 얇고 비스듬하게 잘라낸다. 우엉을 썰거나 배춧국에 들어가는 배춧잎을 썰 때 이 방법을 쓰기도 한다.

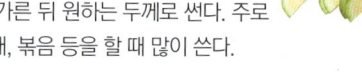

• 요리하기 전 알아두세요

살림의 지혜, 식품 보관법

음식을 쉽게 척척 만들어내는 비결은 재료를 요리하기 좋은 상태로 준비해두는 것이에요. 식품별 보관 요령을 알아두면 재료를 더 오래, 더 신선하게 보관할 수 있어 일석이조랍니다.

자주 쓰는 재료 보관 요령

마늘·생강은 다져서 냉동한다
다져서 비닐봉지에 납작하게 담은 뒤 초콜릿처럼 금을 그어 얼린다. 하나씩 똑똑 떼어 지퍼 백이나 밀폐용기에 담아두면 한 개씩 꺼내 쓰기 편하다. 생강은 반은 다져서 얼리고, 반은 얇게 저며 썰어서 냉동실에 둔다.

대파는 썰어서 냉동한다
씻어서 물기를 제거한 뒤 밀폐용기 길이에 맞게 썬다. 밀폐용기에 종이타월을 깔고 담아두면 10일 이상 보관할 수 있다. 더 오래 두하려면 어슷하게 썰어서 냉동실에 보관한다.

애호박은 물기를 닦아서 둔다
깨끗이 씻어 물기를 뺀 뒤 랩으로 싸서 냉장실에 둔다. 쉽게 물러지므로 되도록 빨리 먹는 것이 좋다.

두부는 물에 담가둔다
포장 두부는 그대로 냉장실에 두고, 쓰고 남은 것은 물에 담가 냉장실에 둔다. 이틀에 한 번 정도 물을 갈아주면 일주일 이상 간다.

콩나물은 물에 담가둔다
사오자마자 흐르는 물에 씻어 물에 담가 냉장실에 둔다. 이틀에 한 번씩 물을 갈아주면 10일 정도 보관할 수 있다.

고추는 씻어서 냉장한다
씻어 물기를 빼서 지퍼 백에 담아 냉장실에 둔다. 어슷하게 썰어서 냉동해도 좋다. 맛과 향은 떨어지지만 바로바로 쓸 수 있어 간편하다.

달걀은 뚜껑 있는 통에 담아둔다
냉장실에 넣어두면 2개월 정도 둘 수 있다. 흔들리면 상하기 쉬우므로 문에 있는 달걀 칸보다 냉장실 안쪽에 둔다. 냄새를 흡수하기 때문에 뚜껑 있는 통에 담아두는 것이 좋다.

마른 멸치는 손질해둔다
국물용 마른 멸치는 머리와 내장을 떼고 지퍼 백이나 밀폐용기에 담아 냉동실에 둔다. 마른 새우 역시 지퍼 백이나 밀폐용기에 담아 냉동실에 둔다.

마른 다시마는 작게 잘라둔다
마른 다시마는 사방 5cm 크기로 잘라 지퍼 백이나 밀폐용기에 담아 냉동실에 둔다.

자투리 재료는 모아서 냉동한다
표고버섯 기둥, 황태 대가리 등 재료를 손질하고 남은 자투리들을 버리지 말고 모아서 냉동해둔다. 국물 낼 때 넣으면 맛있다.

• 요리하기 전 알아두세요

채소 제대로 고르기 & 손질·보관하기

채소는 신선도가 아주 중요해요. 좋은 재료를 구입해 손질을 잘하면 영양도 보존되고 음식 맛도 살릴 수 있답니다. 채소 제대로 골라 손질하는 법, 알뜰하게 보관하는 노하우를 소개합니다.

오이 고르기 | 겉면에 윤기가 흐르고 오톨도톨한 가시가 살아있는 것이 싱싱하다. 모양이 쭉 고른 것이 좋고 많이 휘거나 잘록한 것은 피한다.
손질하기 | 굵은소금을 손에 쥐고 문질러 깨끗한 물에 헹군다. 뾰족한 가시는 칼로 긁어내고 꼭지 부분은 쓴맛이 나므로 잘라낸 뒤 조리한다.
보관하기 | 씻지 말고 신문지나 비닐봉지에 싸서 냉장고 채소 칸에 보관한다. 습기가 있으면 물러지니 주의한다.

애호박 고르기 | 탄력 있고 표면에 윤기가 흐르며 모양이 쭉 고른 것이 좋은 것이다. 너무 큰 것은 씨가 자랐으므로 적당한 크기의 것을 고른다. 짙은 청록색의 주키니 호박은 굵기가 일정해 요리하기 편리하다.
손질하기 | 물에 깨끗이 씻어서 꼭지를 잘라낸 후 용도에 맞게 썰어 사용한다. 조직이 연하기 때문에 모양이 망가지지 않도록 조리하는 것이 포인트다.
보관하기 | 물기 없이 신문지에 싸서 냉장고 채소칸에 보관한다. 무르기 쉬우므로 되도록 빨리 조리한다. 얇게 썰어서 햇볕에 말려두었다가 물에 불려서 사용하면 좋다.

무 고르기 | 희고 싱싱하며 몸매가 고르고 단단한 것을 고르고, 표면이 울퉁불퉁하거나 말라있는 것은 속에 바람이 든 것일 수 있으므로 주의한다. 무 위쪽이 푸르스름한 것이 달다.
손질하기 | 껍질에는 특히 많은 비타민 C가 들어있으므로 조리할 때 되도록 껍질을 벗기지 않는다. 수세미로 문질러 씻은 뒤 깊게 파인 부분이나 흙이 묻은 부분을 칼로 도려낸다.
보관하기 | 신문지에 싸서 냉장고 채소 칸에 보관한다. 냉장고에 건조한 상태로 두면 바람이 들기 쉬우므로 자주 물을 뿌린다. 잎이 뿌리의 수분을 흡수하므로 보관할 때는 잎도 떼어내는 것이 좋다.

배추 고르기 | 밑동 부분이 싱싱하고 속이 꽉 차서 들어보아 묵직한 것을 고른다. 잎의 색이 흰색과 녹색으로 뚜렷하게 구분되는 것이 좋은 것이다.
손질하기 | 밑동 부분을 조금 자른 뒤 한 잎씩 벗기거나 반 갈라서 사용한다. 자를 때는 끝까지 자르지 말고 밑동 끝에 칼을 대고 벌리면 쉽게 쪼개진다. 한두 번 헹군 후 소금에 절여서 말끔히 씻어야 잎이 부서지지 않는다.
보관하기 | 신문지로 싸서 서늘하고 그늘진 곳에 보관한다. 눕히지 말고 세워서 두는 것이 좋다.

당근 고르기 | 색이 선명하고 껍질이 얇은 것이 맛도 좋고 비타민도 풍부하다. 깨끗이 씻어서 포장된 것보다 흙이 묻어있는 것을 고른다. 밑동 부분이 검게 변해있거나 울퉁불퉁한 것은 묵은 것이니 주의한다.
손질하기 | 흙을 씻어내고 칼이나 필러로 껍질을 벗겨서 사용한다.
보관하기 | 씻지 않은 채로 신문지에 싸서 냉장고 채소 칸에 보관한다. 냉장고에 오래 두면 건조해지기 쉬우니 가끔 스프레이로 신문지에 물을 뿌리는 것이 좋다.

감자 고르기 | 껍질이 얇고 단단하며 모양이 둥글고 매끈한 것을 고른다. 색이 푸르스름하거나 싹이 난 것, 군데군데 반점이 있는 것은 피한다. 표면이 일어나 있거나 쭈글쭈글한 것은 묵은 것이니 고를 때 주의한다.
손질하기 | 감자의 눈에는 솔라닌이라는 유독 성분이 있으므로 말끔히 도려내고 조리한다. 볶음을 할 때 물에 담가 녹말기를 제거한 뒤 조리하면 들러붙지 않아 깔끔하다.
보관하기 | 냉장고보다 서늘하고 어두운 상온에 보관하는 것이 좋다. 종이상자에 신문지를 깔고 감자 사이사이에도 넣어두면 오래간다.

양파 고르기 | 껍질이 잘 마르고 단단하며 반질반질 윤이 나는 것을 고른다. 껍질이 쪼글쪼글한 것은 오래된 것이므로 피한다.
손질하기 | 뿌리와 꼭지를 잘라내고 마른 껍질을 벗긴 후 용도에 따라 썰어 사용한다. 채 썰 때는 반 갈라 엎어놓고 세로로 촘촘히 썰고, 다질 때는 다시 가로로 촘촘히 썬다.
보관하기 | 망사자루에 넣어 바람이 잘 통하는 곳에 둔다. 건조하면 마르기 쉽고 습기가 많으면 싹이 나오므로 적당한 습도를 유지하도록 한다.

부추 고르기 | 잎이 억세지 않고 여린 것을 고른다. 잎이 마른 것은 오래되거나 시든 것이므로 피한다.
손질하기 | 깨끗이 다듬은 후 양손에 가지런히 모아 잡고 흐르는 물에 씻는다. 거칠게 다루면 흐트러지고 꺾여서 풋내가 나기 쉬우므로 주의한다.
보관하기 | 남은 것은 물에 씻지 말고 다듬은 채 신문지에 싸서 보관한다. 씻은 것은 뜨거운 물에 데쳐놓는 것이 좋다.

피망·파프리카 고르기 | 색이 진하고 윤기가 있으며 살이 두터운 것, 모양이 반듯한 것을 고른다.
손질하기 | 꼭지를 떼고 씨를 잘라낸 뒤 물에 씻는다. 반 가르거나 통째로 링 썰기 한다.
보관하기 | 비닐봉지나 랩에 싸서 냉장고 채소칸에 보관한다. 사용하고 남은 것은 잘게 썰어 밀봉한 후 냉동실에 둔다.

양배추 고르기 | 겉잎을 많이 떼어내어 울퉁불퉁한 것은 피하고 푸른 겉잎이 그대로 붙어있는 싱싱한 것을 고른다. 묵직한 것이 알차고 좋다.
손질하기 | 한 잎씩 벗겨 용도에 맞게 썬다. 많이 사용할 때는 벗기지 말고 통째로 잘라 한꺼번에 썰면 편하다.
보관하기 | 썰어놓은 단면이 마르고 누렇게 변하기 쉬우므로, 공기가 통하지 않게 랩으로 싸서 냉장고에 보관한다.

시금치 고르기 | 싱싱하며 크기가 고른 것을 고른다. 납작한 것은 달착지근해서 국을 끓이면 좋고 줄기가 긴 것은 나물을 무치면 좋다.
손질하기 | 밑동 쪽을 잘라내고 다듬어 흐르는 물에 씻는다. 데칠 때는 뚜껑을 연 채 끓는 물에 데치고, 소금을 조금 넣으면 색이 선명하다.

보관하기 | 물에 씻지 말고 다듬기만 해서 신문지에 싼 채 냉장고 채소칸에 보관한다. 스프레이로 물을 뿌리면 더 오래간다.

브로콜리 고르기 | 브로콜리는 색을 보고 골라야 하는데, 진한 초록빛으로 통통한 것이 좋다. 누렇게 변색된 것은 묵은 것이므로 피한다.
손질하기 | 흐르는 물에 씻은 후 적당한 송이로 나눈다. 기름으로 볶거나 끓는 물에 데쳐서 샐러드에 이용한다.
보관하기 | 씻지 말고 비닐봉지에 넣거나 신문지에 싸서 냉장고에 보관한다. 끓는 물에 데쳐서 보관하면 좋다.

우엉 고르기 | 줄기가 가늘고 곧은 것이 연하다. 너무 두껍거나 갈라진 것은 맛이 없다. 잘랐을 때 속이 부드러운 것이 좋다.
손질하기 | 필러로 벗기면 손실이 많다. 솔로 문질러 씻은 뒤 칼등으로 살살 긁어낸다. 타닌 성분이 있어 껍질을 벗기면 변색되므로 썰어서 식초 탄 물에 담가둔다. 떫은맛도 없어진다.
보관하기 | 흙이 묻은 채로 신문지에 싸서 냉장실이나 바람이 잘 통하는 곳에 둔다.

연근 고르기 | 흙이 묻어있는 것이 좋다. 굵고 두루뭉술하며 양쪽에 마디가 있는 것을 고른다. 가는 것은 섬유질이 억세므로 피한다. 잘랐을 때 속이 희고 부드러운 것이 맛있다.
손질하기 | 흙을 잘 털고 양 끝의 마디를 잘라내고 칼이나 필러로 껍질을 벗긴다. 썰어서 식초 탄 물에 담가두면 갈변을 막을 수 있다.
보관하기 | 흙이 묻은 채로 신문지에 싸서 냉장실에 둔다. 썰어놓은 것은 물에 담가 냉장실에 두고 가끔 물을 갈아준다.

버섯 고르기 | 기둥이 짧고 살이 두툼하며 윤기가 나는 것, 주름 부분이 하얗고 선명한 것을 고른다.
손질하기 | 말린 표고버섯은 따뜻한 물에 충분히 불려서 부드럽게 한다. 깔끔한 요리에는 기둥을 잘라내고 갓만 사용한다. 팽이버섯은 밑동을 넉넉히 잘라내고, 양송이는 모양을 살려 세로로 썬다.
보관하기 | 겹쳐놓으면 물러지고 변색되므로 겹쳐지지 않게 신문지에 싸서 냉장고에 보관하거나 건조하고 서늘한 곳에 둔다.

• 요리하기 전 알아두세요

생선 · 해물 고르기 & 손질하기

생선과 해물은 손질하기가 부담스러워 장볼 때 선뜻 집어 들게 되지 않죠. 다른 식재료에 비해 쉽게 상하기 때문에 고를 때 특히 신선도를 잘 살펴야 합니다. 신선한 생선과 해물을 골라 손질하는 비법을 소개합니다.

고등어 고르기 | 등 쪽의 암청색, 배 쪽의 은백색이 선명하게 대비되고, 살이 단단하고 탄력이 있는 것을 고른다. 내장이 흘러나온 것은 신선도가 떨어지는 것이니 주의한다.
손질하기 | 크기에 따라 통으로 또는 토막을 내서 조리한다. 내장을 그대로 두면 부패가 일어나 신선도가 빨리 떨어지기 때문에 손질해서 보관한다. 토막 낼 때는 어슷하게 썰어 단면을 최대한 넓게 해야 간이 잘 밴다.

꽁치 고르기 | 등 부분이 선명한 푸른빛을 띠고 전체적으로 탄력 있으며 윤기가 나는 것이 신선하다
손질하기 | 지느러미와 머리, 꼬리를 잘라낸 다음 배를 가르고 내장을 긁어낸다. 내장을 빼내면 부패를 막아 좀 더 신선하게 유지할 수 있다.

갈치 고르기 | 표면에 은백색의 윤기가 나며 통통한 것을 고른다. 은색 가루가 벗겨진 것은 신선도가 떨어지는 것이다.
손질하기 | 조림이나 구이를 할 때는 배에 칼을 넣어 내장을 제거하고 머리와 꼬리, 지느러미를 잘라낸 다음 토막 낸다. 갈치 표면의 은색 가루는 소화도 안 되고 영양 가치도 없으므로 깨끗이 긁어낸 뒤 조리한다.

삼치 고르기 | 몸 표면에 윤기가 흐르며, 눈이 맑고 투명한 것이 신선한 삼치다. 등 쪽 반점의 색이 어둡고 뚜렷할수록 좋으며, 살이 통통하고 눌렀을 때 단단하며 배 부분이 처지지 않은 것을 고른다.
손질하기 | 지느러미와 머리, 꼬리를 잘라내고 내장을 긁어낸 뒤 용도에 따라 토막을 낸다. 조림을 할 때는 몸통째 어슷어슷 썬다. 구이를 할 때는 머리와 꼬리를 자르지 않고 통째로 쓰기도 한다.

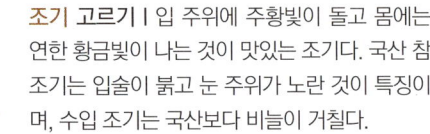

조기 고르기 | 입 주위에 주황빛이 돌고 몸에는 연한 황금빛이 나는 것이 맛있는 조기다. 국산 참조기는 입술이 붉고 눈 주위가 노란 것이 특징이며, 수입 조기는 국산보다 비늘이 거칠다.
손질하기 | 칼로 비늘을 긁어낸 다음 아가미를 벌려 내장을 빼내고 깨끗이 씻는다. 비늘은 꼬리에서 머리 쪽으로 긁고 내장은 나무젓가락을 아가미에 넣어 빙글빙글 돌려가면서 잡아 빼면 된다.

가자미 고르기 | 윤기가 있고 탄력이 있으며 비늘이 단단하게 붙어있는 것을 고른다. 배 쪽이 하얗고 투명한 것이 좋다. 비린내가 나는 것은 신선도가 떨어지는 것이니 피한다.
손질하기 | 꼬리에서 머리 쪽으로 비늘을 긁어낸 다음 내장을 빼고 소금물에 깨끗이 씻는다. 씻은 뒤 채반에 널어 꾸덕꾸덕하게 말리면 쫄깃한 맛이 좋고 조리할 때 부서지지 않는다.

병어 고르기 | 표면이 매끄럽고 윤기가 흐르며 손으로 만져보아 살이 단단하고 탄력 있는 것을 고른다. 아가미가 선명한 붉은색을 띠는 것일수록 싱싱하다.
손질하기 | 비늘이 없으므로 흰 껍질만 살짝 긁어내고 조리하면 된다.

북어 고르기 | 신선한 상태에서 잘 건조되어 살이 포슬포슬 연하고 껍질에 윤기가 있으며 살빛이 노란 것을 고른다. 오래된 것은 지방이 산화되어 묵은내가 나므로 주의한다.
손질하기 | 통북어는 방망이로 두들겨 살을 부드럽게 한 뒤 통으로 또는 쪼개어 사용한다. 통째로 쓸 것이 아니라면 쪼개놓은 것을 사는 것이 요리하기에 편하다. 두고 쓰려면 비닐봉지에 담고 밀봉해 냉동실에 보관한다.

멸치 고르기 | 살이 단단하고 뽀얀 것을 고른다. 국물 내기용 멸치는 크고 푸르스름한 빛이 나는 것이 좋다. 누렇게 된 것은 지방이 산화한 것일 수 있으니 피한다.
손질하기 | 내장을 그대로 둔 채 조리하면 씁쓸한 맛이 나므로 중간 크기 이상은 내장을 떼어내고 손질한다. 잔멸치는 체에 담고 흔들어 잔 가루를 털어낸다.

오징어 고르기 | 몸통을 눌러봐서 살이 탱탱하고, 빛깔이 투명감 있는 적갈색을 띠는 것이 좋다. 눈을 살펴보아 튀어나와있고 단단하게 뭉쳐 있는 것이 좋다.
손질하기 | 속으로 손을 넣어 먹물과 내장을 꺼내고 연골막을 떼어낸다. 용도에 따라 껍질을 벗기기도 하는데, 껍질에 소금을 묻혀 잡아당기면 쉽게 벗겨진다. 부위별로 나누어 살짝 데쳐서 냉동해두면 조리하기 편하다.

낙지 고르기 | 눈이 튀어나오고 빨판이 단단한 것이 신선하다. 탄력이 있고 껍질에 흠이 없으며 미끈거리지 않는 것이 좋다. 비린내가 나는 것은 피한다. 큰 것보다 중간 크기의 것이 맛있다.
손질하기 | 머리를 뒤집어 먹물과 내장을 떼고, 다리 쪽의 눈 부분을 잘라낸다. 다리 안쪽에 있는 입을 손으로 꾹 눌러 뺀다. 밀가루나 소금을 뿌리고 바락바락 주물러 씻어 불순물을 말끔히 없앤 뒤, 빨판을 훑어가며 구석구석 깨끗이 헹궈 소금기를 완전히 뺀다.

굴 고르기 | 조직이 연해 상하기 쉬우므로 잘 골라야 한다. 빛깔이 선명하고 유백색을 띠며 윤기가 도는 것이 신선한 굴이다. 살이 희끄무레하고 퍼져있는 것은 오래된 것이므로 피한다.
손질하기 | 껍데기와 잡티를 가려내고 엷은 소금물에 가볍게 헹군다. 씻은 굴은 쉽게 상하므로 냉장고에 2일 이상 넣어두지 않는다.

전복 고르기 | 통통하고 탄력 있는 것, 윤기가 나고 흠이 없는 것을 고른다. 뒤집었을 때 살이 오므라드는 것이 신선하다. 수컷은 발 뒤쪽이 짙은 녹색, 암컷은 엷은 갈색을 띤다. 내장의 색깔도 달라서 수컷은 노란색, 암컷은 녹색이다.

손질하기 | 솔로 문질러 깨끗이 씻는다. 살과 껍데기 사이에 숟가락을 넣어 긁어내듯이 살을 떼어내고 내장도 긁어 용도에 따라 사용한다.

조개 고르기 | 껍데기 사이로 벌어진 틈을 살짝 건드렸을 때 얼른 입이 닫히면 살아있는 신선한 것이다. 비린내가 심한 것은 신선하지 못하므로 피한다.
손질하기 | 소금물에 바락바락 주물러 씻은 뒤 엷은 소금물에 담가 해감을 토하게 한다. 조개류는 너무 높은 온도에서 조리하면 살이 단단해지므로 낮은 온도(82~83℃)에서 서서히 익히는 게 좋다.

새우 고르기 | 껍질에 윤기가 있고 만져보아 탄력이 있으며 투명한 느낌이 드는 것이 신선한 것이다. 머리와 수염, 다리가 온전히 붙어있는지 살펴본다.
손질하기 | 등 쪽에 꼬치를 넣어 내장을 빼낸다. 용도에 따라 머리를 떼어내고 껍질을 벗겨서 사용하기도 한다. 튀김을 할 때는 꼬리 쪽의 물집을 제거해야 기름이 튀지 않는다.

게 고르기 | 건드려봐서 다리가 활발하게 움직이는지 살펴본다. 다리는 가늘고 길며 불그스름한 빛을 띠는 것을 고른다. 배 부분이 검거나 말랑말랑한 것은 피한다.
손질하기 | 솔로 껍질을 깨끗이 문질러 닦고 등딱지와 아가미를 떼어낸 다음 몸통을 토막 낸다. 토막 낸 게의 집게 발가락을 떼어내고 모래주머니와 지저분한 내장을 제거한 다음 흐르는 물에 다시 한번 씻어 먹기 좋은 크기로 자른다.

미역 고르기 | 검은색, 암갈색 등으로 색이 선명하며 끝부분이 노랗게 변하지 않은 것이 좋은 미역이다. 중국산 미역은 노란색을 많이 띠고 품질이 고르지 않으므로 주의한다.
손질하기 | 찬물에 1시간 정도 담가 충분히 불린 뒤 바락바락 주물러 씻는다. 거품이 나오지 않을 때까지 주무른 다음 헹구어서 먹기 좋은 크기로 썬다. 보관할 때는 직사광선을 피하고 습기 없는 건조한 곳에 둔다.

• 요리하기 전 알아두세요

고기 손질·보관하기 & 부위별 맛내기

단백질과 비타민, 철분이 풍부한 고기는 우리 몸에 에너지를 내는 영양 공급원이에요. 맛좋은 쇠고기, 값싸고 연한 돼지고기, 담백하고 부드러운 닭고기 등 종류마다 부위별 특징과 활용법을 알면 고기 요리의 제맛을 낼 수 있어요.

쇠고기

고르기
품종, 성별, 연령, 성숙도, 부위에 따라 맛 차이가 크다. 갓 잡은 것보다 일정 기간 숙성시킨 것이 더 맛있다. 알맞게 숙성된 고기는 선홍색을 띠고, 탄력이 있으며 윤기가 난다. 지방은 흰색으로 끈끈하고 탄력이 있어야 한다. 지방이 고루 퍼져 마블링이 서리와 같은 것을 최상급으로 친다. 지방이 노랗거나 질긴 기름이 붙은 것은 신선하지 않은 것이다. 썰어놓은 고기는 육즙이 빠져나와 맛이 없으므로 덩어리 고기를 사서 조리 직전에 써는 것이 좋다.

손질하기
불필요한 지방을 잘라낸다. 질긴 고기는 고기망치나 칼끝으로 가볍게 두들겨 섬유질을 끊는다. 연하게 하려면 양념하기 전에 배, 파인애플 등의 과일을 갈아 30분 이상 충분히 재둔다. 양파즙에 재두거나 후춧가루 또는 청주를 뿌려두면 누린내가 없어지고 고기도 연해진다.

보관하기
오래 보관하려면 한 번에 쓸 만큼씩 나누어 랩으로 잘 싼 다음 지퍼 백이나 밀폐용기에 담아 냉동실에 둔다. 얼린 고기는 저온에서 천천히 녹여야 육즙이 빠져나오지 않아 고기 맛이 유지된다. 녹였다가 다시 얼리면 맛이 급격히 떨어지니 주의한다. 소금으로 밑간하거나 청주를 뿌려둬도 좋다. 냉장고에서 여름에는 3일, 겨울에는 일주일 정도 보존된다.

쇠고기 부위별 특징과 활용법
안심 | 갈비뼈 안쪽에 붙은 고기로 소 한 마리에 2~2.5kg 정도밖에 없는 최고급 부위다. 거의 쓰지 않는 근육이기 때문에 결이 곱고 부드러우며 지방층이 알맞게 형성되어 있다. 구이나 스테이크에 잘 어울린다.
등심 | 갈비뼈 바깥쪽에 붙은 고기로 살코기에 지방이 알맞게 섞여있어 맛이 좋다. 서리가 내린 것처럼 지방이 고르게 퍼진 것을 질 좋은 등심으로 친다. 구이나 스테이크에 좋다.
채끝 | 등심에서 이어지는 허리 부분의 고기로 등심의 윗부분에 해당한다. 고기의 결이 곱고 살이 연하며 풍미가 좋다. 구이를 하면 맛있다.
갈비 | 등심과 채끝 사이 뼈와 함께 있는 고기다. 지방이 많지만 육질이 부드럽고 풍미가 있다. 구이나 찜을 하면 맛있다.
양지머리 | 가슴 부분의 고기로 지방과 근육막으로 이루어져 있다. 근육은 질기지만 오래 끓이면 맛이 좋아지므로 찜이나 국거리로 알맞다.
사태 | 다리와 몸이 이어지는 부분을 둘러싸고 있는 살로 지방이 없어 담백하면서도 깊은 맛이 난다. 힘줄이 많아 질기지만 오래 끓이면 연해진다. 국, 찜, 조림 등에 많이 쓴다.
우둔 | 볼기 부분에 붙은 붉은 살코기다. 지방의 양이 적당하고 근육막이 적어 비교적 연하고 맛이 좋다. 주로 육회나 잡채, 산적 등에 쓰며 다진 고기용으로 알맞다.
홍두깨 | 아래쪽 우둔과 뒷다리 바깥쪽 관절 사이에 붙어있는 살로 살코기와 지방이 알맞은 비율로 섞여있어 결이 곱고 육질도 부드럽다. 주로 장조림, 육회, 육포 등에 쓰며, 결대로 곱게 썰기가 좋아 채를 썰 때 많이 쓴다.

돼지고기

고르기
신선한 돼지고기는 연분홍색을 띠고 고깃결이 매끈하며 겉에 붙은 지방이 하얗고 손으로 만져보면 탄력이 있다. 반면 빛깔이 선명하지 않고 탁해 보이며 지방이 누렇고 윤기가 없으면 오래된 것이다. 특히 신선도가 중요한 삼겹살은 하얀 지방과 붉은 살코기가 선명하게 줄을 이루고 있는 것을 고른다. 지방이 흐물흐물하고 부분적으로 색이 변한 것은 오래된 것이다. 미리 썰어놓은 것보다 덩어리 고기를 사서 조리 직전에 써는 것이 육즙이 덜 빠져 맛있다.

손질하기
지방과 힘줄을 잘라낸다. 지방이 너무 없으면 고기 맛이 떨어지니 기호에 따라 처리한다. 도톰하게 썬 고기는 고기망치나 칼끝으로 가볍게 두들겨 섬유질을 끊는다. 보쌈 등 덩어리 고기를 삶을 때는 모양이 흐트러지지 않게 면실로 묶고 된장을 풀어 넣는다. 돼지고기는 쇠고기보다 누린내가 많이 나므로 생강즙이나 술에 재워 누린내를 없앤다.

보관하기
쇠고기에 비해 빨리 상하기 때문에 냉동 보관이 기본이다. 특히 지방이 많은 부위는 더 쉽게 상하고 맛도 금방 변하므로 주의한다. 구이, 찌갯거리, 다진 고기 등 종류별로 나눠 한 번에 먹을 만큼씩 랩으로 싸서 냉동실에 둔다. 얼린 고기는 조리하기 하루 전에 냉장실로 옮겨 천천히 녹인다. 냉장고에 보관할 경우 얇게 썬 고기는 2~3일, 덩어리는 일주일 정도 간다.

돼지고기 부위별 특징과 활용법
삼겹살 | 배 쪽에 붙은 고기로 살코기와 지방이 3겹의 층을 이룬다. 지방이 많아 맛이 부드럽다. 구이, 찜, 편육을 하면 맛있다.
목살 | 목심 또는 목삽겹이라고도 하며, 삼겹살보다 지방이 적다. 씹는 맛이 부드럽고 맛이 진하다. 구이, 편육을 하면 좋다.
안심 | 등뼈의 배 쪽에 붙은 살코기로 지방이 가장 적어 담백하고 부드럽다. 비타민 B_1이 가장 많고 칼로리가 낮다. 튀김, 구이 등에 쓴다.
등심 | 등 쪽 갈비뼈에 붙은 고기로 살코기 겉에 부드러운 지방이 덮여있어 육질이 부드럽고 풍미가 좋다. 익히기 전에 힘줄을 잘라야 오그라들지 않는다. 튀김, 구이, 볶음 등에 쓴다.
갈비 | 배 주변의 뼈와 고기로 뼈 사이사이에 살코기와 지방이 끼어있다. 육질이 안심 못지않게 부드럽고 풍미가 좋다. 돼지고기 특유의 누린내만 없애면 쇠갈비보다 더 연하고 맛있다. 구이, 찜, 찌개 등에 쓴다.
볼기살 | 지방이 거의 없어 담백하다. 고깃결이 거칠고 질기지만 익히면 연해진다. 조림, 볶음, 찌개 등 다양하게 조리한다.

고르기
닭고기는 갓 잡은 것이 좋기 때문에 유통이 빠른 곳에서 산다. 색이 선명하고 손으로 눌러보아 탱탱한 것을 고른다. 털구멍이 솟아올라있는 것, 육즙이 적은 것이 신선하다. 냉동육보다는 냉장육이 영양 손실이 적고 더 맛있다.

손질하기
꽁지 안쪽에 붙어있는 노란 지방 덩어리를 잘라내고, 배 속의 내장 찌꺼기와 피를 흐르는 물에 깨끗이 씻는다. 껍질 쪽에 포크로 몇 군데 찔러 구멍을 내면 껍질이 오그라드는 것을 막을 수 있다.

보관하기
닭고기는 수분이 많아 상하기 쉽다. 냉장 보관은 하루 정도이며, 일단 실온에 꺼내놓은 것은 되도록 빨리 먹는 것이 좋다. 남은 닭고기는 냉동 보관한다. 술을 조금 넣고 쪄서 냉동하면 냄새도 없어지고 더 오래간다. 익혀서 살코기만 발라두면 쓰기 편하다.

닭고기 부위별 특징과 활용법
다리 | 운동량이 많은 부위로 살이 탄력 있고 단단하다. 단백질과 지방이 많고 콜라겐이 알맞게 들어있다. 오븐에 굽거나 튀김, 조림을 하면 맛있다.
가슴살 | 지방이 적어 맛이 담백하다. 튀김, 무침, 샐러드 등에 쓴다
안심 | 가슴에 붙은 부위로 살이 부드럽고 담백하며, 지방은 거의 없다. 살을 가늘게 찢어 냉채나 샐러드에 넣으면 좋다.
날개 | 뼈가 대부분이고 살은 얼마 되지 않지만 부드러운 맛이 일품이어서 조림, 튀김에 이용한다. 윙이라고도 한다.

가공식품 건강하게 먹기

통조림 햄 | 끓인 물을 붓거나 가장자리의 노란 기름을 닦아내고 먹는다. 남은 햄은 밀폐용기에 옮겨 담아 보관한다.
햄·소시지 | 껍질을 벗기고 지방을 떼어낸다.
베이컨 | 데치거나 지져서 종이타월에 올려 기름을 뺀다.
단무지 | 찬물에 5분 정도 담가둔다.
어묵 | 데치거나 넓은 체에 펼쳐 담고 끓인 물을 끼얹어 헹군다.
통조림 옥수수 | 데치거나 체에 담아 흐르는 물에 헹군다. 뚜껑을 따기 전에 통을 깨끗이 닦고, 남은 것은 밀폐용기에 옮겨 국물과 함께 담아둔다.
라면 | 면을 한 번 데쳐서 끓인다. 기름과 함께 산화방지제와 착색제 등의 성분이 빠져나온다.

• 요리하기 전 알아두세요

요리의 제맛 내는 양념장과 소스

불고기를 할 때나 생선조림을 할 때, 나물을 무칠 때 맛깔스런 양념이 받쳐준다면 어느 정도의 맛은 보장할 수 있어요. 각각의 재료와 조리법에 어울리는 기본 양념 공식을 익혀두면 반찬 만들기가 한결 쉬울 거예요.

고기 양념

쇠고기나 돼지고기, 닭고기 등 어느 재료와도 무난하게 잘 어울리는 기본 양념이다. 고기의 누린내를 없애고 연육 작용을 하는 파와 생강, 양파 등을 넉넉히 넣어 맛을 낸다. 설탕이나 물엿을 적당히 넣어 단맛을 살짝 더한다.

간장 양념 불고기 양념으로 좋으며 다양하게 응용할 수 있다.
재료 간장 3큰술, 설탕 1/2큰술, 고춧가루 1/2큰술, 다진 파 1큰술, 다진 마늘 1작은술, 참기름·깨소금 1작은술씩

매운 양념 돼지고기나 닭고기로 매운 찜이나 볶음을 할 때 고기를 버무려 잰다. 오징어·낙지볶음에도 활용한다.
재료 고춧가루 5큰술, 고추장 3큰술, 간장 2큰술, 설탕 1큰술, 물엿 2큰술, 청주 2큰술, 다진 파 2큰술, 다진 마늘 1/2큰술, 다진 생강 1작은술, 참기름 1큰술, 깨소금 1/2큰술, 소금 1작은술, 후춧가루 조금

조림 양념

두부나 감자, 멸치 등을 조릴 때 쓰면 좋은 양념. 간간하면서 부드럽고 맵지 않게 만든다. 처음부터 재료에 넣고 조리하는 것보다 양념 재료를 한 번 끓여서 사용하는 게 좋다. 마른 고추를 넣어 달착지근하면서 맵싸한 맛이 돌게 만드는 것이 맛내기 비결이다.

달콤한 조림장 감자, 두부, 건어물, 콩자반 등을 맵지 않고 깔끔하게 조릴 때 쓴다.
재료 간장 1/2컵, 설탕 1큰술, 물엿 2큰술, 청주 1큰술, 다진 마늘 1큰술, 생강즙 1/2작은술, 마른 고추 2개, 물 1컵

매콤한 조림장 두부조림이나 북어찜 같이 고춧가루를 조금 넣어 칼칼한 맛을 낼 때 쓴다.
재료 간장 3큰술, 설탕 1/2큰술, 고춧가루 1/2큰술, 다진 파 1큰술, 다진 마늘 1작은술, 참기름·깨소금 1작은술씩

찜 양념

생선이나 해물로 만든 찜이나 갈비와 잘 어울린다. 주재료의 맛을 살리면서 양념의 맛도 진하게 느낄 수 있게 만드는 것이 포인트다.

얼큰한 해물찜 양념 동태, 대구, 아귀, 미더덕 같은 해물로 찜을 할 때 쓴다. 매운탕을 끓이려면 여기에서 간장, 설탕, 참기름, 녹말물을 빼고, 대신 소금의 양을 늘린다.
재료 고춧가루 4큰술, 간장 2큰술, 설탕 1/2큰술, 다진 파 3큰술, 다진 마늘 2큰술, 다진 생강 1/2큰술, 참기름 1작은술, 소금·후춧가루 조금씩, 녹말물 1/3컵, 멸치국물 3컵

부드러운 고기찜 양념 쇠갈비나 돼지갈비, 닭갈비 등으로 찜을 하면 맛있다.
재료 간장 5큰술, 설탕 1큰술, 물엿 3큰술, 청주 2큰술, 다진 파 3큰술, 다진 마늘 1큰술, 간 배 1/2컵, 간 양파 1/2컵, 참기름·깨소금 1큰술씩, 소금·후춧가루 조금씩

무침 양념

겉절이와 김치 양념

시금치, 콩나물 등의 나물이나 오징어, 골뱅이, 북어포 등을 매콤하게 무쳐내기에 좋은 양념이다. 미리 만들어두기보다 조리할 때 바로 만들어 쓰는 것이 향과 맛을 내는 비법이다.

살짝 절인 배추나 상추, 무채 등을 버무려 바로 먹는 겉절이 양념과 가장 기본의 맛을 낼 수 있는 김치 양념이다.

국간장 양념 단맛이 적은 무침을 할 때 쓴다.
재료 국간장 1½큰술, 설탕 1큰술, 다진 파 1큰술, 다진 마늘 1/2큰술, 참기름 1/2큰술, 통깨 적당량

겉절이 양념 상추, 배추속대, 오이, 부추 등을 버무려 바로 먹을 수 있는 양념이다. 상추나 오이 등으로 겉절이를 만들 때 참기름을 넣어도 맛있다. 오이를 바로 무쳐 먹을 경우 식초를 조금 넣으면 상큼하다.
재료 고춧가루 1/2컵, 간장 2큰술, 설탕 1큰술, 다진 파 2큰술, 다진 생강 1작은술, 새우젓 1큰술, 참기름·통깨 1큰술씩, 소금 조금, 물 1컵

매운 양념 새콤달콤하면서 매콤한 양념으로 데친 오징어, 골뱅이, 오이, 불린 미역 등을 무치면 맛있다.
재료 고춧가루 2큰술, 고추장 1큰술, 간장 1큰술, 식초 2큰술, 설탕 1큰술, 물엿 2큰술, 다진 파 1큰술, 다진 마늘 1/2큰술, 참기름 1/2큰술, 깨소금 1작은술, 소금 조금

김치 양념 배추 10포기 정도로 김치를 담글 때 알맞은 양이다. 굴이나 새우 등의 부재료는 입맛에 따라 달리해도 된다.
재료 고춧가루 10컵, 대파 1/2단, 다진 마늘 10통분, 다진 생강 3톨분, 새우젓 1컵, 멸치액젓 1컵, 생굴 1컵, 생새우 2컵, 설탕 1/2컵, 소금 조금

된장 양념 냉이나물, 우거지된장무침 등을 무칠 때 쓴다.
재료 된장 2큰술, 고추장·다진 마늘 1/2큰술씩, 고춧가루·설탕 1작은술씩, 다진 파 1큰술, , 참기름·깨소금 조금씩

곁들이 양념장 & 소스

초고추장 오징어초회, 두릅초회
재료 고추장 3큰술, 식초 2큰술, 설탕·물엿 1큰술씩, 다진 마늘 1/2큰술, 통깨 1작은술

데리야키 소스 장어구이, 치킨데리야키, 연어데리야키
재료 간장 4큰술, 청주·설탕 2큰술씩, 물엿 2작은술, 가다랑어포국물(또는 다시마국물) 4큰술

겨자 소스 해파리냉채, 양장피
재료 겨자가루·식초 3큰술씩, 설탕 4큰술, 오렌지주스 2큰술, 다진 마늘 1작은술, 참기름·소금 조금씩

폰즈 소스 튀김
재료 간장 2큰술, 무즙·청주 1큰술씩, 설탕 1/2큰술, 송송 썬 실파 1큰술, 가다랑어포국물 1/2컵

유자 소스 채소샐러드
재료 유자청·물 2큰술씩, 식초 3큰술, 설탕·소금 1작은술씩

허니머스터드소스 닭튀김, 훈제오리구이
재료 머스터드소스·마요네즈 3큰술씩, 다진 양파·꿀 1큰술씩, 레몬즙 2큰술, 소금·흰 후춧가루 조금씩

참깨 소스 채소샐러드, 두부샐러드
재료 땅콩버터·통깨·레몬즙 1큰술씩, 간장 1/2큰술, 다시마국물 2큰술

타르타르소스 생선커틀릿, 생선구이
재료 마요네즈 3큰술, 다진 양파 1큰술, 우유·레몬즙 1큰술씩, 소금·흰 후춧가루 조금씩

• 조리의 기초

조림·찜 기본 익히기

간간한 조림은 매일 차리는 밥상의 기본 반찬이죠. 고기조림, 생선조림, 채소조림 등 재료에 따라 조리법은 조금 다르지만 기본은 양념이 잘 배게 하는 것이랍니다. 재료에 양념을 해서 국물과 함께 쪄내는 찜의 기본 테크닉도 소개합니다.

조림 맛내기 요령

납작하고 넓은 냄비에 조린다 조림 냄비는 납작하고 넓은 것이 좋다. 음식에 간이 잘 배게 하려면 재료를 뒤적이지 말아야 하는데, 넓은 냄비를 쓰면 음식을 죽 늘어놓을 수 있어 뒤적거릴 필요가 없다.

물은 냄비의 가장자리로 붓는다 조림은 양념이 간간하게 배어들어야 제맛이다. 물을 부을 때 냄비의 가장자리에서 재료가 잠길 듯 말 듯할 정도로 붓는다. 물을 재료 위에 부으면 양념이 씻겨 내려가 맛이 떨어진다.

센 불에서 끓이다가 불을 줄인다 불 조절을 잘못하면 타거나 졸아든다. 센 불로 한소끔 끓인 뒤 불을 줄여 계속 끓을 정도로 유지한다. 뚜껑을 덮어 익히다가 국물이 바특해지면 불을 세게 키운다. 바로 뚜껑을 열고 재빨리 뒤적이면 수분이 날아가 윤기가 난다.

고기 조림

밑간으로 누린내를 없앤다 고기에 양념을 할 때는 밑간을 해서 누린내를 없애는 것이 포인트다. 쇠고기는 마늘과 후춧가루, 돼지고기는 생강에 1시간 이상 재어둔다. 누린내가 없고 질기지 않아 맛있다. 두꺼운 고기는 칼집을 내면 양념이 잘 밴다.

팬에 지지거나 끓는 물에 데쳐서 기름기를 뺀 뒤 조린다 닭고기와 돼지고기는 조리기 전에 팬에 한 번 지지면 좋다. 색이 먹음직스러워지고 기름도 빠진다. 고기를 살짝 데쳐서 조리는 것도 기름을 빼고 누린내를 없애는 좋은 방법이다.

재료별로 조리는 순서를 달리한다 고기와 채소는 익는 속도가 다르다. 고기와 채소를 함께 조릴 때는 고기가 어느 정도 익은 뒤에 채소를 넣어야 채소가 뭉개지지 않는다. 특히 녹색 채소는 맨 마지막에 넣어야 색을 살릴 수 있다.

생선조림

향신채소나 양념으로 비린내를 없앤다 생선조림은 비린내를 없애는 것이 관건이다. 깻잎이나 마늘, 생강 등의 향신채소로 냄새를 없앤다. 등 푸른 생선은 양념에 고추장이나 된장을 섞으면 좋다.

국물을 자주 끼얹는다 생선에 간이 배게 하려고 자주 뒤적이면 살이 부서지기 쉽다. 뒤적이는 대신 국물을 자주 끼얹는다. 간이 골고루 배고 모양도 산다.

무를 깔고 생선을 올린다 생선조림은 뒤적이지 말아야 하는데, 잘못하면 냄비 바닥에 눌어붙기 쉽다.

냄비에 무를 깔고 생선을 올리면 맛도 더 좋아지고 생선이 눌어붙지 않는다.

등 푸른 생선이 조림에 적당하다 고등어나 꽁치, 삼치 등의 등 푸른 생선은 양념을 진하게 해서 조리면 비린내가 나지 않는다. 갈치, 병어, 조기 등도 조려 먹기 좋다.

채소조림

단단한 채소가 알맞다 콩, 연근, 우엉 등 단단한 채소가 조림에 알맞다. 무나 감자, 두부 등으로 조림을 할 경우 그때그때 조려 먹는 것이 좋다.

중간 불에서 끓이다가 불을 줄인다 양념을 절반만 넣고 중간 불로 끓이다가 국물이 끓어오르면 나머지 양념을 넣고 불을 약하게 줄여 국물이 줄어들 때까지 조린다.

찜 맛내기 요령

양념해서 찌는 찜

센 불로 찌다가 불을 줄여 서서히 익힌다 처음에 센 불에서 끓이다가 한소끔 끓으면 불을 줄이고 뚜껑을 덮어 서서히 익힌다. 간이 잘 배어 깊은 맛이 난다. 특히 생선찜은 센 불에서 쪄야 단백질이 응고되어 생선살이 부서지지 않고 맛과 영양도 좋다.

재료를 익힌 뒤 양념해서 찐다 주재료를 먼저 익힌 다음 양념을 한다. 고기의 경우 양념한 고기를 살짝 볶다가 물을 부어 뭉근히 찌고, 생선은 밀가루와 달걀물을 입혀 살짝 지진 뒤 양념해서 찌면 살이 부서지는 것을 막을 수 있다.

단단한 채소를 쓴다 찜은 양념이 푹 배어야 맛있는데, 연한 채소는 금세 뭉그러져 오랫동안 찔 수가 없다. 감자, 당근, 무, 연근 등 익는 데 오래 걸리는 재료를 써야 깊은 맛을 낼 수 있다.

찜통에 찌는 찜

물은 절반 정도 붓는다 찜통에 붓는 물의 양은 절반 정도가 알맞다. 물이 너무 많으면 끓어 넘쳐 음식에 들어갈 수 있고 너무 적으면 탈 수 있다. 물이 모자라 중간에 더 보충할 때는 끓인 물을 부어야 찜통의 온도가 내려가지 않는다.

김이 오르면 재료를 안친다 찜통의 물이 팔팔 끓어 김이 오르면 재료를 안친다. 면포를 깔고 안치면 수증기가 재료에 바로 닿아 모양이 망가지는 것을 막는다.

물방울이 음식에 떨어지지 않게 한다 찌는 동안 찜통 뚜껑에 맺힌 물방울이 음식에 떨어지면 모양이 흐트러질 뿐 아니라 맛도 떨어진다. 찜통 뚜껑을 면포로 감싸 물방울이 음식에 떨어지지 않도록 한다. 음식에 따라 재료를 직접 감싸서 찌기도 한다.

• 조리의 기초

볶음 · 무침 기본 익히기

짧은 시간에 뚝딱 만들어내기 좋은 볶음. 기름을 적당히 두르고 물이 생기기 않도록 센 불에 재빨리 볶아내는 것이 포인트예요. 기본 요령을 익혀 맛있는 볶음을 만들어보세요. 갖은양념에 조물조물 버무린 무침과 나물 맛내기 노하우도 알려드려요.

볶음 맛내기 요령

재료 넣는 순서가 중요하다 여러 재료를 함께 볶을 때 재료 넣는 순서를 달리한다. 먼저 마늘 등을 볶아 향을 낸 뒤 고기를 넣어 볶다가 채소를 넣어 마저 볶는다. 당근과 양파가 들어갈 경우 단단한 당근을 먼저 넣고 양파를 나중에 넣는다. 재료가 다 익으면 마지막에 피망같이 색을 살려야 하는 채소를 넣어 살짝 볶는다.

두꺼운 팬에 재빨리 볶는다 볶음용 팬은 두껍고 넓은 것이 좋다. 두꺼우면 한 번 달궜을 때 잘 식지 않아 음식이 골고루 빠르게 익기 때문이다. 팬을 달군 뒤 기름을 두르고, 뜨거워지면 재료를 넣어 재빨리 볶는다. 빠르게 볶을수록 영양소 파괴가 적고 모양도 좋다.

고기볶음

기름을 조금만 쓴다 기름을 많이 넣으면 고기의 맛을 제대로 느낄 수 없고 칼로리가 지나치게 높아진다. 고기에서 나오는 기름으로도 충분하므로 조금만 넣는다.

센 불에서 재빨리 볶는다 센 불에서 나무주걱이나 나무젓가락으로 재빨리 저으면서 볶는다. 센 불에서 볶으면 육즙이 흘러나오지 않아 맛있고, 주걱이나 젓가락을 빠르게 움직이면 재료에서 나오는 물기가 증발되어 없어진다. 중국요리 하듯이 팬을 흔들면서 젓가락으로 저으면 좋다.

수분이 많은 채소는 데쳐서 함께 볶는다 수분이 많은 채소를 고기와 함께 볶을 때는 채소를 데쳐서 물기를 짜둔다. 그렇지 않으면 채소에서 물기가 스며 나와 고기볶음의 맛을 반감시키기 때문이다. 볶음의 마지막 단계에 데친 채소를 넣어 빨리 볶아야 물이 나오지 않는다.

간은 재료가 80%쯤 익었을 때 한다 불고기처럼 미리 양념에 재둔 것은 그냥 볶으면 되고, 간을 하면서 볶는 요리는 재료가 80%쯤 익었을 때 간을 한다. 소금은 골고루 뿌리고, 간장은 팬의 가장자리로 떨어뜨리는 것이 요령이다.

채소볶음

기름에 볶을 때는 물기를 닦는다 재료에 물기가 남아있는 채로 볶으면 기름이 튀기 쉽다. 물기를 잘 닦은 뒤 팬을 달구어 기름을 두르고 재빨리 볶는다.

밑간을 하거나 무쳐서 볶는다 미리 간을 해서 볶아야 제대로 된 맛이 난다. 감자, 당근, 호박, 도라지 등 비교적 단단한 채소는 소금에 절여서 볶고, 나물은 미리 양념해 무쳐서 볶으면 맛있다.

뚜껑을 열고 중간 불에서 볶는다 뚜껑을 덮으면 채소의 색깔이 누렇게 변한다. 애호박이나 당근, 피망, 양파 등 비타민이 풍부한 채소는 푹 익히지 말고 살캉거릴 정도로 볶아야 영양소 파괴도 적고 먹음직스럽다.

녹말기가 많은 채소는 물에 담갔다가 볶는다 감자나 고구마같이 녹말기가 많은 채소는 볶을 때 재료가 서로 달라붙거나 팬에 눌어붙기 쉽다. 재료를 용도에 맞게 썬 뒤 물에 담가 녹말기를 뺀 다음 물기를 닦고 볶는다. 그래야 눌어붙지 않는다.

당근, 애호박 등이 어울린다 볶음에는 당근이나 피망, 애호박처럼 비타민 A가 풍부한 채소가 좋다. 비타민 A는 지용성 비타민이어서 기름으로 볶으면 흡수가 잘 돼 영양 효율이 높아진다.

무침·나물 맛내기 요령

재료의 물기를 뺀다 재료에 물기가 많으면 양념이 겉돌아 맛이 없다. 재료를 씻어 물기를 탈탈 털어 무친다. 오이, 무 등 딱딱한 채소는 소금에 살짝 절여 물기를 꼭 짜면 부드러워져서 무치기 쉽다.

먹기 직전에 무친다 미리 무쳐두면 물기가 생겨 양념이 겉돌고 싱거워진다. 양념장을 미리 만들어 두었다가 상에 내기 바로 전에 무친다.

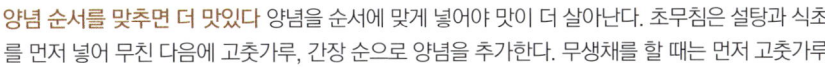

양념 순서를 맞추면 더 맛있다 양념을 순서에 맞게 넣어야 맛이 더 살아난다. 초무침은 설탕과 식초를 먼저 넣어 무친 다음에 고춧가루, 간장 순으로 양념을 추가한다. 무생채를 할 때는 먼저 고춧가루만 넣고 버무려 물을 들인 뒤에 다른 양념을 넣어야 색이 곱다. 초고추장무침은 양념장을 한꺼번에 섞어 넣고 버무려도 된다.

녹색 채소는 살짝 데친다 잎이 푸른 채소는 연해서 빨리 익는다. 끓는 물에 넣고 약간 부드러워질 정도로만 데쳐야 맛과 영양이 보존된다. 데칠 때 소금을 조금 넣으면 색깔이 더 파래진다.

향이 강한 채소는 초고추장 무침이 좋다 두릅, 냉이 같은 계절 채소는 된장이나 고추장으로 무치면 칼칼하고 구수해서 입맛이 살아난다. 씀바귀같이 향이 강한 채소는 초고추장에 무치면 쓴맛도 줄어들고 더 맛있다.

 **마른 나물은 이렇게**

물에 담가 냄새를 없앤다 시래기, 토란줄기, 고사리, 취 등의 마른 나물은 따뜻한 물에 불려서 부드러워질 때까지 푹 삶아 볶는데, 삶은 뒤에도 다시 한번 물에 담가두어야 냄새가 나지 않는다.

양념해서 볶는다 볶으면서 바로 양념하면 잘 배어들지 않아 깊은 맛이 나지 않는다. 삶아서 물기를 짠 뒤 양념에 조물조물 무쳐서 볶아야 간이 잘 배어 맛있다.

국간장으로 간을 한다 국간장으로 간을 해야 감칠맛이 난다. 국간장은 짜기 때문에 많이 넣지 않도록 주의하고, 색이 너무 진해질 경우에는 소금과 섞어 쓴다. 들기름도 마른 나물과 잘 어울린다.

• 조리의 기초

구이·전·튀김 기본 익히기

복잡한 과정 없이 간단하면서 재료 본래의 맛을 살릴 수 있는 요리가 바로 구이죠. 구이를 할 때는 미리 양념해서 간이 잘 배게 하고 너무 태우지 않는 게 중요해요. 고소하면서 깔끔하게 전 부치기, 바삭하고 맛있는 튀김 만들기 요령도 알아두세요.

구이 맛내기 요령

고기구이

밑간으로 누린내를 없앤다 고기구이는 밑간을 해서 누린내를 없애는 것이 중요하다. 마늘, 양파, 생강 등 향이 강한 채소를 다져넣고 재두면 고기의 누린내가 없어진다. 후춧가루와 청주도 누린내를 없애는 데 효과적이다. 단, 생강은 쇠고기에 쓰지 않는다.

연하게 하려면 배나 키위 등으로 양념한다 양념을 하기 전에 배, 키위, 파인애플, 양파 등에 재서 고기를 연하게 만든다. 너무 두꺼운 고기는 군데군데 칼집을 내면 질기지 않고 양념도 잘 밴다.

센 불에서 재빨리 익힌 뒤 불을 줄인다 고기는 센 불에서 재빨리 구워야 육즙이 빠지지 않아 맛있다. 스테이크든 양념한 고기든 먼저 센 불에서 재빨리 익혀 겉면의 단백질을 응고시킨 뒤 불을 줄여 속까지 익힌다.

뒤적이지 말고 한 번만 뒤집는다 고기를 구울 때는 한 번만 뒤집는 것이 좋다. 자주 뒤적이면 고기가 마르고 고유의 맛이 변한다. 달군 팬에 고기를 올려놓고 센 불에서 굽다가 위에 핏물이 고이면 뒤집어서 익힌다.

쇠고기는 살짝, 돼지고기는 완전히 익힌다 쇠고기는 너무 바짝 익히면 퍽퍽하고 질겨진다. 70% 정도만 익히는 것이 부드럽고 맛있다. 반면 돼지고기는 타기 직전까지 완전히 익혀 먹어야 맛있고 기생충의 우려도 없다.

등심과 안심이 구이를 하기에 좋다 쇠고기의 등심과 안심, 채끝, 갈비는 결이 부드러워 구워 먹으면 맛있다. 다져서 굽는 고기는 살코기가 좋은데, 고기에 끈기가 있어야 잘 엉기고 지방이 많으면 잘 부스러진다.

생선구이

생강즙, 청주로 비린내를 없앤다 생선은 비린내를 없애는 것이 기본이다. 생선을 흐르는 물에 핏기 없이 깨끗이 씻고 생강즙이나 청주, 레몬 등으로 밑간하면 비린내를 없앨 수 있다.

소금으로 밑간하면 더 맛있다 생선에 소금을 살살 뿌려 밑간을 한다. 간이 잘 스며들 뿐 아니라 삼투압 작용으로 생선살에 탄력이 생긴다. 굽기 20분 전에 소금을 뿌리고 물기가 배어나오면 종이타월로 눌러 닦은 뒤 굽는다.

칼집을 내면 간이 잘 밴다 통째로 굽는 생선은 미리 칼집을 내면 좋다. 속까지 간이 배고, 껍질이 부풀어 오르지 않아 모양도 깔끔하다.

밀가루를 뿌리면 비린내가 줄어든다 비린내가 많이 나는 생선은 밀가루를 뿌려 지지듯이 구우면 비린내가 줄고 고소하다. 밀가루는 굽기 직전에 물기가 없어질 정도로만 뿌린다. 밀가루를 체에 담아 흔들어 뿌리면 골고루 묻어 모양이 좋다.

팬과 기름을 충분히 달군다 달군 팬에 기름을 두르고 기름까지 뜨거워지면 생선을 올린다. 석쇠에 구울 때도 석쇠를 충분히 달군 뒤 기름을 발라 생선 껍질이 달라붙지 않게 한다.

센 불에서 굽다가 중간 불로 줄인다 처음에 센 불에서 굽다가 노릇해지면 중간 불로 줄이고 속까지 익혀 뒤집는다. 겉면을 먼저 익혀야 살이 단단해져 부서지지 않는다. 등 푸른 생선은 바싹 구워야 풍미가 있고, 흰 살 생선은 은근하게 구워야 부드럽고 맛있다.

양념구이는 애벌 구운 뒤 양념을 발라 굽는다 양념구이를 할 때는 간이 잘 배게 하면서 양념이 타지 않게 골고루 익혀야 한다. 먼저 생선을 애벌구이한 뒤 거의 익었을 때 양념장을 발라둔다. 20분 정도 지나 간이 배면 살짝 구워 마무리한다.

장어나 연어 같은 생선은 기름장을 발라 애벌로 구운 뒤 양념해서 굽는다.

생선구이는 그릴을 이용한다 생선구이는 그릴에 굽는 것이 좋다. 팬에 구우면 질척해서 제맛이 나지 않는다. 생선을 그릴에 구우면 깔끔할 뿐만 아니라, 온도가 고르게 전달되어 골고루 바삭하게 구워진다.

집어야 기름이 번들거리지 않고 깔끔하다. 여러 번 뒤적이면 기름을 지나치게 흡수해 깔끔한 맛을 즐길 수 없다. 전의 한 면이 2/3 정도 익었을 때 뒤집으면 된다.

전 맛내기 요령

물기를 뺀다 재료에 물기가 있으면 밀가루가 너무 많이 묻어 덩어리지거나 부칠 때 기름이 튈 수 있다. 씻어서 탈탈 털거나 종이타월로 물기를 걷는다. 두부나 애호박은 소금을 뿌려두었다가 종이타월로 가만히 눌러 물기를 걷어낸다.

밑간을 한다 양념장에 찍어 먹더라도 재료에 소금 등으로 밑간을 해야 맛있다. 특히 고기는 간이 배도록 잠시 재두는 것이 좋다.

두껍지 않게 부친다 전이 너무 두꺼우면 고소한 맛이 제대로 살지 않고, 너무 얇으면 깊은 맛이 나지 않는다. 특히 고기전은 너무 두꺼우면 속까지 익지 않는다. 겉이 노릇노릇하면서 속이 잘 익도록 두께에 신경 쓴다.

소를 채우는 전은 재료를 미리 익힌다 고추전, 깻잎말이같이 소를 채워 넣거나 말아서 부치는 전은 소의 재료를 미리 익혀서 넣어야 겉 재료와 잘 어우러지고 조리 시간도 줄어든다. 소를 넣을 때는 겉 재료에 밀가루를 살짝 발라야 소가 잘 붙는다.

꼬치구이는 고기를 조금 길게 썰고, 양끝에 고기를 꿴다 꼬치에 꿰어 부치는 적은 재료의 길이를 맞춰야 보기 좋다. 보통 1cm 두께, 6~7cm 길이로 써는데, 고기는 익으면서 줄어들기 때문에 다른 재료보다 조금 길게 썰어야 한다. 꼬치에 꿸 때는 양끝에 고기를 꿰어야 고기가 익으면서 오그라들어 꼬치가 단단히 고정된다.

전옷을 골고루 입힌다 전은 밀가루를 앞뒤로 골고루 묻혀 여분의 가루를 털어낸 뒤 달걀물에 살짝 적신다. 적을 부칠 때도 전옷을 얇게 입혀야 재료 색이 살아 보기 좋다.

한쪽 면이 익으면 뒤집는다 한쪽 면이 완전히 익은 뒤에 뒤

튀김 맛내기 요령

재료의 물기를 없앤다 재료에 물기가 있으면 튀김이 눅눅해질 뿐 아니라 튀길 때 기름이 튀고 옷이 벗겨지기 쉽다. 소금으로 밑간해서 물기를 닦아내고 밀가루를 묻힌 뒤 튀김옷을 입힌다.

얼음물로 가볍게 반죽한다 얼음물로 반죽을 하면 튀김이 바삭하다. 달걀을 푼 뒤 얼음물을 섞고, 밀가루를 넣어 젓가락으로 가볍게 섞는다. 너무 휘저으면 끈기가 생겨 튀김이 눅눅해진다. 밀가루가 듬성듬성 보일 정도로만 대충 저어 반죽한다.

튀김옷을 얇게 입힌다 튀김옷이 두꺼우면 뻣뻣하고 맛이 없다. 튀김옷을 얇게 골고루 묻힌다. 밀가루는 꼼꼼하게 묻힌 뒤 여분의 가루를 털어낸다. 달걀도 골고루 적셔야 빵가루가 고르게 잘 붙어 맛있게 튀겨진다.

기름은 넉넉히, 재료는 조금씩 넣는다 재료를 한꺼번에 많이 넣으면 기름 온도가 내려가 눅눅해진다. 특히 냉동식품은 기름의 온도를 많이 떨어뜨리기 때문에 아주 조금씩만 넣어 튀긴다.

기름 온도를 유지한다 기름 온도를 일정하게 유지해야 튀김이 맛있다. 기름 온도는 재료에 따라 조금씩 다르지만 보통 160~180℃가 알맞다. 튀김옷을 넣어보아 바로 끓어 올라오면 적당한 온도가 된 것이다. 채소는 160~170℃, 생선과 고기는 170~180℃에서 튀긴다.

두 번 튀긴다 한 번에 속까지 익히려다 보면 속이 익기 전에 튀김옷이 타버릴 수 있다. 처음에 70% 정도만 익혀 기름을 뺀 뒤 다시 한번 튀기면 겉은 바삭하고 속은 부드러운 튀김이 된다. 특히 고기는 꼭 두 번 튀긴다.

기름을 뺀다 튀김은 기름을 잘 빼야 바삭함이 오래간다. 기름을 빼지 않으면 눅눅해진다. 튀겨서 망이나 종이타월에 올려둔다.

밀가루를 체에 친다 밀가루를 체에 치면 공기 함유량이 많아져 한결 바삭해진다. 녹말가루를 섞으면 더 바삭하다. 튀김옷을 입힐 때 밀가루 대신 녹말가루를 살짝 묻혀도 좋다.

• 조리의 기초

국 기본 익히기

국물 없이는 밥이 안 넘어간다는 사람들이 많을 정도로 한식 상차림에 빠지지 않는 음식이 바로 국이죠. 제대로 된 국 한 그릇이면 반찬에 신경을 조금 덜 써도 될 정도랍니다. 시원하면서 담백하게 국 끓이는 요령을 소개합니다.

맑은장국 맛내기 요령

국물을 넉넉하게 붓는다 콩나물국이나 미역국 등 맑은장국은 시원한 국물 맛이 중요하다. 건더기는 국의 맛을 낼 정도로 넣고 국물을 넉넉하게 부어 끓인다. 1인분에 1컵 반 정도 잡으면 알맞다.

국간장을 쓴다 간장의 종류로는 국간장과 진간장이 있는데 국을 끓일 때는 국간장을 쓴다. 진간장은 단맛이 있어 국물 맛이 들척지근해지고 국물의 색도 진해져 좋지 않다. 국간장이 없으면 멸치액젓을 조금 넣어도 된다.

간장으로 색을 내고, 소금으로 간을 맞춘다 맑은장국은 간장이 알맞게 들어가야 국물의 맛과 색이 좋아진다. 간장은 국물이 끓기 시작할 때 넣는데, 많이 넣으면 국물의 색이 어두워지므로 색깔이 날 정도만 넣고, 부족한 간은 국을 다 끓인 뒤 소금으로 맞춘다.

간을 조금 싱겁게 맞춘다 뜨거운 국물은 싱겁게 느껴지기 때문에 팔팔 끓을 때 알맞다고 느껴지게 간을 하면 막상 먹을 때는 짜다. 끓일 때 조금 싱겁게 간을 한다.

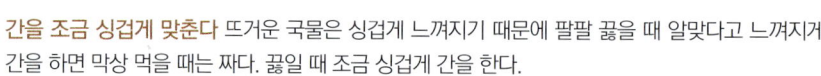

된장국 맛내기 요령

된장은 쌀뜨물에 풀어 끓인다 된장국은 국물이 말갛게 겉돌면 맛이 없어 보인다. 쌀뜨물로 끓이면 된장이 국물에 잘 어우러진다. 쌀을 비벼 씻어 2번 정도 헹군 뒤 받은 물을 쓴다. 쌀뜨물 대신 밀가루를 조금 풀어 써도 비슷한 효과를 낼 수 있다.

된장과 고추장을 섞어 넣는다 된장국의 제맛을 내려면 된장과 고추장을 섞는 것이 좋다. 된장과 고추장의 비율은 5:1 정도가 적당하다. 고추장은 너무 많이 넣으면 텁텁해지므로 비율을 잘 맞추는 것이 중요하다. 먼저 된장을 체에 걸러 푼 뒤 고추장을 넣는다.

재료에 따라 된장 넣는 타이밍이 다르다 연하고 빨리 끓여내야 하는 채소로 끓일 때는 물에 된장을 풀어 국물을 낸 뒤 재료들을 넣어야 국물이 맛있다. 오래 끓여야 하는 채소는 물에 채소를 넣어 먼저 끓이다가 재료가 어느 정도 익으면 된장을 푼다.

약한 불에서 은근하게 끓인다 국물이 끓기 시작하면 불을 약하게 줄이고 구수한 냄새가 나면 불을 끈다. 너무 오래 끓이거나 센 불에서 끓이면 된장 맛이 사라진다.

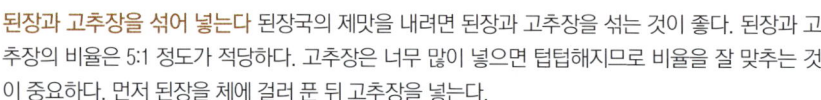
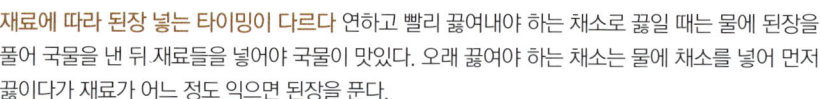
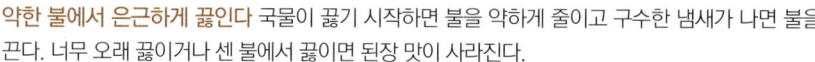

곰국 맛내기 요령

고기를 찬물에 담가 핏물을 뺀다 고기나 사골에 핏물이 배어 있으면 국물이 탁하고 누린내가 난다. 찬물에 30분 정도 담가 핏물을 뺀다. 한 번 우르르 삶아서 고기만 건져내고 국물을 버린 다음 다시 새 물을 붓고 끓여야 국물이 깨끗하다. 끓이는 동안 떠오르는 거품은 자주 떠내야 누린내가 나지 않는다.

고기는 덩어리째 끓인다 곰국용 고기는 덩어리째 손질해서 끓여야 충분히 우러나와 국물이 맛있고 고기도 연하다. 젓가락으로 찔러서 핏물이 나오지 않으면 건져서 찢거나 썰어 국에 다시 넣는다.

향신채소를 넉넉히 넣는다 대파, 마늘, 양파 등의 향신채소를 넉넉히 넣고 끓이면 누린내를 없앨 수 있다. 시원한 맛을 더하려면 무를 큼직하게 썰어 넣는다. 돼지 뼈로 끓일 때는 생강을 넣기도 한다.

3시간 이상 푹 끓인다 곰국은 3시간 이상 푹 고아 우려내야 한다. 처음에는 센 불에서 끓이다가 국이 끓으면 불을 줄인다. 불이 너무 세면 위아래가 뒤섞여 국물이 탁해지고, 너무 약하면 고기 맛이 충분히 우러나지 않는다.

국물을 식힌 뒤 기름을 걷어낸다 고기의 기름을 떼고 끓여도 끓으면서 기름이 또 생긴다. 끓인 국을 차게 식히면 기름이 굳는데 이때 걷으면 기름을 쉽게 제거할 수 있다.

간은 소금으로 맞춘다 곰국의 간은 소금으로 맞춰야 맛있다. 간을 미리 하기보다는 소금과 후춧가루를 따로 내 입맛에 맞춰 각자 넣게 하는 게 좋다.

 **엄마의 한마디 — 그 밖의 국 끓이기 포인트**

해장국 끓이기

생선 해장국은 무를 우린 국물로 끓인다 생선으로 해장국을 끓일 때는 무를 먼저 넣고 끓이는 것이 요령이다. 두툼하게 썬 무를 우려 국물을 낸 뒤 생선을 넣으면 국물이 한결 더 시원하다.

북어는 부드럽게 손질해 먹기 좋게 찢는다 북어는 해장국에 많이 쓰는 재료다. 말라서 딱딱해진 북어는 물에 담가 부드럽게 하고, 통북어는 방망이로 두들겨 부드럽게 손질한 뒤 먹기 좋게 찢는다.

청양고추는 마지막에 넣는다 얼큰한 국물 맛을 내려면 매운맛이 강한 청양고추를 조금 넣는다. 국이 거의 다 끓었을 때 넣으면 깔끔하고 칼칼한 해장국이 된다.

냉국 끓이기

간장, 식초, 설탕으로 맛을 낸다 새콤달콤한 냉국은 간장과 식초, 설탕을 잘 섞어 국물 맛을 낸다. 간장과 식초는 같은 양을 넣고 설탕은 반 정도 넣으면 알맞다. 간장은 국간장과 진간장을 섞어 쓴다.

건더기를 따로 간해 섞는다 냉국은 국물에만 간을 해서는 건더기에 맛이 잘 배지 않는다. 건더기를 따로 간장, 참기름, 마늘 등에 무쳐서 간을 한 국물과 섞는다.

차게 먹으려면 국물을 살짝 얼린다 냉국에 얼음을 넣으면 얼음이 녹으면서 국물이 싱거워진다. 얼음을 넣는 대신 간을 맞춘 국물을 냉동실에 넣어 살짝 얼려두면 시간이 지나도 시원하면서 간이 싱거워지지 않는다.

• 조리의 기초

찌개 · 전골 기본 익히기

찌개와 전골은 재료와 조리법에 따라 다양한 맛을 즐길 수 있는 국물요리예요. 하지만 깊은 맛을 내기가 좀처럼 쉽지 않죠. 몇 가지 요령을 알아두면 어떤 찌개와 전골이라도 맛있게 끓일 수 있어요.

찌개 맛내기 요령

국물을 바특하게 끓인다 찌개는 국물이 멀거면 맛이 없어 보인다. 건더기를 많이 넣고 건더기가 잠길 듯 말 듯하게 물을 부어 조금 바특하게 끓인다.

한 번 세게 끓인 뒤 불을 줄인다 처음에는 센 불로 팔팔 끓이다가 끓어오르면 불을 약하게 줄인다. 은근하게 끓이면 국물이 잘 우러난다. 끓으면서 생기는 거품을 수시로 걷어내면 국물이 더 깔끔해진다.

간은 재료가 익은 뒤에 맞춘다 찌개는 끓으면서 국물이 줄고 맛이 점점 변한다. 처음에는 기본 간만 하고 본격적인 간은 재료들이 어느 정도 익으면 한다.

고기는 처음부터, 생선은 나중에 넣는다 고기를 넣을 경우에는 고기를 볶다가 물을 부어 끓여야 국물 맛이 잘 우러난다. 반면 생선은 국물이 끓을 때 넣어야 살이 부서지지 않고 생선의 제맛이 유지된다.

파, 마늘은 마지막에 넣는다 파와 마늘은 찌개가 거의 다 끓었을 때 넣는다. 향이 날아가기 때문이다.

된장찌개

쌀뜨물로 끓인다 쌀뜨물로 끓이면 된장 입자가 잘 엉겨 더 구수하다. 2~3번 씻은 깨끗한 쌀뜨물을 쓴다.

된장을 알맞게 푼다 된장을 너무 많이 넣으면 짜고 너무 적게 넣으면 묽어서 맛이 없다. 보통 물 1컵에 된장 2작은술 정도면 알맞다.

국물을 내서 끓이면 깊은 맛이 난다 멸치나 조개, 다시마, 쇠고기로 국물을 낸 다음 된장을 풀어 끓이면 깊은 맛이 난다. 미리 만들어둔 국물을 써도 좋다.

고추장찌개

짧은 시간 끓여야 개운하다 고추장찌개는 푹 끓이면 텁텁한 맛이 난다. 팔팔 끓여 재료가 국물에 잠길 정도로 익으면 불에서 내린다. 된장찌개와 마찬가지로 쌀뜨물로 끓이면 구수하다.

고추장을 미리 양념하면 맛있다 고추장에 파, 마늘 등을 넣어 미리 양념해두면 찌개 맛이 한결 좋아진다. 고추장을 많이 넣으면 텁텁해지므로 고추장은 간이 맞을 정도로만 풀고 매운맛은 고춧가루로 낸다.

김치찌개

신 김치로 끓여야 맛있다 김치찌개가 맛있으려면 김치가 맛있어야 한다. 조금 시어진 김치로 끓이는 것이 맛있다.

돼지고기와 잘 어울린다 지방이 알맞게 붙어있는 돼지고기를 넣고 끓이면 맛이 잘 어우러진다. 돼지등뼈국물을 쓰면 진한 맛이 나는데, 이때 향신채소와 청주를 넉넉히 넣어 잡냄새를 없애는 것이 중요하다. 참치 통조림을 넣을 경우에는 통조림에 들어있는 기름으로 김치를 볶다가 국물을 부어 끓이면 부드럽고 감칠맛이 난다.

매운탕

신선한 재료를 쓴다 생선이나 해물로 끓이는 매운탕은 재료가 신선해야 잡냄새가 없고 단맛이 난다. 재료를 말끔히 손질하는 것도 중요하다.

고춧가루로 매운맛을 낸다 고춧가루로 매운맛을 내야 개운하고 얼큰하다. 입맛에 따라 고추장과 함께 넣기도 한다.

향신채소를 넉넉히 넣는다 쑥갓, 미나리, 대파 등의 향신채소와 무를 넣으면 국물이 개운하다. 마늘과 생강을 넣으면 양념 맛이 진해지고 비린내도 없어진다. 양파는 달착지근한 맛이 나 얼큰하고 시원한 맛을 방해하므로 넣지 않는다.

전골 맛내기 요령

전골냄비를 준비한다 전골은 갖가지 재료를 가지런히 담아 끓이는 요리다. 여러 재료를 둘러 담을 수 있도록 넓고 깊지 않은 냄비를 쓰는 것이 좋다.

재료의 크기를 고르게 맞춘다 여러 재료를 옆옆이 담기 때문에 재료의 크기를 고르게 맞춰야 보기 좋다. 4~5cm 길이로 썰면 알맞다.

여린 채소는 나중에 넣는다 재료마다 익는 시간이 다르다. 단단해 잘 익지 않는 재료는 미리 넣거나 살짝 데쳐서 넣고 쑥갓, 미나리 등 빨리 익는 재료는 먹기 직전에 넣는다.

고기는 양념해서 넣는다 고기를 미리 양념해 넣으면 국물 맛이 더 산다. 국물 낸 고기도 양념해서 넣는다.

미나리와 미더덕은 시원한 맛을 낸다 해물전골에 미나리와 미더덕, 콩나물을 넣으면 시원하다. 전골에 넣는 콩나물은 머리와 꼬리를 다듬어야 깔끔하다. 콩나물은 뚜껑을 덮고 끓여야 비린내가 나지 않는다.

재료에 따라 어울리는 국물이 다르다 주재료가 고기나 채소면 쇠고기나 사골로 국물을 우리는 것이 맛있다. 주재료가 해물이면 다시마나 멸치, 조개로 국물을 내야 개운하고 담백하다. 국물은 요리하기 직전에 만들어야 맛과 향이 진하다.

끓이면서 먹는다 밥상 위에서 바로 끓이면서 먹어야 전골의 제맛을 즐길 수 있다. 간을 싱겁게 하고 소스를 준비해 건더기를 찍어 먹는다.

• 조리의 기초

자주 쓰는 국물 7가지

찌개나 전골의 맛은 국물에 달렸다고 해도 과언이 아니에요. 국물을 잘 쓰면 깊은 맛을 낼 수 있답니다. 쇠고기 국물, 다시마국물, 멸치국물 등 자주 쓰는 국물 몇 가지의 맛내기 비법을 알아두면 어떤 찌개와 전골이라도 그럴듯하게 차려낼 수 있어요.

쇠고기국물

구수한 맛이 좋아 어느 음식이든 잘 어울린다. 전골, 된장찌개, 떡국 등의 국물로 좋다. 주로 양지머리를 쓰는데, 찬물에 담가 핏물을 빼고 끓여야 누린내가 나지 않는다. 2~3일 이상 두고 쓰려면 국물을 조금 더 달여서 밀폐용기에 담아 냉동실에 둔다.

1 쇠고기를 찬물에 1~2시간 담가 핏물을 뺀 다음 물을 붓고 대파, 마늘을 넉넉히 넣어 팔팔 끓인다.
2 끓이면서 거품이 생기면 걷어낸다. 한소끔 끓어오르면 불을 약하게 줄인다.
3 고기가 푹 익으면 건져내고, 국물을 가는 체나 면 보자기에 깨끗하게 거른다.

사골국물

전골이나 국수, 찌개, 국 등에 다양하게 쓴다. 특히 설렁탕이나 해장국 국물로 좋다. 처음 끓인 국물보다 두 번째로 끓인 국물이 더 뽀얗기 때문에 여러 차례 물을 보태어 끓인 뒤 국물을 모두 합해 농도를 맞춘다. 한꺼번에 많이 끓여야 국물이 뽀얗게 우러나므로 넉넉히 끓여서 냉동실에 둔다.

1 사골을 찬물에 1~2시간 담가 핏물을 뺀 다음, 물을 넉넉히 붓고 팔팔 끓인다. 한 번 끓인 물을 따라 버린다.
2 새 물을 붓고 양파, 대파, 마늘을 넉넉히 넣어 푹 끓인다. 센 불에서 끓이다가 팔팔 끓으면 중간 불로 줄이고, 뽀얀 물이 우러나면 약한 불로 줄여 2~3시간 끓인다.
3 국물을 따로 받아두고 다시 새 물을 부어 끓인 뒤 끓인 국물을 모두 합한다.

다시마국물

담백하고 감칠맛이 있어 다양한 요리에 두루 어울린다. 맑은 찌개, 감잣국, 어묵국, 된장국 등의 기본 국물로 좋다. 국물을 낼 때는 두껍고 검은빛을 띠며 겉에 흰 가루가 있는 다시마를 쓰는 것이 좋다. 너무 오래 끓이면 진액이 나와 국물이 지저분해지므로 주의한다.

1 다시마의 흰 가루와 잡티를 닦은 뒤 미지근한 물에 30분 정도 불린다.
2 불린 물 그대로 5분 정도 끓인 뒤 다시마를 건져낸다.

조개국물

시원하고 감칠맛이 있어 깊은 맛이 난다. 해물을 주재료로 하는 국물 요리에 잘 어울린다. 국물을 내는 데는 모시조개나 바지락 같은 작은 조개가 알맞으며, 해감을 뺐어도 남아있을 수 있으므로 끓여서 면 보자기에 거르는 것이 좋다.

1 조개를 바락바락 문질러 씻은 뒤 연한 소금물에 담가 해감을 뺀다.
2 찬물에 조개를 넣어 팔팔 끓인다. 끓으면서 생기는 거품은 떠낸다.
3 조개가 벌어지고 국물이 뽀얗게 우러나면 면포에 걸러 깨끗한 국물만 받는다.

멸치국물

전골이나 찌개, 된장국, 칼국수 등의 국물로 쓰면 구수하고 개운한 맛이 난다. 양념장에도 다양하게 쓴다. 국물을 내는 멸치는 크고 푸르스름한 빛이 나는 것이 좋다. 2~3일 안에 쓸 경우에는 냉장실에 두고, 그 이상 두려면 좀 더 진하게 우려서 밀폐용기에 담아 냉동실에 둔다.

1 멸치의 머리와 내장을 뗀 다음 마른 팬에 살짝 볶아 비린내를 없앤다.
2 찬물에 멸치를 넣어 팔팔 끓인다. 거품이 생기면 떠낸다.
3 20분 정도 끓인 뒤 멸치를 건져낸다.

닭고기국물

맛이 깊고 진하다. 넉넉히 만들어두었다가 만둣국이나 칼국수 등을 만들 때 쓰면 좋다.

1 닭을 씻어서 적당히 토막 낸 뒤 물을 붓고 대파, 마늘을 넉넉히 넣어 푹 끓인다. 흐물흐물하게 익으면 닭을 건지고 면포에 거른다.

가다랑어포국물

감칠맛이 좋다. 전골이나 샤부샤부, 우동, 덮밥 등에 잘 어울리며, 튀김간장에도 쓴다.

1 끓는 물에 가다랑어포를 넣고 우르르 끓어오르면 불을 끈다. 그대로 두어 가다랑어포가 가라앉고 국물이 우러나면 면포에 거른다.

• 조리의 기초

맛있는 밥 짓기

고슬고슬 윤기가 흐르는 밥. 보기만 해도 입에 침이 고이고 뱃속에서 꼬르륵 소리가 날 것만 같아요. 맛있는 밥을 지으려면 노하우가 필요하죠. 쌀밥, 잡곡밥, 영양밥 등 종류에 따라 맛있는 밥 짓기 노하우를 배워보세요. 죽 맛있게 끓이는 요령도 알려드려요.

밥 짓기 기본 요령

물로 4~5회 씻는다
밥을 짓는 첫 단계는 쌀 씻기다. 쌀을 씻는 것은 도정과 유통 중에 들어간 이물질과 찌꺼기 등을 없애기 위해서다. 쌀에 붙은 겨를 씻어내어 묵은 냄새를 없애고 혹시 남아있을지 모르는 잔류 농약도 없앤다.

체에 밭쳐 불린다
쌀을 씻어 바로 밥을 지어도 좋지만, 쌀을 미리 불려두는 것이 좋다. 쌀을 불려두면 쌀의 녹말이 소화 흡수가 잘되는 상태로 바뀌어 밥맛이 더 좋아진다. 보통 체에 밭쳐 30분에서 1시간 정도 불린다. 물에 담가 불리면 쌀알이 부서지기 쉽다. 압력솥에 지을 경우에는 불리지 않아도 된다.

밥물은 쌀의 1.2배로 잡는다
쌀의 상태, 잡곡의 유무 등에 따라 밥물을 달리 잡는다. 물의 양은 보통 마른 쌀은 1.2배, 불린 쌀은 같은 양으로 잡으면 된다. 갓 찧은 햅쌀일수록 물의 양을 적게 잡고, 묵은 쌀일수록 물을 넉넉히 부어야 한다.

센 불에 지어 약한 불로 뜸 들인다
전기밥솥은 불 조절에 신경 쓸 필요가 없지만, 일반 밥솥일 경우 불 조절이 밥맛을 좌우한다. 처음에는 센 불에 끓여 열이 골고루 가게 한 뒤, 밥물이 끓어 넘치면 불을 서서히 줄인다. 약한 불로 줄이고 3~5분 정도 지나 물기가 없어지면 불을 완전히 끄고 15분 정도 뜸을 들인다.

밥이 되면 주걱으로 뒤섞는다
밥이 다 되면 주걱으로 휘휘 저어 속에 차 있는 뜨거운 김을 날려보내야 고슬고슬해진다. 다 된 밥을 뒤섞지 않고 그대로 두면 떡처럼 뭉치고 끈적거려 맛이 없다.

잡곡밥

쌀밥보다 물을 20% 적게 붓는다 밥물은 쌀밥을 지을 때보다 적게 잡는다. 쌀밥 밥물보다 20% 정도 적게 부으면 알맞다. 찹쌀밥이나 잡곡밥은 소금 간을 해도 된다. 압력솥으로 잡곡밥을 하면 잡곡의 낟알이 터지는 경우가 있으니 주의한다.

콩은 불리고 팥은 삶아둔다 딱딱한 콩은 전날부터 미리 물에 불려두고, 조와 수수는 쌀과 함께 30분

정도 불린다. 팥은 미리 삶아두는 것이 좋다. 물을 넉넉히 부어 팥알이 터지지 않도록 삶고, 팥 삶은 물은 버리지 말고 밥물로 쓴다. 차조는 처음부터 넣으면 너무 물러지므로 뜸들일 때 넣는다.

현미밥

오래 불리고, 밥물을 더 잡는다 현미밥은 까끌까끌한 느낌 때문에 꺼리는 사람이 있다. 하지만 불리기와 물 조절을 잘하면 한결 부드럽게 지을 수 있다. 물에 불리는 시간을 쌀밥보다 길게 잡고, 물도 불린 현미의 1.2배 정도 붓는다. 찹쌀현미나 발아현미로 지으면 까칠한 느낌이 덜하고, 압력솥에 지으면 한결 차지고 부드럽다.

영양밥

재료에 따라 밥물을 조절한다 영양밥은 콩나물, 버섯, 단호박, 해물, 굴, 고구마 등 다양한 재료를 응용할 수 있다. 쌀은 씻어 불려 물기를 빼고, 채소와 해물같이 수분이 많은 재료를 넣을 경우에는 물을 쌀밥보다 20~50% 적게 붓는다.

김밥 · 초밥용 밥

물을 적게 붓는다 김밥이나 초밥을 만들 때는 밥을 고슬고슬하게 지어야 한다. 밥물을 평소보다 1/3 정도 적게 붓는다. 청주를 조금 떨어뜨리면 밥알에 탄력이 생기고 윤기가 나며, 찹쌀을 조금 섞어도 찰기가 생겨 고슬고슬해진다.

다시마로 맛을 더한다 밥을 지을 때 다시마를 넣어 맛을 더하기도 한다. 밥을 안칠 때 다시마를 넣어 끓이다가 밥물이 끓기 시작하면 다시마를 꺼낸다.

죽 맛있게 끓이기

쌀을 충분히 불린다 쌀, 찹쌀, 수수, 율무, 보리, 현미 등은 1시간 이상 충분히 불려서 끓인다. 쌀을 불리지 않으면 죽이 다 끓어도 잘 퍼지지 않고 쌀알이 오독오독 씹힐 수 있다.

부재료를 볶다가 끓인다 전복, 쇠고기, 채소 등의 부재료를 먼저 참기름에 볶다가 물과 쌀을 넣어 끓인다.

두꺼운 냄비를 쓴다 죽은 오래도록 뭉근히 끓여야 하므로 두꺼운 냄비에 쑨다. 알루미늄이나 스테인리스 냄비보다는 두꺼운 돌솥이나 코팅된 냄비, 유리 냄비, 법랑 냄비 등이 좋다.

물은 재료의 7배 정도 붓는다 죽을 쑬 때 물은 재료의 7배 정도 붓고, 많은 양의 죽을 쑬 때는 물을 조금 줄인다. 현미죽은 이보다 1컵 정도 더 붓는다. 물은 처음부터 정확히 계량해서 넣는다. 중간에 더 넣으면 죽이 퍼지고 윤기가 없어진다.

센 불로 끓이다가 불을 줄인다 처음에는 센 불로 끓이다가 불을 줄여 뭉근히 끓여야 윤기가 나고 넘치지 않는다. 쌀알이 절반 정도 퍼지면 불을 약하게 줄이고 뚜껑을 연 채 나무주걱으로 저으면서 넘치지 않게 서서히 끓인다.

간을 약하게 한다 죽의 간은 불에서 내리기 직전에 소금이나 간장으로 약하게 한다. 간을 먼저 하거나 세게 하면 죽이 금방 삭는다. 먹는 사람이 직접 입맛에 맞게 간해 먹도록 간장, 소금, 꿀 등을 곁들여 낸다.

• 조리의 기초

사계절 기본 반찬, 김치 담그기

김치는 우리 식탁에 매일 오르는 기본 반찬이죠. 배추, 무, 오이, 부추 등 각종 채소로 맛있게 김치를 담가보세요. 통배추김치, 깍두기, 총각김치, 동치미, 오이소박이 등 종류별로 담가놓으면 식탁이 풍성해져요.

좋은 재료 고르기

배추 속이 꽉 차서 묵직하고 단단하며 잎의 색깔이 선명한 것을 고른다. 줄기 부분이 푸석푸석하고 탄력이 없으면 속이 덜 찬 것이다. 달고 고소한 맛이 나는 배추가 김치를 담가도 맛있다.

무 바람이 들지 않고 모양이 미끈하며 손으로 두드려보아 단단하고 묵직한 느낌이 드는 것을 고른다. 진흙이 묻어있고 무청이 달려있는 것이 싱싱하고 맛도 좋다.

총각무 무청이 파랗고 싱싱하며 무는 단단한 것을 고른다. 총각무는 특히 단단해야 맛있다. 크기는 너무 크지도 작지도 않은 적당한 것이 바람이 들지 않고 맛도 좋다.

대파 흰 줄기 부분에 탄력이 있으며, 푸른 잎 부분이 길고 팽팽한 것을 고른다.

실파 머리 부분이 통통하고 둥글며 잎이 짧고 가늘면서도 부드러운 것을 고른다.

갓 잎 안쪽의 까슬까슬한 부분이 살아있는 싱싱한 것을 고른다. 붉은 갓과 푸른 갓 두 종류가 있는데, 붉은 갓은 배추김치나 깍두기에, 푸른 갓은 동치미나 백김치에 주로 넣는다.

고춧가루 빛깔이 곱고 붉은색이 선명하며 꼭지가 가늘고 약간 노란빛을 띠는 고추를 고른다. 가을 햇볕에 자연 건조시킨 태양초가 최상품으로 꼽힌다. 고춧가루를 구입할 때는 가루가 곱고 밝은 선홍색을 띠는 것을 고른다.

마늘 빛깔이 하얗고 통통하며 단단한 것, 껍질이 얇고 불그스름하며 잘 말라있는 것을 고른다. 알이 굵고 크기와 모양이 일정한 육쪽 마늘이 좋은 것이다.

생강 알이 굵고 촉촉하며 끝부분에 옹이가 없는 것을 고른다. 마디를 끊어보아 가느다란 실이 없는 것이 좋은 것이다.

굵은소금 물기가 적고 잡티 없이 깨끗한 것을 고른다. 빛깔이 너무 희거나 반짝반짝 윤이 나는 것은 표백된 것이고 지나치게 검은 것은 쓴맛이 나기 쉽다. 자연스러운 빛깔을 띠는 천일염을 고른다.

멸치액젓 비린내나 콤콤한 냄새가 심하지 않고 단 냄새가 나는 것을 고른다. 붉은빛이 도는 맑은 고동색이 나는 것이 좋은 멸치액젓이다.

새우젓 굵고 뽀얀 빛을 띠면서 붉은빛이 나는 새우가 좋은 새우다. 잡어가 많이 섞여있는 것은 좋지 않다.

굴 통통하면서도 크기가 고르고 싱싱한 것을 고른다. 알이 굵은 양식굴과 알이 작은 조선굴이 있는데 김치에는 양식굴보다 조선굴을 넣는 게 좋다.

재료 손질하기

배추 배추는 시든 겉잎을 떼어내고 큰 것은 세로로 4등분, 작은 것은 2등분한 뒤 물을 받아 물에 씻는다. 생배추를 너무 많이 씻거나 거칠게 다루면 풋내가 나고 잎이 떨어져 나가기 쉬우므로, 큰 대야에 물을 받아 한두 번만 씻으면 된다. 겉절이를 담글 때는 잎을 하나씩 떼어 적당한 크기로 뚝뚝 썰고, 나박김치를 담글 때는 사방 3cm 정도로 고르게 썬다.

무 파인 곳을 칼로 도려내고 수세미로 문질러 씻은 뒤 깨끗한 물에 헹군다. 김칫소로 이용할 때는 둥근 모양대로 얄팍하게 저며 썬 다음, 비스듬하게 겹쳐놓고 고르게 채 썬다. 무를 채 썰 때 채칼을 이용하면 편하다. 깍두기는 사방 2cm 정도로 깍둑깍둑 썰고, 나박김치는 사방 3cm 정도로 납작하게 썬다. 동치미를 담글 때는 몸집이 작고 단단한 무를 골라 통째로 쓴다.

부재료 대파는 굵게 어슷어슷 썰고 실파와 갓은 3~4cm 길이로 뚝뚝 썬다. 마늘과 생강은 다져서 준비한다.

고춧가루 미지근한 물에 불리면 색이 붉어지고 매운맛이 강해진다. 고춧가루 5컵에 물 1컵 정도를 부어 잘 섞는다.

찹쌀가루 김칫소에 찹쌀풀을 넣으면 재료가 잘 어우러져서 더욱 감칠맛이 난다. 물과 찹쌀가루를 10:1의 비율로 섞어 냄비 바닥이 눋지 않도록 잘 저어가면서 풀을 쑤어 식힌다.

젓갈 새우젓은 다져서 김칫소에 섞고, 굴은 소금물에 씻은 후 체에 밭쳐 물기를 뺀다.

절이기

통배추는 소금을 뿌려서 절이면 고루 절여지지 않기 때문에 소금물에 담가서 절이는 것이 기본이다. 소금의 양은 배추 1포기당 1컵 정도가 알맞은데, 소금과 물을 1:10의 비율로 해서 잘 녹인 후 체에 내려 불순물을 걸러 준비한다. 여기에 손질한 배추를 3~5시간 정도 담가두면 숨이 죽는다. 배추가 충분히 절여지면 건지고, 숨이 덜 죽었으면 사이사이에 소금을 추가로 뿌린다. 절인 배추는 커다란 대야에 물을 받아 놓고 3~4번 정도 물을 갈아가면서 흔들어 씻은 후 체반에 차곡차곡 엎어 물기를 뺀다.

겉절이나 열무김치, 섞박지 등 썰어서 담그는 김치는 소금을 뿌려서 30분~1시간 정도 절인다. 굵은소금을 뿌린 후 물을 훌훌 뿌리면 소금이 골고루 스며든다.

담그기

통배추김치 무, 실파, 갓 등의 부재료에 불린 고춧가루와 다진 마늘, 생강, 멸치액젓 등의 양념과 찹쌀풀을 넣고 골고루 섞어 김칫소를 만든 후, 배춧잎 사이사이에 집어넣고 겉잎으로 감싸서 김치통에 차곡차곡 담는다.

겉절이 적당히 썬 배추에 실파, 갓 등의 부재료를 합친 후 고춧가루, 다진 마늘, 생강, 멸치액젓을 넣고 골고루 버무린다. 바로 무쳐서 먹는 겉절이에는 설탕과 통깨를 넣어 맛을 더한다.

깍두기 깍둑깍둑 썬 무에 먼저 고춧가루를 고루 섞어 빨갛게 물을 들인 후 멸치액젓과 소금, 부재료를 넣고 버무린다. 굴은 맨 마지막에 넣는다.

물김치 열무물김치는 밀가루풀을 묽게 쑤어 김칫국물에 섞고, 나박김치는 고춧가루를 면포에 싸서 물에 흔들어 붉은 물을 들인 후 버무린 김치에 부어 익힌다.

• 조리의 기초

아삭아삭 새콤한 피클 담그기

한입 베어 물면 새콤달콤 아삭아삭한 맛이 느껴지는 피클. 느끼한 음식과 함께 먹으면 기분까지 개운해져요. 오이, 고추, 양파, 양배추, 당근, 셀러리 등 갖가지 재료를 한데 섞거나 따로 만들어 저장했다가 입맛에 따라 골라 먹어도 좋아요.

재료 준비하기

서양의 대표적인 절임 음식으로 꼽히는 피클. 보통 오이, 고추 등으로 많이 만들지만 요즘은 양파, 양배추, 무, 당근, 셀러리, 마늘, 마늘종, 비트 등 피클을 만드는 재료도 다양하다. 먼저 피클용으로 준비한 채소를 깨끗이 손질한 후 물에 씻고 물기를 닦아 먹기에 적당한 크기로 썬다.

오이 양끝을 잘라내고 4~5cm 크기로 토막 낸 후 세로로 4등분한다. 또는 동그랗고 도톰하게 저며 썰거나 어슷하게 썰어 준비해도 좋다.

고추 꼭지째 깨끗이 씻은 후 물기를 닦고 꼬치로 찔러 절임 물이 스며들게 한다.

양파 껍질을 벗기고 세로로 2~4등분한다. 가로로 링 썰기 하거나 먹기 2~3cm 굵기로 채 썬다.

무·당근 껍질을 벗기고 깨끗이 씻은 후 손가락 굵기로 썬다. 깍두기 모양으로 썰어도 된다.

셀러리 깨끗이 다듬어 씻은 후 잎은 잘라내고 줄기만 4~5cm 길이로 자른다. 작고 어슷하게 썰기도 한다.

절임 물 만들기

식초, 설탕, 소금, 물을 분량대로 배합한 후 월계수 잎, 통후추, 정향 등의 향신료를 넣고 끓여 절임 물을 만든다. 보통 식초와 설탕, 물을 같은 양으로 배합하거나 설탕을 식초와 물의 1/2로 줄여 배합하면 알맞다. 여기에 소금을 섞고 월계수 잎과 통후추, 정향을 넣은 후 팔팔 끓여서 식힌다.

병에 담아 밀봉하기

병을 깨끗이 씻어 끓는 물에 열탕 소독한 후 준비한 야채 재료를 차곡차곡 담는다. 여기에 끓여서 식힌 절임 물을 부어 재료가 푹 잠기게 한 후 뚜껑을 덮어 밀봉한다. 2~3일 지나 물만 따라내어 팔팔 끓여 식힌 후 다시 피클 병에 붓는다.

엄마의 한마디 — 피클 만들기 A to Z

1 피클을 담글 때는 쉽게 물러지는 재료보다 단단하거나 물에 담가도 형태가 일그러지지 않는 재료로 담가야 모양도 살고 아삭한 맛이 좋다.

2 식초는 양조식초보다 사과식초나 레몬식초 등 과일식초를 넣어야 새콤달콤한 맛과 향이 더욱 살아난다.

3 절임 물을 끓일 때는 먼저 소금, 설탕, 향신료, 물을 섞어 한 번 끓인 후에 식초를 나중에 넣는 것이 좋다. 식초는 열을 가하면 특유의 향이나 신맛이 날아가기 때문이다.

4 피클은 산이 첨가된 음식이므로 유리병이나 밀폐용기에 담는 것이 좋다. 금속으로 된 용기는 부식하므로 피하도록 한다. 유리병을 열탕 소독해야 오래 보존되고 맛이 변하지 않는다.

5 피클에는 월계수 잎, 통계피, 통후추 등의 향신료를 넣어야 제맛이 나고 방부 효과도 있어 오랫동안 보관할 수 있다.

• 조리의 기초

대표 저장 음식, 장아찌 담그기

무나 오이, 마늘, 마늘종, 깻잎 등 제철에 많이 나는 각종 채소로 장아찌를 담가보세요. 간장, 고추장, 된장 등으로 짭짤하게 장아찌를 담그면 두고두고 먹을 수 있어요. 맛이 든 장아찌에 양념을 조금 더하면 밑반찬으로도 손색이 없답니다.

간장 장아찌

마늘간장장아찌

재료 마늘 20통, 마른 고추 3개, 식촛물(식초 2컵, 소금 1/2컵, 물 10컵), 간장물(간장 10컵, 식초·설탕 1컵씩)

1 마늘은 껍질을 깨끗이 벗긴다.

2 식초와 소금, 물을 끓여 식힌 식촛물에 손질한 마늘을 담가 3~4일 정도 삭혀서 건진다.

3 간장, 식초, 설탕을 끓여 식혀서 ②의 마늘에 푹 잠기게 붓고 마른 고추를 넣어 밀폐용기에 담는다.

고추간장장아찌

재료 풋고추 500g, 마늘 10쪽, 생강 2톨, 간장물(간장·물 2컵씩, 식초 1/3컵, 설탕 1/4컵)

1 풋고추는 물에 씻어 물기를 닦고 꼭지를 1cm만 남기고 자른다. 마늘, 생강은 얇게 저며 썬다.

2 간장, 식초, 설탕, 물을 팔팔 끓이다가 저민 마늘과 생강을 넣고 조금 더 끓여 식힌다.

3 풋고추를 통에 담고 간장물을 붓는다. 3일 정도 후에 간장물만 따라 한 번 더 끓여 식혀서 고추에 붓는다.

고추장 장아찌

오이고추장장아찌

재료 오이 30개, 소금물(소금 2½컵, 물 30컵), 고추장 15컵

1 오이를 깨끗이 씻어 물기를 닦고 밀폐용기에 담은 후, 소금물을 끓여서 식혀 오이에 붓는다.

2 소금물에 절인 오이지는 물에 헹구어 채반에 꾸들꾸들 말린 다음, 고추장 10컵을 넣고 버무려서 항아리나 밀폐용기에 담고, 남은 고추장 5컵을 마저 넣어 오이가 잠기게 해서 보름 이상 삭힌다.

마늘종고추장장아찌

재료 마늘종 1단, 소금물(소금 1컵, 물 10컵), 고추장 5컵

1 마늘종은 줄기를 둥글게 말거나 4cm 길이로 자른 뒤 끓여서 식힌 소금물을 붓는다.

2 일주일쯤 지나 마늘종이 노랗게 삭으면 꺼내서 찬물에 살짝 헹구어 물기를 닦은 후, 고추장 3컵을 넣어 버무려서 밀폐용기에 담는다. 여기에 남은 고추장 2컵을 위에 얹어 밀봉한다.

된장 장아찌

깻잎된장장아찌

재료 깻잎 20묶음(200장), 소금물(소금 1/2컵, 물 5컵), 물엿 1/2컵, 통깨·실고추 조금씩, 된장 10컵

1 깻잎은 한 잎씩 깨끗이 씻어 물기를 뺀 다음 유리병이나 밀폐용기에 차곡차곡 담는다.

2 소금물을 팔팔 끓여 식혀서 깻잎에 붓고 납작한 돌로 눌러 노릇해지도록 10일 정도 삭힌 후, 물에 헹궈 물기를 꼭 짠다.

3 깻잎 3~4장마다 된장을 충분히 발라서 밀폐용기에 차곡차곡 담아 밀봉한다.

무된장장아찌

재료 무 4개, 소금물(소금 1컵, 물 6컵) 된장 10컵

1 무를 깨끗이 손질해 씻은 후 껍질째 세로로 반 가르거나 4등분한다.

2 준비한 무를 소금물에 하루 정도 절여서 채반에 널어 그늘에서 꾸들꾸들 말린 후, 된장에 박아 한 달 정도 노랗게 삭힌다.

3 무가 충분히 삭으면 꺼내서 물에 담가 짠맛을 뺀 다음 갖은 양념에 무쳐 먹는다.

part

1

매일매일
반찬·밑반찬

매일매일 밥상을 차려야 하는 주부들에게는 오늘은 또 무슨 반찬을 준비할까 늘 고민이죠. 밥상 차리기 걱정을 덜어주는 매일매일 반찬·밑반찬. 우리 밥상에 자주 오르는 59가지의 일상 반찬을 엄선해 엄마가 해주시던 그 맛 그대로 레시피에 담았어요.

돼지고기김치찜

잘 익은 배추김치와 돼지고기를 볶다가 물을 자작하게 부어 부드럽게 찜을 했어요.
밥반찬으로도 좋고 별식으로 준비해도 좋아요.

이렇게 준비해요 (4인분)

배추김치 1/2포기
돼지고기 200g
콩나물 100g
양파 1개
대파 1뿌리
풋고추 2개
붉은 고추 1개
설탕 2큰술
소금 조금
식용유 2큰술
물 5컵

고기 양념
간장·설탕 1큰술씩
청주 1큰술
고춧가루 1큰술
다진 마늘 1큰술

이렇게 만들어요

1. **배추김치 소 털기** 푹 익은 배추김치의 소를 털어내고 밑동만 자른다.

2. **돼지고기 양념하기** 돼지고기는 삼겹살이나 사태로 준비해 납작납작 썰어 고기 양념을 반만 넣고 조물조물 무친다.

3. **채소 준비하기** 콩나물은 뿌리를 다듬고, 양파는 채 썰고, 대파는 어슷하게 썬다. 풋고추와 붉은 고추는 송송 썰어 씨를 턴다.

4. **고기 볶다 김치 넣기** 달군 냄비에 식용유를 두르고 양념한 돼지고기와 양파를 볶다가 고기가 반쯤 익으면 김치를 넣어 볶는다. 설탕을 조금 넣어 부드러운 맛을 더한다.

5. **콩나물 넣기** 돼지고기와 김치가 부드러워지면 콩나물을 넣고 물을 붓는다.

6. **남은 양념 넣어 끓이기** 콩나물 위에 남은 고기 양념을 얹고 양념이 고루 돌도록 푹 끓인 뒤, 대파와 고추를 넣고 잠깐 더 끓인다. 부족한 간은 소금으로 맞춘다.

설탕으로 신맛을 조절하세요

김치찜을 하는 김치는 묵을수록 더 맛있어요. 신 김치로 요리를 할 때 설탕을 넣으면 신맛을 누그러뜨리고 김치의 맛도 살릴 수 있어요. 설탕 대신 물엿을 넣어도 되는데, 이때 양 조절을 잘해야 해요.

불고기

누구나 좋아하는 고기반찬. 넉넉히 준비해 한 끼 먹을 분량씩 냉동해두었다가 그때그때 볶으면 식사 준비가 편해요.

이렇게 준비해요 (4인분)

쇠고기(불고기감) 600g
깻잎 5장
양파 1개
대파 1뿌리
배 1/4개

고기 양념
간장 4큰술
설탕 1큰술
다진 파 2큰술
다진 마늘 1큰술
참기름 1큰술
깨소금 1큰술
후춧가루 1/2작은술

이렇게 만들어요

1 **고기 썰어 핏물 빼기** 쇠고기는 불고기감으로 준비해 적당한 크기로 썬다. 핏물이 많으면 종이타월로 꼭꼭 눌러 걷어낸다.

2 **양파·깻잎·대파·배 준비하기** 양파는 반은 채 썰고, 반은 강판에 간다. 대파와 깻잎도 채 썬다. 배는 강판에 간다.

3 **양념에 고기 재기** 양파 간 것과 고기 양념 재료를 모두 섞어 고기에 넣고 20분 정도 잰다.

4 **고기 볶기** 달군 팬에 양파와 고기를 넣어 센 불에서 고루 섞어가면서 볶는다. 불에서 내리기 전에 깻잎과 대파를 넣어 조금 더 볶는다.

맛을 살리고 고기를 부드럽게 하는 배즙과 양파즙
불고기 양념을 할 때 배즙이나 양파즙을 넉넉히 넣으면 달착지근하면서 고깃결이 부드러워져요. 국물 또한 진하고 맛있어서 밥을 비벼 먹어도 별미랍니다. 깻잎 대신 새송이나 표고버섯을 넣어도 맛이 잘 어울려요.

장조림

쇠고기 사태나 양지머리를 삶아서 간장에 조린, 입맛 살리는 밑반찬. 밥반찬, 도시락 반찬으로 좋고 죽 상차림에도 잘 어울려요.

이렇게 준비해요 (4인분)

쇠고기(사태 또는 양지머리) 600g
삶은 메추리알 10개
꽈리고추 3개
양파 1/2개
대파 1뿌리
마늘 10쪽

조림장
고기 삶아낸 물 2컵
간장 6큰술
설탕 2큰술
청주 1큰술
마른 고추 3개
통후추 조금

이렇게 만들어요

1. **쇠고기 손질하기** 쇠고기는 기름을 떼고 8등분해서 물에 담가 핏물을 뺀다.
2. **고기 삶기** 냄비에 쇠고기를 담고 고기가 잠길 정도로 물을 부어 20분 정도 삶는다. 고기를 건지고, 삶은 물은 체에 한 번 거른다.
3. **조림장 넣어 삶기** 냄비에 고기를 담고 고기 삶은 물을 부은 뒤 간장, 설탕을 넣고 끓인다. 우르르 끓으면 양파와 대파를 큼직하게 썰어 넣고 마늘, 마른 고추, 통후추를 넣는다.
4. **메추리알·꽈리고추 넣기** 센 불에서 20분쯤 끓이다가 불을 약하게 줄이고 메추리알과 꽈리고추를 차례로 넣어 천천히 끓인다. 국물이 반으로 줄면 불에서 내려 식힌다.

고기가 익은 뒤 간장 양념을 해야 질기지 않아요
장조림을 할 때 처음부터 간장을 넣어 끓이면 고기가 질겨져요. 애벌로 끓여 고기가 완전히 익은 상태에서 간장 양념을 해야 질기지 않고 부드럽게 된답니다. 삶은 메추리알 대신 삶은 달걀을 넣어도 맛있어요.

갈치무조림

담백한 맛이 좋은 갈치에 무를 넣고 짭조름하고 매콤하게 조린 반찬. 무 대신 감자나 호박, 묵은 김치 등을 넣고 응용해도 맛있어요.

이렇게 준비해요 (4인분)

갈치 2마리
무 1/2개(500g)
대파 1뿌리
풋고추·붉은 고추 1개씩
소금 1큰술
물 1컵

조림 양념
고추장 1큰술
고춧가루·간장 2큰술씩
설탕 2작은술
청주 2큰술
물 2큰술
다진 파 2큰술
다진 마늘 1큰술
다진 생강 1/2작은술
참기름·깨소금 1큰술씩
후춧가루 조금

이렇게 만들어요

1. **갈치 손질하기** 갈치는 비늘을 긁어내고 깨끗이 씻어서 4~5cm 길이로 토막 낸 뒤 소금을 뿌려둔다.
2. **채소 준비하기** 무는 2cm 두께의 반달 모양으로 썰고, 대파, 풋고추, 붉은 고추는 어슷하게 썬다.
3. **무·갈치 안치기** 냄비에 무를 깔고 갈치를 얹은 뒤 조림 양념을 만들어 골고루 끼얹는다.
4. **뚜껑 덮어 조리기** 가장자리로 물을 자작하게 붓고 뚜껑을 덮어 센 불에서 끓이다가, 불을 줄이고 국물을 끼얹으면서 바특하게 조린다. 마지막에 고추와 대파를 넣고 조금 더 끓인다.

무 대신 시래기나 김치를 넣고 조려도 맛있어요
갈치조림이나 고등어조림에는 무 대신 감자를 넣어도 좋아요. 배추 우거지나 무청 시래기, 잘 익은 김치를 넣고 조려도 맛있답니다.

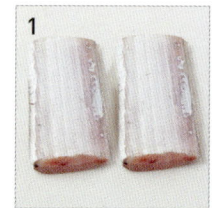

고등어조림

불포화지방산이 풍부한 등 푸른 생선 고등어를 매콤한 양념으로 조린 반찬이에요. 고등어는 부담 없이 즐길 수 있는 영양식입니다.

이렇게 준비해요 (4인분)

고등어 2마리	**조림 양념**
감자 2개	고추장·간장 2큰술씩
청양고추 2개	고춧가루·설탕·청주 2큰술씩
붉은 고추 1개	다진 파 2큰술
대파 1뿌리	다진 마늘 1큰술
마늘 5쪽	다진 생강 1/2작은술
소금 1큰술	참기름·깨소금 1큰술씩
물 1컵	소금·후춧가루 조금씩

이렇게 만들어요

1. **고등어 손질하기** 고등어는 머리와 꼬리를 자르고 배를 갈라 내장을 뺀 뒤, 씻어서 4~5cm 길이로 토막 내 소금을 뿌린다.
2. **채소 준비하기** 감자는 껍질을 벗겨 은행잎 모양으로 도톰하게 썰고, 고추와 대파는 어슷하게 썬다.
3. **조림 양념 만들기** 조림 양념 재료를 한데 섞는다.
4. **냄비에 안치기** 냄비에 감자를 깔고 고등어와 마늘을 올린 뒤 조림 양념을 끼얹는다. 냄비 가장자리로 물을 자작하게 부어 뚜껑을 덮고 끓인다.
5. **국물 끼얹으며 조리기** 센 불에서 끓이다가 불을 약하게 줄이고 국물을 끼얹으며 타지 않게 조린다. 마지막에 고추와 대파를 넣고 조금 더 조린다.

생선조림을 할 때는 넓은 냄비를 이용하세요
생선조림을 할 때 골고루 익히려고 뒤적거리다가는 생선살이 부서지기 쉬워요. 속이 깊은 냄비보다는 넓고 얕은 냄비를 사용해서 한 번만 살살 뒤집는 게 요령이에요.

코다리조림

명태를 반 건조한 코다리는 동태나 생태에 비해 살이 탄력 있어 조림을 하면 씹는 맛이 좋고 살이 부서지지 않아요. 밥반찬으로 아주 좋답니다.

이렇게 준비해요 (4인분)

코다리 2마리	조림장
양파 1/2개	간장 1/2컵
실파 1뿌리	청주 2큰술
붉은 고추 1개	물엿 1큰술
물 3컵	설탕 1큰술
	다진 마늘 1큰술
	생강즙 1/2큰술
	소금 1작은술
	고춧가루 조금

이렇게 만들어요

1 **코다리 손질하기** 코다리는 가위로 지느러미와 꼬리 등을 다듬고 물에 씻은 뒤 먹기 좋게 토막 낸다.

2 **채소 준비하기** 양파는 채 썰고, 실파는 송송 썰고, 붉은 고추는 잘게 썬다.

3 **조림장 만들기** 재료를 분량대로 섞어 조림장을 만든다.

4 **조림장 넣고 끓이기** 냄비에 양파를 깔고 코다리를 안친 다음 조림장을 끼얹고 한소끔 끓인다. 코다리가 익기 시작하면 물을 붓고 불을 약하게 줄여 은근히 끓인다.

5 **실파·고추 넣기** 고춧가루를 조금 넣어 매운맛을 더하고 송송 썬 실파와 붉은 고추를 얹어 조린다.

 **코다리찜도 맛있어요**
코다리에 콩나물과 미더덕을 더해 찜을 해도 맛있어요. 콩나물을 데치고 남은 국물에 고춧가루와 간장, 다진 마늘 등의 양념을 더해 고루 섞고 코다리와 콩나물, 미더덕 등과 함께 찜을 하면 근사한 일품요리가 됩니다. 녹말물이나 찹쌀풀을 풀어 넣는 것도 잊지 마세요.

양미리조림

꾸덕하게 말려서 조린 양미리조림으로 식탁을 변화시켜보세요. 다른 간을 하지 않고 석쇠에 구워 고추장에 찍어 먹어도 별미랍니다.

이렇게 준비해요 (4인분)

양미리(반 건조한 것) 400g
녹말가루 5큰술
통깨 1큰술
식용유 2컵

조림장
간장 1/3컵
물엿 1큰술
설탕 1큰술
청주 1큰술
다진 마늘 1큰술
생강즙 1/2작은술
마른 고추 자른 것 2개분
물 1컵

이렇게 만들어요

1. **양미리 손질하기** 반 건조 양미리는 머리와 꼬리를 자르고 먹기 좋게 반으로 잘라 소금물에 헹궈 건진다.
2. **녹말 묻혀 튀기기** 손질한 양미리에 녹말가루를 넣고 고루 버무린 뒤 끓는 기름에 노릇하게 튀긴다.
3. **조림장 끓이기** 팬에 조림장 재료를 분량대로 넣고 은근한 불에 바글바글 끓인다.
4. **양미리 조리기** ③의 조림장에 튀긴 양미리를 넣고 센 불에 재빨리 버무리듯 조린다. 다 되면 접시에 담고 통깨를 뿌린다.

 **조림장에 재빨리 뒤적이며 조려요**
생선을 튀길 때 기름을 적당히 붓고 지지듯 튀기면 기름 낭비가 적죠. 양미리는 녹말가루를 묻혀 바삭하게 튀긴 뒤 조림장을 넣어 재빨리 뒤적이며 조려야 윤기가 나고 맛도 좋아요.

삼치 데리야키구이

달착지근한 소스로 맛을 낸 삼치데리야키구이. 삼치를 애벌로 한 번 구운 뒤 소스에 조리듯 지져내 감칠맛이 좋아요.

이렇게 준비해요 (4인분)

삼치 2마리
소금 1/2큰술
식용유 2큰술

데리야키 소스
간장 3큰술
설탕 1큰술
청주 2큰술
물엿 1/2큰술

이렇게 만들어요

1. **삼치 손질하기** 삼치는 등뼈를 중심으로 포를 떠 먹기 좋은 크기로 토막 낸 뒤 소금을 뿌려 20분쯤 잰다.
2. **삼치 굽기** 달군 팬에 식용유를 두르고 삼치를 넣어 앞뒤로 노릇하게 굽는다.
3. **데리야키 소스에 조리기** 팬에 데리야키 소스를 모두 넣고 끓인다. 지글지글 끓으면 삼치를 넣고 팬을 흔들면서 소스 맛이 고루 배도록 조린다.

불을 약하게 해서 익혀야 타지 않아요
설탕을 넣어 맛을 낸 간장은 끓이면 빨리 탈 수 있으니 조리할 때 불을 약하게 해서 익혀야 해요. 데리야키 소스로 맛을 내기에 좋은 생선은 비린 맛이 강한 등 푸른 생선이나 은대구, 도미 같은 흰 살 생선들이랍니다.

북어찜

물에 불린 통북어를 먹기 좋게 잘라 매콤하고 간간하게 양념해 찐 북어찜. 물에 불린 북어는 부드러워 씹는 맛이 좋아요.

이렇게 준비해요 (4인분)

통북어 2마리	**양념장**
대파 1뿌리	국간장 1큰술
실고추 조금	간장 2큰술
물 1/2컵	고춧가루 1큰술
	설탕 1큰술
	다진 파 2큰술
	다진 마늘 1큰술
	참기름 1큰술
	깨소금 1큰술
	후춧가루 조금

이렇게 만들어요

1. **북어 손질해서 불리기** 통북어는 반 잘라 지느러미와 꼬리를 가위로 다듬는다. 물에 담가 충분히 불린 뒤 먹기 좋은 크기로 토막 낸다.
2. **양념장 만들기** 재료를 분량대로 섞어 양념장을 만든다.
3. **북어 안쳐 끓이기** 손질한 북어를 냄비에 안치고 만든 양념장을 반쯤 덜어 넣고 끓인다.
4. **남은 양념 넣고 찜하기** 한소끔 끓으면 남은 양념장을 넣고 물을 조금 부어 자작하게 찜을 한다. 마지막에 대파를 어슷하게 썰어 넣고 실고추를 얹어 잠깐 더 찐다.

뒤적이면 살이 부서지니 주의하세요
북어는 살이 연해 조릴 때 마구 뒤적이면 부서지기 쉬워요. 양념장을 끼얹을 때도 살이 부서지지 않도록 조심하세요. 양념장을 한번 끓인 다음 북어찜에 넣으면 간이 잘 배어들어 여러 번 뒤집을 필요가 없답니다.

북어포양념구이

부드럽게 불린 북어포에 매운 양념장을 발라 촉촉하게 구웠어요. 기름을 넉넉히 두른 팬에 타지 않게 굽는 것이 맛내기 비결이에요.

이렇게 준비해요 (4인분)

통북어 2마리	양념장
통깨 조금	간장 1큰술
식용유 2큰술	고춧가루 1½큰술
	고추장·청주 1큰술씩
기름장	물 3큰술
식용유 3큰술	설탕 ½큰술
간장 1큰술	다진 파 1큰술
	다진 마늘·다진 생강 ½큰술씩
	참기름 ½큰술
	깨소금 1작은술
	소금·후춧가루 조금씩

이렇게 만들어요

1. **북어포 물에 불리기** 북어포는 머리와 꼬리, 지느러미를 정리한 뒤 물에 부드러워지도록 불려서 물기를 짠다.
2. **기름장 발라 굽기** 기름과 간장을 섞은 기름장을 북어포에 바른 뒤, 달군 팬에 식용유를 1큰술 정도 두르고 앞뒤로 뒤집어가며 애벌구이 한다. 식으면 가위로 3~4등분한다.
3. **양념장 만들기** 준비한 재료를 고루 섞어 양념장을 만든다.
4. **양념 발라 굽기** 애벌구이 한 북어에 양념장을 발라 달군 팬에 식용유를 두르고 굽는다. 양념 바른 쪽을 먼저 굽다가 뒤집어 다른 면도 타지 않게 굽는다. 마지막에 통깨를 뿌린다.

애벌로 먼저 구운 뒤 양념 발라 구워야 잘 익어요
양념을 해서 굽는 구이는 재료가 익기도 전에 타기 쉬워요. 특히 고추장과 설탕이 들어가는 양념장은 빨리 타는데, 양념하기 전에 본 재료를 애벌로 구우면 타는 것을 방지할 수 있어요.

뱅어포구이

뱅어포에 고추장 양념을 발라 구운 반찬. 양념장을 발라 재두었다가 먹을 만큼만 그때그때 구워 먹으면 더 맛있어요.

이렇게 준비해요 (4인분)

뱅어포 10장
통깨 1큰술
식용유 2/3컵

양념장
고추장 4큰술
물엿 · 물 5큰술씩
고춧가루 · 간장 1큰술씩
청주 · 다진 마늘 1큰술씩
식용유 2큰술

이렇게 만들어요

1. **뱅어포 애벌 굽기** 뱅어포는 손으로 비벼 잡티를 털어낸 후, 달군 팬에 식용유를 살짝 두르고 앞뒤로 뒤집어가며 굽는다.
2. **양념장 끓이기** 팬에 양념장 재료를 분량대로 넣고 바글바글 끓이다가 불을 끈 뒤 한 김 식힌다.
3. **양념장 발라 재기** 구운 뱅어포 한 장에 양념장을 고루 바르고 통깨를 뿌린다. 그 위에 다시 뱅어포를 얹고 양념장을 발라 통깨를 뿌린다. 이 과정을 반복해서 모두 잰다.
4. **석쇠에 굽기** 양념에 잰 뱅어포를 석쇠에 올려 약한 불에서 타지 않게 구운 뒤 2.5×4cm 크기로 자른다.

뱅어포는 결이 촘촘한 것을 고르세요
뼈째 먹는 생선인 뱅어포는 칼슘의 함량이 멸치에 비해 손색없어요. 뱅어포는 중간 굵기의 실치로 만든 것이 맛있어요. 결이 촘촘한 것을 고르고, 손으로 비벼 잡티를 털어 매끄럽게 한 다음 사용하세요.

간장게장

신선한 꽃게에 간장물을 달여서 부은 간장게장.
짭짤하면서 감칠맛 나는 간장게장 하나만 있으면 밥 한 그릇 뚝딱 게 눈 감추듯 비운답니다.

이렇게 준비해요 (4인분)

신선한 암 꽃게(220~250g) 4마리
마른 고추 2개
마늘 10쪽
생강 1톨

간장물
간장 4컵
설탕 2큰술
소금 1작은술
물 12컵

이렇게 만들어요

1. **꽃게 손질하기** 신선한 꽃게를 통째로 솔로 문질러 씻어 물기를 뺀다. 꽃게는 배 쪽의 딱지가 넓은 암게가 알이 들어 있어 실속 있다.

2. **통에 담기** 큰 통에 꽃게를 배가 위로 오도록 차곡차곡 담는다.

3. **고추·마늘·생강 넣기** 마른 고추는 어슷하게 썰어 씨를 털어내고, 마늘과 생강은 저며 꽃게 위에 얹는다.

4. **간장물 붓기** 간장 4컵과 물 10컵을 끓여서 식힌 뒤, 게가 푹 잠기도록 붓고 깨끗하게 씻은 돌멩이로 눌러 하룻밤 서늘한 곳에 둔다.

5. **간장물 끓여 식히기** 간장물을 냄비에 따라 붓고 물 2컵과 설탕 2큰술, 소금 1작은술을 더 넣어 팔팔 끓여 차게 식힌다.

6. **간장물 부어 저장하기** 꽃게를 담아놓은 통에 식힌 간장을 다시 붓고 하루 두었다가 먹는다.

오래 두고 먹으려면 냉동실에 보관하세요
게장을 오래 두고 먹으려면 중간에 간장물을 끓여서 식혀 붓기를 두 번 이상 해야 해요. 게장은 짜게 만든 저장음식이라 해도 오래되면 상할 수 있으니, 한 번에 먹을 만큼씩 덜어 냉동실에 두었다가 실온에서 해동해 먹는 것이 좋아요.

간장새우장

야들야들하면서 간간 짭짤한 새우장은 감칠맛이 그만이죠.
게장에 비해 손질하기가 번거롭지 않아 쉽게 담가 먹을 수 있어요.

이렇게 준비해요 (4인분)

대하 10마리

간장물
국간장 1½컵
진간장 1½컵
청주 1/2컵
매실청 2큰술
설탕 2큰술
마른 고추 2개
물 5컵

이렇게 만들어요

1 **새우 손질하기** 새우는 긴 수염만 잘라내고 그대로 깨끗하게 씻어 물기를 제거한다.

2 **간장물 끓이기** 간장물 재료를 분량대로 모두 넣고 잘 저어서 한소끔 끓여 차게 식힌다.

3 **간장물 부어 보관하기** 새우를 통에 담고 식힌 간장물을 붓는다. 하루가 지나면 간장물만 따라내어 다시 한번 끓여 차게 식힌 뒤 새우에 다시 붓는다. 두 번 반복해 냉장고에 보관한다.

4 **그릇에 담기** 먹을 때 꼬리를 떼고 껍데기를 벗긴 뒤 그릇에 담아낸다.

너무 오래 담가두면 짜져요
새우장을 오래 두고 먹는다고 간장물을 여러 번 끓여서 식혀 붓기도 하는데, 간장물에 너무 오래 담가두면 간이 짜져요. 적당히 간이 배고 맛이 들면 새우를 따로 건져서 냉동해두고 한 번에 먹을 만큼씩 해동하는 것이 좋아요.

꽃게무침

싱싱한 꽃게를 토막 내서 매콤한 양념장에 무쳤어요.
게의 신선도와 적당한 간 조절이 맛내기 비결이랍니다.

이렇게 준비해요 (4인분)

신선한 꽃게 4마리
마늘 10쪽
풋고추 1개
붉은 고추 1개
실파 3뿌리

양념장
고춧가루 1컵
간장 1/2컵
물엿 1/4컵
청주 3큰술
다진 마늘 1큰술
다진 생강 1작은술
통깨 조금
소금 조금

이렇게 만들어요

1. **꽃게 손질하기** 꽃게는 솔로 문질러 씻은 다음 등딱지를 떼고 모래집을 떼어낸다. 집게다리는 몸통에서 떼어놓고, 나머지 다리는 끝의 뾰족한 부위를 잘라낸다.
2. **적당한 크기로 자르기** 꽃게의 몸통을 4~6등분하고, 떼어낸 등딱지의 알과 내장을 긁어낸다. 집게다리는 마디를 탁 잘라 양념이 잘 배도록 한다.
3. **양념장 만들기** 준비한 재료를 모두 더해 양념장을 만든다.
4. **실파·마늘·고추 준비하기** 실파는 3cm 길이로 자르고, 마늘은 저며 썰고, 고추는 어슷하게 썰어 씨를 턴 뒤 양념장에 섞는다.
5. **꽃게에 양념장 넣고 버무리기** 꽃게에 준비한 양념장을 넣고 긁어둔 내장을 합하여 고루 버무린다.

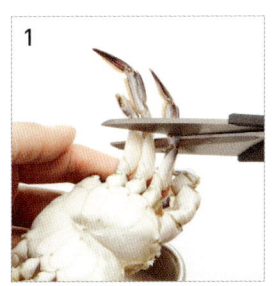   

 **봄에는 암게, 가을에는 수게가 제맛이에요**
봄에는 알이 가득한 암게, 가을에는 살이 통통하게 오른 수게가 맛있어요. 수게는 배 부분의 딱지가 좁고 길며, 암게는 딱지가 넓고 둥근 게 특징이죠. 간장게장은 주로 봄에 암게로 담그고, 꽃게무침은 가을에 수게로 만들면 맛있답니다.

암게   수게

오징어볶음

진한 양념 맛이 느껴지는 오징어볶음. 반찬으로 준비해도 좋고, 밥 위에 얹으면 반찬이 필요 없는 한 그릇 음식으로 안성맞춤이에요.

이렇게 준비해요 (4인분)

오징어(중간 크기)	볶음 양념
2마리	고추장 2큰술
양파 1개	고춧가루 · 간장 1큰술씩
당근 1/2개	설탕 · 물엿 1큰술씩
풋고추 2개	청주 1큰술
붉은 고추 1개	다진 파 2큰술
대파 1뿌리	다진 마늘 1큰술
식용유 2큰술	다진 생강 1작은술
	참기름 1/2큰술
	소금 · 후춧가루 조금씩

이렇게 만들어요

1. **오징어 손질하기** 오징어는 내장을 떼어내고 껍질을 벗겨 물에 깨끗이 씻는다. 몸통은 안쪽에 칼집을 촘촘히 넣은 뒤 5×2cm로 썰고, 다리도 5cm 길이로 썬다.
2. **채소 준비하기** 양파는 반 갈라 채 썰고, 당근은 4×1cm 크기로 납작하게 썬다. 고추는 반 갈라 씨를 빼고 어슷하게 썰고, 대파도 비슷한 모양으로 어슷하게 썬다.
3. **양념하기** 볶음 양념 재료를 모두 섞어 오징어에 먼저 넣고 버무린 뒤 채소를 넣어 섞는다.
4. **팬에 볶기** 달군 팬에 식용유를 두르고 양념한 오징어를 넣어 센 불에서 볶는다.

오징어에 칼집을 넣으면 양념이 잘 배어들어요
오징어볶음은 잘못하면 겉물이 돌아 맛이 싱거워지기 쉬운데, 손질할 때 칼집을 넣으면 좋아요. 모양도 모양이지만, 칼집 사이사이로 양념이 고루 배어들어 더 맛있기 때문이죠. 볶음을 할 때는 센 불에서 재빨리 볶아야 오징어가 질깃해지지 않는답니다.

골뱅이북어포 무침

야들야들한 골뱅이에 북어포와 오이, 양파 등을 넣고 매콤 새콤하게 무친 음식. 대표적인 술안주지만 밥반찬으로 준비해도 좋아요.

이렇게 준비해요 (4인분)

재료	무침 양념
골뱅이 통조림 1개(400g)	고춧가루 2큰술
북어포 1줌(50g)	고추장·간장 1큰술씩
오이 1개	식초·물엿 2큰술씩
양파 1/2개	설탕 1큰술
대파 1/2뿌리	다진 파·다진 마늘 1큰술씩
풋고추 2개	깨소금 1작은술
붉은 고추 1개	참기름 1/2큰술
소금 조금	소금 조금

이렇게 만들어요

1. **골뱅이 준비하기** 골뱅이 통조림을 체에 밭쳐 국물은 따라 버리고, 골뱅이는 저며 썰거나 통째로 사용한다.
2. **북어포 불리기** 북어포는 찬물에 담갔다가 건져 물기를 꼭 짠다. 긴 것은 먹기 좋은 크기로 자른다.
3. **채소 준비하기** 오이는 반 갈라 어슷하게 썰어 소금에 살짝 절이고, 양파는 채 썬다. 대파는 흰 부분만 길게 채 썰고, 고추는 씨를 빼고 어슷하게 썬다.
4. **골뱅이 무치기** 골뱅이와 오이 등 준비한 재료를 한데 담고 무침 양념을 넣어 고루 버무린다.

 **북어포는 통조림 국물로 촉촉하게**
북어포는 그냥 무치면 뻣뻣하고 간이 잘 안 배어들어요. 적당한 크기로 자른 다음 물에 담갔다가 물기를 짜거나 골뱅이 통조림 국물로 적셔주면 촉촉해져서 맛이 잘 살아난답니다. 소면을 삶아 곁들이면 한 끼 식사로 손색이 없어요.

꼬막양념무침

쫄깃한 꼬막에 매콤짭짤한 양념장을 만들어 얹었어요. 꼬막은 껍데기째 조리하기 때문에 손질할 때 해감을 잘 빼는 것이 중요해요.

이렇게 준비해요 (4인분)

꼬막 2컵	**양념장**
청주 4큰술	간장 3큰술
	설탕 1/2큰술
	고춧가루 1/2큰술
	다진 파 1큰술
	다진 마늘 1작은술
	다진 풋고추·다진 붉은 고추 1/2개씩
	참기름·깨소금 1/2큰술씩

이렇게 만들어요

1. **꼬막 손질하기** 꼬막은 소금물에 담가 해감을 뺀 뒤 바락바락 비벼 씻는다. 깨끗이 손질한 꼬막은 냄비에 물을 붓고 청주를 넣어 삶는다. 입이 벌어지면 모래가 빠지게 흔들어 씻어 건진다.
2. **양념장 만들기** 준비한 양념장 재료를 한데 담고 고루 섞는다.
3. **껍데기 떼어내기** 삶아 식힌 꼬막을 한쪽 껍데기만 떼어 그릇에 가지런히 담는다.
4. **양념장 얹기** ③의 꼬막에 준비된 양념장을 조금씩 고루 얹는다.

꼬막은 입이 벌어지면 바로 건지세요

꼬막은 너무 오래 삶으면 질겨져서 맛이 없어요. 물이 끓고 입이 벌어지면 바로 건져야 해요. 삶는 물에 청주를 넣으면 비린 맛이 없어지고, 건질 때는 살살 흔들어서 건져야 해감을 없앨 수 있어요.

오징어채무침

오징어채를 살짝 쪄서 부드럽게 한 뒤 매콤한 양념장으로 무쳤어요. 오징어채는 딱딱해지기 쉬운데 한번 쪄서 무치면 부드러워서 좋아요.

이렇게 준비해요 (4인분)

오징어채 400g

양념장
고추장 3큰술
고운 고춧가루 1큰술
간장 1큰술
물엿 2큰술
설탕 1/2큰술
청주 1큰술
다진 마늘 1큰술
다진 생강 1/2큰술
식용유 4큰술

이렇게 만들어요

1. **오징어채 잔 가루 털기** 오징어채는 손으로 훌훌 털어 잔 가루를 없앤다.
2. **양념장 만들기** 준비한 재료들을 한데 섞어 양념장을 만든다.
3. **찜통에 찌기** 김 오른 찜통에 젖은 면포를 깔고 오징어채를 올려 뚜껑을 덮은 채 5분쯤 찐다.
4. **양념장에 버무리기** 찜통에 쪄낸 오징어채에 양념장을 넣고 고루 버무린다.

찜통에 찌면 딱딱해지지 않아요
오징어채볶음은 자칫하면 딱딱해지기 쉬운데, 찜통에 한 번 쪄내면 만들어서 오래 두어도 딱딱해지지 않는답니다. 김 오른 찜통에 면 보자기를 깔고 부드럽게 쪄서 양념장에 무친 후 잠시만 볶으면 됩니다.

홍합초

홍합살을 조림장으로 바특하게 조린 반찬. 윤기 나도록 볶으면 달달하고 짭조름해서 밑반찬으로 제격이에요.

이렇게 준비해요 (4인분)

홍합살 1컵
쇠고기 50g
저민 마늘 2쪽분
저민 생강 1톨분
참기름 · 잣가루 1작은술씩
후춧가루 조금

조림장
간장 3큰술
설탕 1큰술
물 2큰술

녹말물
녹말가루 1작은술
물 1큰술

이렇게 만들어요

1. **재료 손질하기** 홍합살은 옅은 소금물에 흔들어 씻어 끓는 물에 살짝 데치고, 쇠고기는 한입 크기로 납작하게 저며 썬다.
2. **조림장 끓이기** 냄비에 조림장 재료를 모두 넣어 끓이다가 저며 썬 쇠고기를 넣는다.
3. **홍합살 넣기** 조림장 국물이 바특하게 졸아들면 마늘과 생강을 넣고 홍합살을 넣어 볶다가, 녹말물을 부어 덩어리지지 않도록 잘 뒤섞는다.
4. **참기름으로 맛내기** 참기름과 후춧가루로 맛을 낸 뒤 접시에 담고 잣가루를 솔솔 뿌린다.

말린 홍합살을 사용해도 좋아요
말린 홍합살로 홍합초를 만들어도 맛있어요. 쫄깃하게 씹히는 맛을 원한다면 생 홍합살 대신 말린 홍합살을 넣으세요. 말린 홍합살로 홍합초를 만들 때는 물에 잘 불려서 사용하세요.

잔멸치아몬드 볶음

칼슘 섭취에 아주 좋은 밑반찬. 넉넉히 만들어두면 식탁 차리기가 한결 쉽답니다. 잔멸치볶음은 비린내가 나지 않게 볶는 것이 요령이에요.

이렇게 준비해요 (4인분)

잔멸치 1/2컵
아몬드 슬라이스 1큰술
청주 1큰술
설탕 1/2큰술
물엿 1/2큰술
통깨 1/2큰술
식용유 2큰술

이렇게 만들어요

1. **잔멸치 손질하기** 잔멸치는 체에 담아 살살 흔들어서 부스러기를 없앤다.
2. **비린내 없애기** 팬을 달군 뒤 멸치를 넣고 청주를 골고루 뿌리면서 잘 뒤적여 비린내를 날려버린다.
3. **기름에 볶다가 아몬드 넣기** 달군 팬에 기름을 두르고 잔멸치를 넣어 약한 불에서 볶다가 아몬드 슬라이스를 넣고 고루 섞는다.
4. **설탕·물엿 넣어 맛내기** 설탕과 물엿을 넣고 고루 섞어 잘 녹인 뒤 불을 끈다. 마지막에 통깨를 뿌린다.

청주로 비린맛을 날려요

잔멸치볶음은 따로 간을 하지 않아 비린내가 나기 쉬워요. 비린내를 날리려면 마른 팬을 달구어 잔멸치를 넣고 청주를 뿌려가면서 재빨리 볶으세요. 청주 대신 다진 마늘이나 저민 마늘을 넣고 함께 볶아도 좋아요.

멸치고추장볶음

고추장 양념장을 자글자글 끓이다가 중멸치를 넣고 볶았어요. 비린 맛이 나지 않고 칼칼해서 입맛 도는 밑반찬이에요.

이렇게 준비해요 (4인분)

멸치(중간 크기) 2컵	**고추장 양념장**
통깨 1/2큰술	고추장 3큰술
식용유 4큰술	간장·고춧가루 1큰술씩
	식용유 2큰술
	설탕 1/2큰술
	물엿 2큰술
	청주 1큰술
	다진 마늘 1큰술
	생강즙 1작은술
	물 1/3컵

이렇게 만들어요

1. **멸치 볶기** 멸치는 체에 담은 채 툭툭 쳐서 잔 가루를 턴 뒤, 기름 두른 팬에 저어가며 타지 않게 바짝 볶아낸다.
2. **고추장 양념장 끓이기** 팬에 고추장 양념장 재료를 분량대로 넣고 은근한 불에 저어가며 바글바글 끓인다. 고추장과 식용유가 겉돌지 않고 잘 어우러져야 한다.
3. **멸치 넣고 볶기** 끓고 있는 양념장에 볶아 놓은 멸치를 넣고 타지 않게 잘 저어가며 볶는다. 마지막에 통깨를 뿌린다.

 **멸치는 기름에 애벌로 볶아 비릿한 맛을 줄여요**
손질한 멸치를 기름 두른 팬에 먼저 볶다가 양념을 넣어 볶으면 멸치 특유의 비릿한 맛을 누그러뜨릴 수 있어요. 아주 작은 지리멸은 잔 가루를 털어낸 뒤 기름에 볶다가 설탕을 조금 뿌리면 바삭하면서도 맛이 깔끔하답니다.

멸치꽈리고추 조림

멸치를 볶다가 꽈리고추를 넣어 국간장 양념으로 간간하게 조린 밑반찬. 꽈리고추는 쪼글쪼글한 것이 맵지 않고 맛있어요.

이렇게 준비해요 (4인분)

멸치(중간 크기) 2컵
꽈리고추 100g
식용유 2큰술

양념장
국간장 2큰술
설탕 1/2큰술
청주 1큰술
다진 파 1큰술
다진 마늘·생강즙 1작은술씩
참기름·깨소금 1/2큰술씩

이렇게 만들어요

1 **꽈리고추 손질하기** 꽈리고추는 꼭지를 떼고 씻은 후 꼬치로 찔러 양념장이 잘 배도록 한다. 길이가 긴 것은 반으로 자른다.

2 **멸치 볶기** 멸치는 머리와 내장을 떼고 손질한 후 달군 팬에 식용유를 두르고 바삭하게 볶아 비린 맛을 없앤다.

3 **양념장에 조리기** 오목한 팬에 양념장 재료를 모두 넣고 섞은 뒤, 바글바글 끓으면 볶은 멸치와 고추를 넣고 뚜껑을 덮어 약한 불에서 은근하게 조린다.

 **엄마의 한마디**

꽈리고추 대신 마늘종을 넣고 볶아보세요
같은 양념으로 멸치 대신 쇠고기를 볶아도 맛있어요. 또 꽈리고추 대신 마늘종을 넣고 볶아도 색다른 맛이 나요. 멸치볶음을 할 때는 보통 중간 크기의 멸치를 사용하는데 볶음용 잔멸치로 조리해도 맛있답니다.

가지볶음

가지를 썰어 양파와 함께 살짝 볶은 가지볶음. 가지는 기름에 볶으면 구수하면서 맛도 좋고 영양도 보완돼요.

이렇게 준비해요 (4인분)

가지 2개	**볶음 양념**
양파 1/2개	간장 2큰술
실파 3뿌리	설탕 1작은술
식용유 3큰술	다진 마늘 2작은술
	깨소금 · 참기름 1작은술씩
	소금 · 후춧가루 조금씩

이렇게 만들어요

1. **가지 썰어 아린 맛 빼기** 가지는 꼭지를 떼고 반 갈라 어슷하게 저며 썬다. 자른 가지는 엷은 소금물에 10분 정도 담가 아린 맛을 뺀 뒤 종이타월로 물기를 걷어낸다.
2. **양파 · 실파 썰기** 양파는 껍질을 벗겨 씻은 뒤 반 갈라 굵게 채 썰고, 실파는 다듬어 씻어 3cm 길이로 자른다.
3. **가지 볶기** 기름 두른 팬에 양파와 가지를 볶다가 간장, 설탕, 다진 마늘을 넣고 소금으로 간을 맞춘다. 마지막에 참기름, 깨소금, 실파, 후춧가루를 넣고 한 번 더 볶는다.

썰어서 물에 담갔다 조리하면 갈변을 막을 수 있어요
가지는 떫은맛이 있는 데다 공기와 닿으면 색깔이 변하죠. 가지 요리를 할 때는 반드시 썰어서 물에 담갔다가 조리해야 가지의 보라색을 살릴 수 있어요. 가지볶음에 다진 쇠고기를 넣거나 풋고추와 고춧가루를 넣어 매콤한 맛을 살려도 맛있답니다.

가지나물

찜통에 찐 가지를 찢어 갖은 양념에 무친 가지나물은 한여름 밥반찬으로 식탁에 자주 오르는 음식이에요.

이렇게 준비해요 (4인분)

가지 2개
붉은 고추 1/2개
실파 1뿌리
소금 조금

무침 양념
간장 1큰술
고춧가루 1작은술
다진 파 1/2큰술
다진 마늘 1/2작은술
참기름 1큰술
깨소금 1작은술

이렇게 만들어요

1. **가지 찌기** 가지는 깨끗이 씻은 뒤 꼭지를 떼고 길게 반 갈라 김 오른 찜통에 부드럽게 찐다. 살짝 쪄지면 한 김 식혀서 적당한 굵기로 찢고, 긴 것은 반 자른다.
2. **무침 양념 만들기** 붉은 고추는 채 썰고 실파는 송송 썰어 무침 양념 재료와 고루 섞는다.
3. **양념에 무치기** 무침 양념에 찐 가지를 넣고 조물조물 무친다. 모자라는 간은 소금으로 맞춘다.

말려서 보관했다가 필요할 때마다 이용하세요
가지는 햇볕에 말려두었다가 볶거나 무쳐 먹으면 좋아요. 제철인 늦여름에 넉넉히 구입해 길게 어슷어슷 썰거나 6~8등분으로 쪼개서 채반에 펼쳐 가을 햇볕에 말리면 됩니다. 또는 꼭지가 달린 채 씻어서 길이로 6~8등분으로 쪼개어 줄에 매달아 말리는 방법도 있어요.

깻잎나물

연한 들깻잎을 데쳐서 갖은 양념을 해 볶은 나물. 나물을 할 때는 자잘한 잎으로 볶는 것이 부드럽고 맛있답니다.

이렇게 준비해요 (4인분)

들깻잎 400g
식용유 1큰술
물 2큰술

볶음 양념
국간장 2큰술
다진 파 1큰술
다진 마늘 1작은술
깨소금 1큰술
소금 조금

이렇게 만들어요

1 **깻잎 데치기** 연하고 크기가 작은 들깻잎을 살짝 데쳐서 찬물에 헹구어 물기를 꼭 짠 뒤 송송 썬다.

2 **양념에 무치기** 데친 들깻잎에 준비한 양념을 모두 넣어 무친다.

3 **팬에 볶기** 팬에 기름을 두르고 양념한 들깻잎을 볶는다. 중간에 물을 조금씩 넣어가면서 촉촉하게 볶는다.

물을 뿌려가면서 볶으면 촉촉해요
나물을 기름으로만 볶으면 자칫 나물의 순수한 맛은 사라지고 느끼한 맛이 날 수 있어요. 식용유는 조금 넣고, 대신 중간중간 물을 뿌려가면서 볶으면 양념 맛이 배어들고 촉촉한 맛을 낼 수 있어요.

쑥갓나물

특유의 향긋한 맛이 입맛을 돋게 하는 나물.
연한 쑥갓을 데쳐서 국간장과 참기름으로
무치면 깔끔하고 맛있어요.

이렇게 준비해요 (4인분)

쑥갓 1단(약 300g)

무침 양념
국간장 2작은술
다진 마늘 1작은술
참기름 1큰술
통깨 2작은술
소금 조금

이렇게 만들어요

1. **쑥갓 손질하기** 쑥갓은 억센 줄기는 잘라내고 연한 부위만 준비해 끓는 물에 살짝 데친다.
2. **먹기 좋게 자르기** 데친 쑥갓은 찬물에 헹궈 물기를 빼고 먹기 좋은 크기로 자른다.
3. **양념에 무치기** 준비한 양념을 모두 넣고 조물조물 무친다.

고추장 양념을 해도 맛있어요
쑥갓을 데칠 때는 줄기부터 먼저 넣어야 골고루 잘 익어요. 데친 쑥갓은 찬물에 재빨리 담가 헹군 뒤 물기를 충분히 짜야 양념한 후 겉물이 생기지 않는답니다. 소금 간을 하는 대신 고추장이나 된장으로 양념해도 맛있어요.

콩나물·숙주나물·무나물

3가지 맛의 숙채. 콩나물은 고춧가루로 칼칼하게,
숙주는 국간장과 참기름으로 깔끔하게, 무는 채 썰어 구수하게 볶았어요.

콩나물

이렇게 준비해요 (4인분)

콩나물 400g
소금 1/2큰술
물 1/4컵

무침 양념
국간장 1큰술
고춧가루 1/2큰술
다진 파 1큰술
다진 마늘 1작은술
참기름 1큰술
깨소금 1큰술

이렇게 만들어요

1. **콩나물 삶기** 콩나물은 다듬어 물에 여러 번 흔들어 씻은 뒤, 냄비에 안치고 소금을 조금 뿌려서 뚜껑을 덮고 삶아 식힌다.
2. **양념에 무치기** 삶은 콩나물에 준비한 양념을 모두 넣고 고루 무친다.

숙주나물

이렇게 준비해요 (4인분)

숙주나물 400g
실파 1뿌리

무침 양념
국간장 2큰술
다진 파 1큰술
다진 마늘 1작은술
참기름 1큰술
깨소금 1/2큰술
소금 조금

이렇게 만들어요

1. **숙주 데치기** 숙주를 깨끗이 씻어 끓는 물에 데친 뒤 건져 식힌다.
2. **양념에 무치기** 데친 숙주에 준비한 양념을 모두 넣고 고루 버무린다. 마지막에 실파를 송송 썰어 올린다.

무나물

이렇게 준비해요 (4인분)

무 1/3개
식용유 1큰술

무침 양념
국간장 1큰술
다진 파 1큰술
다진 마늘 1작은술
생강즙 1작은술
참기름 1큰술
소금 1/2큰술

이렇게 만들어요

1. **무 채 썰기** 무는 가늘게 채친다.
2. **무나물 볶기** 냄비에 식용유를 두르고 무 채를 볶다가 숨이 죽으면 소금과 국간장으로 간하고 파, 마늘, 생강즙을 넣는다. 고루 섞은 뒤 뚜껑을 덮어 약한 불에서 부드럽게 익힌다.
3. **참기름으로 맛내기** 무가 익으면 참기름을 넣어 고루 섞는다.

콩나물 · 숙주나물 · 무나물 맛내기 비법

콩나물을 데칠 때는 소금을 조금 넣고 뚜껑을 덮은 채 익혀야 비린내가 나지 않아요. 양념에 무친 콩나물을 냄비에 넣고 재빨리 볶으면 간이 잘 배어들어요. 숙주나물 역시 팬에 기름을 두르고 파, 마늘로 향을 낸 다음 숙주를 넣고 센 불에서 볶다가 나머지 양념을 해도 맛있어요. 무나물은 기름에 볶는 대신 채친 무를 냄비에 담고 소금물을 부어 끓이다가 양념을 해서 익혀내도 좋아요. 여기에 물을 붓고 은근히 끓이면 시원하고 개운한 무국이 된답니다.

대보름나물

시래기, 취, 고구마줄기, 도라지, 호박고지, 마른 가지, 고사리 등 제철일 때 말려두었다가
정월 대보름날 해먹던 전통 나물. 자주 해먹는 세 가지 나물만 모아봤어요.

시래기나물

이렇게 준비해요 (4인분)

삶은 무청 시래기 250g
식용유 2큰술

양념
국간장 1큰술
된장 1큰술
고추장 1/2큰술
다진 파 1큰술
다진 마늘 1작은술
참기름(또는 들기름) 1큰술
깨소금 1큰술
물 1/4컵

이렇게 만들어요

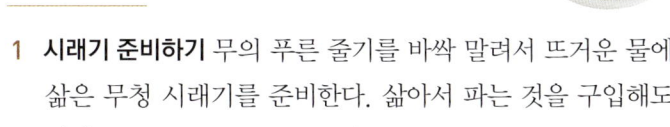

1. **시래기 준비하기** 무의 푸른 줄기를 바싹 말려서 뜨거운 물에 삶은 무청 시래기를 준비한다. 삶아서 파는 것을 구입해도 된다.
2. **물에 담가 쓴맛 우리기** 억센 줄기는 아욱처럼 껍질을 벗기고 7cm 길이로 자른다. 더운물에 담가 쓴맛을 우린 후 찬물에 헹구어 물기를 꼭 짠다.
3. **양념해서 볶기** 양념을 넣어 주물러 무친 후, 달군 냄비에 식용유를 두르고 볶다가 물을 잘박하게 넣고 더 볶는다.

호박고지나물

이렇게 준비해요 (4인분)

호박고지 100g
식용유 2큰술
소금물
(소금 1큰술,
물 1컵)

양념
국간장 2큰술
다진 파 1큰술
다진 마늘 1작은술
참기름(또는 들기름) 1큰술
깨소금 1작은술
실고추 조금

이렇게 만들어요

1. **호박고지 불리기** 동그랗게 썰어 말린 호박을 미지근한 물에 담가 부드럽게 불린 후 부서지지 않도록 가볍게 짠다.
2. **양념해서 볶기** 팬에 식용유를 두른 뒤 호박고지를 넣고 소금물을 부어 볶는다. 끓으면 파, 마늘과 국간장을 넣고 뒤적인다.
3. **부드럽게 익히기** 뚜껑을 덮고 잠시 뜸을 들여 호박나물이 부드러워지면 참기름과 깨소금, 실고추를 넣어 맛을 더한다.

취나물

이렇게 준비해요 (4인분)

마른 취 150g
식용유 2큰술
소금물
(소금 1큰술,
물 1컵)

양념
국간장 3큰술
다진 파 1큰술
다진 마늘 1작은술
참기름(또는 들기름) 1큰술
실고추 · 통깨 조금씩

이렇게 만들어요

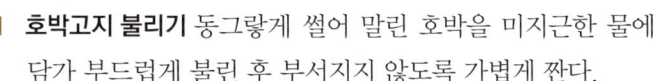

1. **물에 담가 쓴맛 빼기** 마른 취는 물에 담가 부드럽게 불린 후 물기를 가볍게 짠다. 취나물과 같은 마른 나물은 삶은 후 1시간 이상 찬물에 담가 두었다가 조리해야 쓴맛이 돌지 않는다.
2. **양념해서 볶기** 팬에 식용유를 두르고 불린 나물을 볶다가, 소금물을 부어 끓으면 준비한 양념을 넣고 잘박하게 익힌다.

도라지나물·시금치나물·고사리나물

흰색, 갈색, 녹색의 세 가지 색을 살린 기본 나물 반찬.
재료의 맛을 충분히 살리면서 깔끔하게 무치거나 볶아 소화도 잘 되는 소박한 음식입니다.

도라지나물

이렇게 준비해요 (4인분)

도라지 200g
소금 조금
식용유 1큰술
물 1/3컵

양념
국간장 1큰술
다진 파 1큰술
다진 마늘 1/2큰술
다진 생강 1/2작은술
참기름 1큰술
깨소금 1/2큰술

이렇게 만들어요

1. **도라지 쓴맛 빼기** 도라지는 소금으로 바락바락 주물러서 여러 번 헹구어 쓴맛을 뺀 뒤, 끓는 물에 데쳐 찬물에 헹군다.
2. **기름에 볶기** 냄비에 식용유를 두른 뒤 도라지를 넣고 참기름과 깨소금을 제외한 나머지 양념을 모두 넣어 볶다가, 물을 붓고 뚜껑을 덮어 약한 불로 익힌다.
3. **깨소금·참기름으로 맛내기** 국물이 자작해지면 불을 끄고 깨소금과 참기름으로 맛을 낸다.

시금치나물

이렇게 준비해요 (4인분)

시금치 300g
소금 조금

양념
국간장 1½큰술
다진 파 1큰술
다진 마늘 1/2큰술
참기름·깨소금 1/2큰술씩

이렇게 만들어요

1. **시금치 데치기** 시금치는 깨끗이 다듬어 끓는 물에 소금을 넣고 파랗게 데친 후, 바로 찬물에 헹구어 물기를 짠다.
2. **적당한 크기로 썰기** 물기 짠 시금치를 가지런히 하여 4cm 길이로 썬다.
3. **양념하기** 시금치 썬 것에 양념을 넣고 고루 무친다.

고사리나물

이렇게 준비해요 (4인분)

삶은 고사리 300g
식용유 1큰술
물 1/3컵

양념
국간장 2큰술
다진 파 2큰술
다진 마늘 1큰술
참기름 1큰술
깨소금 1/2큰술
후춧가루 조금

이렇게 만들어요

1. **고사리 손질하기** 고사리는 억센 줄기를 잘라내고 깨끗이 씻은 뒤 5cm 길이로 자른다.
2. **양념해서 재기** 손질한 고사리에 참기름과 깨소금을 제외한 나머지 양념을 모두 넣고 무쳐 간이 배도록 잠시 둔다.
3. **뚜껑 덮어 익히기** 팬에 식용유를 두르고 고사리를 넣어 볶다가 물을 조금 붓고 뚜껑을 덮어 약한 불로 익힌다. 국물이 자작해지면 깨소금, 참기름을 넣고 고루 섞어 맛을 낸다.

삼색무생채

채 썬 무를 살짝 절인 뒤 세 가지 맛의 양념으로 무친 건강 반찬. 만들기 쉬운 데다 한 가지 재료로 세 가지 다른 맛을 내 푸짐하게 즐길 수 있어요.

이렇게 준비해요 (4인분)

무 1/2개

소금 양념
다진 파 1큰술
다진 마늘 1/2작은술
설탕 · 식초 1큰술씩
통깨 조금

고춧가루 양념
고운 고춧가루 1/2큰술
다진 파 1큰술
다진 마늘 1/2작은술
설탕 · 식초 1큰술씩
소금 1작은술
통깨 조금

간장 양념
간장 1/2큰술
다진 파 · 참기름 1큰술씩
다진 마늘 1/2작은술
통깨 조금

이렇게 만들어요

1. **무 절이기** 무는 곱게 채 썰어서 소금을 뿌려 살짝 절인 후, 꼭 짜서 3등분한다.
2. **세 가지 양념 만들기** 준비한 양념을 각각 섞어 세 가지 양념을 만든다.
3. **양념에 무치기** 양념에 절인 무를 넣어 간이 깊게 배도록 여러 번 조몰락조몰락 무친다.

고춧가루로 미리 버무리면 색이 예뻐져요
고춧가루 양념을 할 때는 양념하기 전에 고춧가루로 미리 버무려 붉은 물을 들이는 게 중요해요. 다른 양념과 함께 무치면 고춧가루가 겉돌아 색이 예쁘지 않게 되기 때문이지요. 무생채는 고기나 튀김, 조림 등의 음식과 함께 내면 잘 어울려요.

무말랭이무침

무말랭이를 짭짤하게 양념한 무말랭이무침. 무를 손가락 크기로 잘라 바싹 말려두었다가 두고두고 무쳐 먹으면 좋아요.

이렇게 준비해요 (4인분)

무말랭이 200g
마른 고춧잎 30g
간장 1/3컵

무침 양념
설탕 1큰술
물엿 1큰술
고춧가루 1/2큰술
멸치액젓 1큰술
물 2큰술
다진 마늘 1작은술
참기름 1/2큰술
통깨 1큰술
실고추 조금

이렇게 만들어요

1. **재료 준비하기** 무말랭이는 물에 재빨리 씻어 건져 고들고들한 상태일 때 물기를 꼭 짠다. 고춧잎은 물에 불려 부드럽게 한 뒤 꼭 짠다.
2. **간장에 담그기** 불려서 물기 짠 무말랭이를 간장에 담가 20분 정도 두었다가 건져 고춧잎과 한데 담는다.
3. **양념 만들기** 설탕, 물엿, 고춧가루, 멸치액젓, 참기름 등을 모두 합하여 무침 양념을 만든다.
4. **양념에 무치기** 무말랭이와 고춧잎에 무침 양념을 넣어 힘 있게 무쳐 병에 꼭꼭 눌러 담아둔다. 실온에 반나절 정도 두면 맛이 든다.

무말랭이 장아찌를 만들어볼까요?
무말랭이로 장아찌를 만들어도 맛있어요. 무말랭이를 간장에 푹 잠기도록 2~3일 두었다가 건져 다진 마늘, 생강, 물엿을 넣고 버무린 뒤, 절인 간장을 따라서 한소끔 끓여 식힌 후 무말랭이에 부어 저장하면 됩니다. 먹을 때는 꺼내어 참기름과 통깨를 넣어 무쳐 먹어요.

냉이무침

봄나물 하면 냉이만 한 게 없죠. 냉이를 데쳐서 된장 양념, 고추장 양념으로 각각 무쳐 보세요. 향긋한 냉이의 향이 입맛을 돋운답니다.

이렇게 준비해요 (4인분)

냉이 400g

된장 양념
된장 · 깨소금 1큰술씩
참기름 1큰술
다진 파 1큰술
다진 마늘 1작은술

고추장 양념
고추장 2큰술
설탕 1작은술
식초 1큰술
다진 파 1큰술
다진 마늘 1작은술
깨소금 · 참기름 1작은술씩

이렇게 만들어요

1 **냉이 다듬어 데치기** 냉이는 깨끗이 다듬어 끓는 물에 데친 다음 찬물에 헹구어 물기를 짠다.

2 **두 가지 양념 만들기** 준비한 재료를 골고루 섞어 된장 양념과 고추장 양념을 만든다.

3 **양념에 무치기** 데친 냉이를 반으로 나눈 다음 두 가지 양념으로 각각 무쳐 접시에 담는다.

 **냉이를 데칠 때는 뿌리부터 넣으세요**
냉이를 데칠 때는 끓는 물에 뿌리부터 넣어야 고르게 익는답니다. 소금을 조금 넣으면 냉이의 푸른빛을 살릴 수 있어요.

오이지무침

소금물에 절인 오이지로 만든 반찬. 짠맛을 빼서 물기를 꼭 짜면 아작아작 씹는 맛이 좋아요. 입맛 없는 여름철에 먹으면 입맛이 살아나요.

이렇게 준비해요 (4인분)

오이지 2개	무침 양념
	고춧가루 1큰술
	설탕 1/2큰술
	다진 파 1큰술
	다진 마늘 1작은술
	깨소금·참기름 1작은술씩

이렇게 만들어요

1. **오이지 썰기** 오이지는 얇고 동글동글하게 썬다. 짠맛이 강하면 물에 담가 짠맛을 뺀다.
2. **물기 짜기** 짠맛을 뺀 오이지는 면포에 싸서 물기를 꼭 짠다.
3. **오이지 무치기** 무침 양념 재료를 섞은 후 오이지를 넣고 조물조물 무친다.

오이지를 직접 담가보세요
백오이(다다기 오이)를 골라 소금으로 문질러 씻고 깨끗이 헹군 뒤 통에 차곡차곡 담아요. 끓여서 식힌 소금물을 붓고 오이가 떠오르지 않도록 돌로 눌러두었다가 열흘 정도 지나 익으면 꺼내 먹어요. 소금물의 비율은 물과 소금이 10:1이면 적당해요.

도라지오이생채

쌉싸름하면서 아작아작 씹히는 도라지에 오이를 섞어 만든 생채. 일상 밥반찬으로는 물론 입맛을 돋우는 전채로도 아주 좋아요.

이렇게 준비해요 (4인분)

도라지 200g
오이 1개
소금 2큰술

초고추장
고추장 1큰술
고운 고춧가루 1/2큰술
설탕·식초 1큰술씩
다진 파 1큰술
다진 마늘 1작은술
깨소금 1작은술

이렇게 만들어요

1. **도라지 주무르기** 껍질 벗긴 도라지는 가늘게 갈라서 소금을 뿌려 주무른 후, 물에 충분히 헹궈 물기를 걷는다.
2. **오이 절이기** 오이는 반 갈라 어슷하게 썰어 소금을 뿌려 절인 후 가볍게 짠다.
3. **초고추장 만들기** 준비한 재료를 한데 담아 고루 섞어 초고추장을 만든다.
4. **도라지·오이 무치기** 도라지와 오이를 한데 담고 초고추장을 넣어 조물조물 새콤달콤하게 무친다.

생채는 먹기 직전에 무쳐요
도라지오이생채는 미리 무쳐두면 물이 나오므로 먹기 바로 전에 무치세요. 오징어를 데쳐서 함께 넣어도 맛있는데, 이때는 고춧가루 양을 조금 더 잡고 새콤달콤한 맛은 조금 줄이는 것이 좋아요.

더덕구이

더덕을 얇게 두들겨 펴서 고추장 양념을 발라 은은하게 구운 건강 음식이에요. 특유의 쌉쌀한 향과 아작아작 씹히는 맛이 별미랍니다.

이렇게 준비해요 (4인분)

더덕 400g	**고추장 양념**
	고추장 2큰술
기름장	고춧가루 1큰술
간장 1큰술	간장 1/2큰술
참기름 2큰술	설탕 2작은술
	다진 파 1큰술
	다진 마늘 1/2작은술
	참기름·깨소금 1큰술씩

이렇게 만들어요

1. **더덕 껍질 벗겨 펴기** 더덕은 칼로 껍질을 돌려가며 뜯어내듯 벗겨서 찬물에 담가두었다가, 칼로 반 갈라 방망이로 자근자근 두들겨서 부드럽고 납작하게 편다.
2. **양념 만들기** 준비한 재료로 기름장과 고추장 양념을 각각 만든다.
3. **기름장 바르기** 부드럽게 만든 더덕에 기름장을 바른다.
4. **석쇠에 굽기** 달군 석쇠에 더덕을 얹어 약한 불에서 앞뒤로 살짝 굽는다. 석쇠 대신 팬에 구워도 된다.
5. **고추장 양념해서 굽기** 살짝 익은 더덕에 고추장 양념을 솔에 묻혀 고루 발라가며 앞뒤로 굽는다.

더덕 껍질은 칼로 뜯어내듯 벗겨요
더덕은 껍질이 억세고 주름이 많은데, 칼로 껍질을 벗기면 섬유가 보풀보풀하게 일어납니다. 양념구이를 할 때는 기름장을 발라 애벌구이를 해야 깔끔해요. 그렇지 않으면 재료가 익기도 전에 양념이 타버려서 모양이 엉망이 되기 때문이죠.

연근·우엉조림

연근과 우엉을 단간장에 윤기 나게 조렸어요. 아삭아삭하면서 달착지근하고 맛있어 밑반찬으로 넉넉히 만들어두면 좋아요.

이렇게 준비해요 (4인분)

연근조림
- 연근 200g
- 통깨 1/2큰술
- 식용유 1작은술
- 식촛물
  (식초 1/2큰술, 물 1컵)

조림장
- 간장 2큰술
- 설탕 1/2큰술
- 물엿 1큰술
- 물 1/2컵

우엉조림
- 우엉 200g
- 통깨 1/2큰술
- 식용유 1작은술
- 식촛물
  (식초 1/2큰술, 물 2컵)

조림장
- 간장 2큰술
- 설탕 1큰술
- 물엿 1큰술
- 물 1/2컵

연근조림 이렇게 만들어요

1. **식촛물에 연근 데치기** 연근은 껍질을 벗기고 0.5cm 두께로 썰어 식촛물에 데쳐서 건진다.
2. **조림장에 조리기** 팬에 식용유를 두르고 물엿을 제외한 조림장 재료를 넣어 끓이다가 불을 줄이고 데친 연근을 넣어 조린다. 국물이 자작해지면 물엿을 넣어 윤기를 내고 마지막에 통깨를 뿌린다.

우엉조림 이렇게 만들어요

1. **식촛물에 우엉 데치기** 우엉은 껍질을 벗기고 5cm 길이, 나무젓가락 굵기로 썰어 식촛물에 살짝 데쳐서 헹군다.
2. **조림장에 조리기** 팬에 식용유를 두르고 우엉을 볶다가 물엿을 제외한 조림장 재료를 모두 넣고 끓인다. 국물이 자작해지면 물엿을 넣어 윤기를 내고 마지막에 통깨를 뿌린다.

아린 맛을 빼려면 식촛물에 담갔다가 사용하세요
연근은 아린 맛이 나고 공기와 닿으면 색이 변하기 쉬우니 식촛물에 담갔다 사용하거나 식촛물에 살짝 데쳐서 조리하세요. 우엉 역시 쓴맛이 강하고 껍질을 벗겨놓으면 갈변 현상이 일어나니 식촛물에 데쳐서 사용하세요.

감자조림

큼직하게 자른 감자에 어슷하게 썬 꽈리고추를 넣고 조림을 해보세요. 꽈리고추 대신 매운 고추를 넣고 칼칼하게 조려도 맛있어요.

이렇게 준비해요 (4인분)

감자 3개	**조림장**
꽈리고추 10개	간장 2큰술
통깨 조금	설탕 2큰술
식용유 2큰술	물엿 1큰술
	맛술 1큰술
	소금 1작은술
	물 1/2컵

이렇게 만들어요

1. **감자 썰어 전분 빼기** 감자는 껍질을 벗기고 반으로 자른 뒤 3cm 폭의 반달 모양으로 도톰하게 썬다. 30분 정도 물에 담가 녹말을 빼고 물기를 걷는다.
2. **꽈리고추 칼집 넣기** 꽈리고추는 꼭지를 떼고 물에 깨끗이 씻은 후 군데군데 칼집을 넣는다. 큰 것은 반으로 자른다.
3. **감자 조리기** 오목한 팬에 식용유를 두르고 감자를 넣어 센 불에서 볶다가 조림장 재료를 모두 넣고 불을 약하게 줄여 익힌다. 뚜껑을 덮은 채 속까지 무르도록 조린다.
4. **꽈리고추 넣고 조리기** 감자가 충분히 익으면 꽈리고추를 넣어 한숨 살짝 죽을 정도로만 조린다. 너무 오래 조리면 고추 색이 다 죽으므로 주의한다. 마지막에 통깨를 뿌린다.

조림을 윤기 나게 하려면
재료를 기름에 볶다가 조림장을 넣고 조린 뒤, 국물이 조금 남았을 때 뚜껑을 열고 물엿을 넣어 볶듯이 조리면 조림이 한결 윤기 나게 돼요. 재료가 연하거나 빨리 조리해야 하는 생선 등은 조림장을 팔팔 끓이다가 넣어야 재료가 부서지지 않고 윤기 나게 조릴 수 있어요.

호두땅콩조림

영양이 듬뿍 든 땅콩과 호두를 단간장에 조린 건강 밑반찬. 씹을수록 고소한 맛이 진해져 어른아이 모두 좋아한답니다.

이렇게 준비해요 (4인분)

호두 1컵
땅콩(볶은 땅콩 또는 생 땅콩) 1/2컵
쇠고기(우둔살) 100g
참기름 1큰술

조림장
간장 2큰술
설탕 2큰술
물엿 3큰술
청주 1큰술
다진 마늘 1/2큰술
생강즙 1작은술
소금 1작은술
후춧가루 조금
물 3컵

이렇게 만들어요

1. **호두·땅콩 삶기** 호두와 땅콩은 물에 담가 불린 후 냄비에 넣고 푹 잠길 정도로 물을 부어 삶는다. 삶아지면 찬물에 헹궈 건진다.
2. **쇠고기 썰기** 쇠고기는 기름기 없는 부위로 준비해 먹기 좋은 크기로 저며 썬다.
3. **조림장 끓이기** 물엿을 제외한 조림장 재료를 분량대로 냄비에 넣고 바글바글 끓인다.
4. **쇠고기 조리다가 호두·땅콩 넣기** 조림장이 끓으면 쇠고기를 넣고 간이 배도록 조리다가, 호두와 땅콩을 넣어 고루 섞으면서 약한 불에서 20분쯤 조린다.
5. **물엿 넣어 윤기 내기** 조림장이 자작해지고 땅콩과 호두에 간이 배면 물엿을 넣어 윤기를 낸 후 불을 끄고 참기름을 넣어 가볍게 섞는다.

호두와 땅콩은 애벌로 삶아 조리세요
호두와 땅콩은 애벌로 한 번 삶은 후 조림장에 조려야 조린 후 딱딱해지지 않고 조릴 때도 간이 잘 배어들어요. 푹 삶은 후 찬물에 살짝 헹구면 떫은맛을 없앨 수 있기 때문입니다.

콩자반

콩자반은 콩을 싫어하는 아이들도 즐겨 먹을 수 있는 건강 밑반찬이죠. 콩의 영양이 듬뿍 들어있어 자라나는 아이들에게 최고랍니다.

이렇게 준비해요 (4인분)

검은콩 1컵
마른 고추 1개
물 2컵

조림장
간장 4큰술
설탕 1큰술
물엿 1큰술
맛술 1큰술
통깨 조금

이렇게 만들어요

1. **검은콩 물에 불리기** 검은콩을 2시간 이상 물에 담가 불린 후 체에 건져서 물기를 뺀다.
2. **불린 콩 삶기** 불린 콩을 냄비에 담고 물 2컵을 부어 삶는다. 콩 익는 냄새가 나면 불을 끈다.
3. **마른 고추 썰기** 마른 고추는 반 갈라 씨를 털고 큼직하게 썬다.
4. **조림장에 조리기** 삶아진 콩에 간장과 설탕, 맛술, 마른 고추를 넣고 뚜껑을 연 상태에서 약한 불로 계속 끓인다. 국물이 거의 졸아들면 물엿과 통깨를 넣고 전체적으로 고루 섞는다.

뚜껑을 열고 조려야 적당히 쪼글쪼글해져요
콩자반은 뚜껑을 열고 조려야 쪼글쪼글한 상태의 콩자반이 됩니다. 물엿을 넣을 때는 모든 과정을 끝낸 후 맨 마지막에 넣고 섞어야 해요. 그래야 윤기가 살아있고 냉장고에 두어도 딱딱해지지 않는답니다.

톳두부무침

바다 향이 진한 톳에 두부를 으깨어 넣고 무침을 했어요. 맛이 깔끔하고 담백하며, 고소한 두부와 해초의 향긋함이 잘 어우러져요.

이렇게 준비해요 (4인분)

톳 200g
두부 1모

무침 양념
간장 1큰술
참기름 · 깨소금 1큰술씩
소금 조금

이렇게 만들어요

1. **두부 으깨기** 두부는 칼등으로 눌러 곱게 으깬 뒤 면포에 싸서 물기를 꼭 짠다.
2. **톳 데치기** 톳은 깨끗이 씻어서 끓는 물에 살짝 데친다.
3. **두부 양념하기** 으깬 두부에 간장과 참기름, 깨소금을 넣고 조물조물 무친 뒤 소금으로 간한다.
4. **톳 넣어 버무리기** 양념한 두부에 데친 톳을 넣고 고루 버무려 그릇에 담아낸다.

톳무생채로 만들어도 좋아요

톳은 다른 해조류와 마찬가지로 생것인 상태는 검은 빛이 도는데, 끓는 물에 데치면 투명하고 파릇한 녹색이 돼요. 심심하게 두부와 함께 무쳐도 좋고, 무를 채 썰어 고춧가루로 양념해서 생채로 즐겨도 좋아요.

미역오이초무침

미역과 오이를 식초와 설탕, 소금으로만 양념해서 깔끔하게 무쳐보세요. 미역과 오이 모두 칼로리가 적은 다이어트 웰빙 반찬이랍니다.

이렇게 준비해요 (4인분)

마른미역 60g	**무침 양념**
오이 1개	식초 · 설탕 2큰술씩
당근 1/4개	참기름 2작은술
소금 조금	

이렇게 만들어요

1. **미역 데쳐 자르기** 마른미역은 물에 불려 끓는 물에 파르스름하게 데친 후 찬물에 헹궈 물기를 걷고 4cm 길이로 자른다.

2. **오이 · 당근 썰기** 오이는 반 갈라 어슷어슷 썰고, 당근도 오이와 비슷한 크기로 썬다. 각각 소금에 절여 꼭 짠다.

3. **무침 양념에 무치기** 미역과 오이, 당근을 한데 담고 식초와 설탕, 참기름을 넣어 고루 버무린다.

초고추장으로 양념해 색다른 맛을 즐겨요
마른미역 대신 제철 생미역을 사용해도 맛있는데, 미역 특유의 갯냄새를 좋아한다면 데치지 않고 그대로 양념해도 좋아요. 초고추장으로 양념해도 맛있고 간장 양념으로 무쳐도 색다른 맛을 즐길 수 있답니다.

고추부각 · 다시마튀각

건강한 식탁을 위해 부각이나 튀각을 직접 만들어보세요.
부각은 밀가루풀을 바르고, 튀각은 재료 그대로 튀기는 것이 다르답니다.

고추부각

이렇게 준비해요 (4인분)

풋고추(꽈리고추) 600g 설탕 1큰술
밀가루 1컵 소금 조금
식용유 2컵

이렇게 만들어요

1. **고추 손질해 밀가루 묻히기** 작은 풋고추를 준비해 꼭지를 떼고 깨끗이 씻어 건진 뒤, 물기가 남아있을 때 밀가루를 고루 묻힌다.
2. **찜통에 찌기** 찜통에 면포를 깐 다음 밀가루 묻힌 고추를 고르게 펼쳐놓고 찐다.
3. **햇볕에 말리기** 찐 고추를 채반에 널어서 햇볕에 말린다. 대강 마르면 실에 꿰어 그늘에서 바싹 말린다.
4. **기름에 튀겨 설탕·소금 뿌리기** 170℃의 기름에 재빨리 튀겨낸 뒤 종이타월 위에 올려 기름을 뺀다. 뜨거울 때 설탕과 소금을 뿌린다.

다시마튀각

이렇게 준비해요 (4인분)

다시마 1줄기(30cm) 설탕 1큰술
식용유 2컵 잣가루 1큰술

이렇게 만들어요

1. **다시마 손질하기** 두껍고 잘 마른 튀각용 다시마를 골라 젖은 행주로 가볍게 닦은 뒤 사방 5cm 크기로 자른다.
2. **기름에 튀기기** 기름을 170℃ 정도로 끓여서 다시마를 한 조각씩 넣어 튀긴다. 부풀어 오르면 재빨리 뒤집어 타지 않게 튀긴다.
3. **건져서 기름 빼기** 앞뒤로 살짝 튀겨지면 망으로 건져서 종이타월 위에 올려 기름을 뺀다.
4. **설탕·잣가루 뿌리기** 뜨거울 때 설탕과 잣가루를 고루 뿌린다.

바삭하게 하려면 고온에서 재빨리 튀겨내세요
부각이나 튀각은 튀길 때 기름의 온도가 중요해요. 낮은 온도에서 튀기면 기름만 많이 흡수해 바삭하지 않아요. 160~170℃ 정도의 고온에 넣고 부풀어 오르면 바로 뒤집어서 건져내면 됩니다.

미역줄기볶음

꼬들꼬들한 미역줄기를 불고기 양념으로 볶은 반찬. 미역줄기볶음을 할 때는 마늘을 넉넉히 넣고 향이 충분히 배어들도록 볶아야 맛있어요.

이렇게 준비해요 (4인분)

염장 미역줄기 300g
풋고추 1개
식용유 1큰술

볶음 양념
간장 2큰술
청주 1작은술
다진 마늘 1큰술
통깨 조금

이렇게 만들어요

1. **물에 담가 짠맛 빼기** 미역줄기는 물에 충분히 담가 짠맛을 완전히 뺀 후 맑은 물에 헹구어 먹기 좋은 크기로 자른다.
2. **풋고추 썰기** 풋고추는 반 갈라 씨를 빼고 채 썬다.
3. **양념해서 주무르기** 손질한 미역줄기에 준비한 양념을 모두 넣어 고루 주무른다.
4. **팬에 볶기** 달군 팬에 식용유를 두르고 양념한 미역줄기를 넣어 볶다가 풋고추 채를 넣고 마무리 한다.

염장 미역은 찬물에 담가 소금기를 빼요
염장된 미역은 찬물에 담가 짠맛을 뺀 후 조리해야 해요. 염장 상태에 따라 담가두는 시간을 달리하는데, 보통 1시간 정도 담가두면 적당합니다. 새콤달콤 초무침을 할 때는 끓는 물에 새파랗게 데쳐서 찬물에 헹군 후 양념하세요.

마늘종볶음

마늘종과 마른 새우를 조림장으로 조리듯 볶은 마늘종볶음은 아릿한 매운맛이 사라지면서 은은한 단맛이 도는 마른반찬입니다.

이렇게 준비해요 (4인분)

마늘종 250g	**조림장**
마른 새우 1/2컵	간장 2큰술
통깨 1작은술	맛술 2큰술
후춧가루 조금	설탕 1작은술
식용유 1큰술	물엿 1큰술
	물 3큰술

이렇게 만들어요

1. **마늘종·새우 준비하기** 마늘종은 깨끗이 씻어 3cm 길이로 썬다. 마른 새우는 먼지를 살살 턴다.
2. **새우 볶기** 마른 새우는 기름을 두르지 않은 팬에 한 번 볶는다.
3. **기름에 볶기** 달군 팬에 식용유를 두르고 마늘종과 마른 새우를 넣어 중불에서 애벌로 살짝 볶는다.
4. **조림장에 조리기** 조림장 재료를 팬에 넣고 자글자글 끓이다가 마늘종과 마른 새우를 넣고 고루 섞으면서 타지 않게 볶는다. 불에서 내리기 전에 통깨와 후춧가루를 뿌려 맛을 낸다.

마늘종은 적당히 볶아야 아삭하고 맛있어요
마늘종은 너무 많이 볶으면 아삭한 맛이 줄어들게 돼요. 볶을 때 덜 익어서 뻣뻣해 보여도 조리 후 남은 열로 좀 더 익기 때문에 덜 익었다 싶을 때 불에서 내리는 게 좋아요. 마늘종을 구입할 때는 끝을 살짝 구부려 보세요. '뚝' 하고 소리 내어 부러지는 것이 싱싱하고 연한 것이랍니다.

애호박 새우젓볶음

애호박을 반달 모양으로 썰어 새우젓 양념으로 볶은 반찬. 간장이나 소금 대신 새우젓을 넣어 구수한 맛이 나는 전통 밥반찬이에요.

이렇게 준비해요 (4인분)

애호박 1개
풋고추·붉은 고추 1/2개씩
식용유 1큰술
물 4큰술

볶음 양념
새우젓 2큰술
고춧가루 1/2큰술
다진 파 1큰술
다진 마늘 1작은술
참기름·깨소금 1큰술씩

이렇게 만들어요

1. **애호박 썰기** 애호박은 깨끗이 씻은 뒤 0.5cm 두께의 반달 모양으로 썬다.
2. **고추 썰기** 고추는 반 갈라 씨를 털고 채 썬다.
3. **팬에 볶기** 기름 두른 팬에 애호박과 볶음 양념을 넣어 볶다가 물을 조금 넣고 뚜껑을 덮어 익힌다. 간은 새우젓으로 맞춘다.

애호박과 새우젓은 잘 어울려요
새우젓은 꼭 짜서 국물은 따로 받아 애호박볶음의 간을 하고, 건더기는 다져서 사용하세요. 새우젓을 넣어 볶을 때는 참기름을 넣으면 좋아요. 참기름 향과 짭조름한 새우젓 맛이 의외로 잘 어울려요.

고구마순 들깨볶음

아삭아삭한 고구마순을 고소한 들깨즙으로 무쳐서 볶은 반찬. 고구마순은 아삭한 맛을 살려서 조리하는 것이 맛의 비결이에요.

이렇게 준비해요 (4인분)

고구마순 400g
들깨 1/2컵
들기름 4큰술

양념
국간장 2큰술
다진 파 1큰술
다진 마늘 1작은술
소금 조금

이렇게 만들어요

1. **들깨 갈기** 들깨는 물을 조금씩 부어가며 분마기나 믹서에 곱게 갈아 체에 내린다.
2. **고구마순 삶기** 고구마순은 앞쪽을 꺾어 내리면서 껍질을 벗긴 후, 끓는 물에 삶고 찬물에 헹궈 물기를 꼭 짠다.
3. **고구마순 잘라 양념하기** 삶은 고구마순을 5cm 길이로 자른 후 양념에 무친다.
4. **팬에 볶다 들깨즙 넣기** 팬에 들기름을 두르고 뜨거워지면 양념한 고구마순을 볶다가 들깨 간 것을 넣으면서 천천히 볶는다.
5. **뚜껑 덮어 뜸 들이기** 뚜껑을 덮어 잠시 뜸을 들인 다음 접시에 담고 들깨를 뿌린다.

고구마순으로 겉절이를 해도 맛있어요
고구마순은 입맛 돋우기에 좋은 여름철 식재료예요. 된장이나 고추장으로 양념해 볶아도 좋고, 고춧가루나 젓국을 넣고 무쳐 먹어도 별미랍니다. 질기지 않고 연한 고구마순은 겉절이처럼 김치 양념으로 버무려 먹어도 맛있어요.

두부김치

맛있게 익은 김치와 돼지고기를 함께 볶아 노릇하게 지진 두부를 곁들여 먹는 두부김치.
부담 없이 준비할 수 있는 별식 같은 밥반찬이랍니다.

이렇게 준비해요 (4인분)

배추김치 1/4포기
돼지고기 300g
두부 2모
붉은 고추 1개
대파 1뿌리
실파 2뿌리
소금 조금
참기름 1큰술
식용유 2큰술

양념
고춧가루 3큰술
고추장 · 간장 · 설탕 1큰술씩
다진 파 1큰술
다진 마늘 1작은술
깨소금 · 참기름 1/2큰술씩

이렇게 만들어요

1 **두부에 소금 뿌리기** 두부는 먹기 좋은 크기로 도톰하고 네모지게 썬다. 소금을 뿌려 간한 후 물기를 닦는다.

2 **두부 지지기** 식용유와 참기름을 1큰술씩 섞어 팬에 두르고, 뜨거워지면 두부를 넣어 앞뒤로 노릇하게 지진다.

3 **김치 · 돼지고기 썰기** 잘 익은 배추김치는 소를 털고 3cm 길이로 썬다. 돼지고기는 김치와 같은 크기로 저며 썬다.

4 **고추 · 파 썰기** 고추는 굵직하게 다지고, 대파는 어슷하게 썬다. 실파는 송송 썬다.

5 **돼지고기 · 김치 양념하기** 양념 재료를 고루 섞은 후, 반은 돼지고기에 넣고 반은 김치에 넣어 조물조물 무친다.

6 **고기 볶다가 김치 넣기** 달군 팬에 식용유를 두르고 양념한 돼지고기를 먼저 볶다가 김치와 고추, 대파를 넣고 달달 볶는다.

7 **접시에 담기** 접시에 두부를 담고 김치돼지고기볶음을 곁들인다. 송송 썬 실파를 뿌려 맛을 더한다.

김치볶음, 김치찌개에 참치나 어묵도 잘 어울려요
김치볶음이나 김치찌개를 할 때 보통 신 김치에 돼지고기를 넣고 조리하지요. 이때 돼지고기 외에 참치나 어묵 등을 넣어도 맛있어요. 김치만 넣는 것보다 조금 기름기 도는 재료를 넣으면 한결 부드러워진답니다.

두부조림

두부를 네모지게 썰어 달군 팬에 지진 후 양념장에 간간하게 조린 밥반찬. 한 번 구운 후 양념장을 끼얹어 다시 한번 조려 깊은 맛이 나요.

이렇게 준비해요 (4인분)

두부 1모
송송 썬 실파 1큰술
실고추·통깨 조금씩
식용유 2큰술
물 1/3컵

양념장
간장 4큰술
설탕 1큰술
고춧가루 1큰술
다진 파 1큰술
다진 마늘 1/2큰술
깨소금 1작은술
참기름 1작은술

이렇게 만들어요

1 **두부 썰어 지지기** 두부는 1cm 두께로 네모지게 썰어 물기를 닦고 기름 두른 팬에 노릇노릇하게 지진다.

2 **양념장 만들기** 준비한 재료를 모두 합하여 양념장을 만든다.

3 **양념장 끼얹고 조리기** 달군 팬에 두부부침을 깔고 양념장을 고루 끼얹은 다음 물을 팬 가장자리에 흘려 붓고 조린다.

4 **불 끄고 맛내기** 국물이 자작하게 졸아들면 불을 끄고 실파와 실고추, 통깨를 얹어 맛을 더한다.

야들야들 두부두루치기, 이렇게 만들어요
생 두부 그대로 두루치기를 만들어도 야들야들한 맛이 좋아요. 두부에 당근, 버섯, 양파, 고추, 배춧잎 등 각종 채소를 넣고 양념한 후 물을 조금 부어 바특하게 끓이는 것을 두부두루치기라고 합니다. 남은 두부는 물에 담가 보관하세요.

뚝배기달걀찜

곱게 푼 달걀을 새우젓으로 간 맞춰 부드럽게 익힌 달걀찜. 뚝배기에 안쳐 푸짐하게 준비하면 모두 숟가락 옮기느라 바쁘답니다.

이렇게 준비해요 (4인분)

달걀 3개	청주 1큰술
새우젓 1큰술	참기름 1/2큰술
다진 마늘 1작은술	소금 1작은술
송송 썬 실파 2뿌리분	다시마국물 2½컵

이렇게 만들어요

1. **달걀 풀어 간하기** 달걀을 잘 푼 후 새우젓과 청주, 다진 마늘, 실파, 참기름, 소금을 넣고 고루 섞는다.
2. **다시마국물 넣고 익히기** 뚝배기에 다시마국물을 넣고 끓이다가 ①의 달걀물을 넣어 거품기로 저어가면서 약한 불에서 익힌다. 반 정도 엉기면 불을 끈다.
3. **불에서 내리기** 뚝배기의 뜨거운 열기에 달걀이 하늘하늘하게 익어 부풀었을 때 바로 먹을 수 있도록 준비한다.

일식풍의 부드러운 달걀찜을 만들려면

일식풍의 부드러운 달걀찜을 만들려면 물 대신 다시마국물을 이용하세요. 다시마국물의 양은 달걀의 4배가 적당한데, 달걀물을 섞어서 체에 한 번 내리면 더욱 부드러워요. 한 김 오른 찜통에 너무 세지 않은 불로 찌고, 푹 꺼지기 쉬우니 뜨거울 때 바로 먹도록 하세요.

소시지 채소볶음

비엔나소시지에 당근, 양파, 피망 등의 채소를 넣고 토마토케첩으로 볶아보세요. 소시지를 재료로 한 반찬은 아이들이 특히 좋아한답니다.

이렇게 준비해요 (4인분)

비엔나소시지 200g
양파 1/2개
당근 1/4개
피망 1/2개
식용유 2큰술

소스
토마토케첩 4큰술
설탕 · 청주 1큰술씩
소금 · 후춧가루 조금씩

이렇게 만들어요

1. **소시지 칼집 넣어 데치기** 올망졸망한 비엔나소시지는 칼집을 2~3번 넣어 끓는 물에 소금을 조금 넣고 데친다.
2. **채소 준비하기** 피망과 당근은 4cm 길이로 채 썰고, 양파는 반 갈라 채 썬다.
3. **채소 볶다가 소시지 넣기** 달군 팬에 기름을 두르고 양파와 당근, 피망을 볶다가 소시지를 넣고 재료가 잘 어우러지도록 가볍게 볶는다.
4. **소스 넣고 맛내기** 재료가 어느 정도 익기 시작하면 소스 재료를 넣고 간이 배도록 고루 섞어가며 볶는다.

가공식품은 끓는 물에 데친 후 사용하세요
소시지 같은 가공식품은 겉기름이 돌기 쉽죠. 그냥 조리하기 꺼림칙하다면 끓는 물에 데치거나 뜨거운 물을 끼얹어 사용하는 것이 좋아요. 가공식품이나 인스턴트식품으로 요리를 할 때는 부족하기 쉬운 채소를 듬뿍 넣어 맛과 영양의 균형을 맞추세요.

어묵볶음

어묵은 부담 없이 준비할 수 있는 반찬거리예요. 기름에 볶거나 간장에 심심하게 조리면 밥반찬이나 도시락 반찬으로 좋아요.

이렇게 준비해요 (4인분)

어묵 300g
양파 1/2개
풋고추 · 붉은 고추 1개씩
식용유 2큰술

양념장
간장 3큰술
설탕 · 청주 1큰술씩
다진 마늘 1/2큰술
참기름 1/2큰술
소금 · 후춧가루 조금씩
물 4큰술

이렇게 만들어요

1. **어묵에 뜨거운 물 끼얹기** 어묵은 끓는 물에 데치거나 뜨거운 물을 끼얹어 겉기름을 씻어낸다.
2. **어묵 · 양파 · 고추 썰기** 어묵은 먹기 좋은 크기로 자르고, 양파는 채 썰고, 풋고추와 붉은 고추는 반 갈라 씨를 뺀 뒤 어슷하게 썬다.
3. **양념장 만들기** 재료를 분량대로 섞어 양념장을 만든다.
4. **어묵 볶기** 달군 팬에 식용유를 두르고 양파와 고추를 볶다가 어묵을 넣고 양념장을 넣어 간이 고루 배도록 섞어가면서 볶는다.

어묵볶음에 물을 넣으면 부드러워져요
어묵은 전분질이 많아서 그냥 볶으면 눌어붙기 쉬워요. 간장 양념에 물을 조금 섞어서 볶거나 조리면 잘 눌어붙지 않고 마르지도 않아 부드러운 어묵을 즐길 수 있어요.

part

2

보글보글
국·찌개·전골

입에 맞는 국이나 찌개, 전골 한 가지만 있으면 별다른 반찬이 필요 없죠. 얼큰하고 구수하게, 시원하면서 담백하게 끓인 국이나 찌개에 후루룩 말거나 쓱쓱 비벼서 한 끼 뚝딱 식사를 해결할 수 있어요. 국물 맛 좋은 국, 찌개 끓이는 법을 소개합니다.

사골우거지국

사골국물과 양지국물을 합한 것에 된장 양념한 우거지를 넣고 심심하게 오래도록 끓인 국.
구수한 된장을 풀어 넣어 소화가 잘 되고 속도 한결 편해요.

이렇게 준비해요 (4인분)

사골 1kg
잡뼈 500g
양지머리 500g
배추 우거지 400g
대파 1뿌리
붉은 고추 2개
된장 2큰술
다진 마늘 · 들깨가루 2큰술씩
소금 조금
물 40컵

고기 양념
국간장 · 다진 마늘 1큰술씩
다진 파 2큰술
참기름 1큰술
소금 1작은술
후춧가루 조금

우거지 양념
된장 · 다진 파 2큰술씩
고춧가루 · 다진 마늘 1큰술씩
참기름 1큰술

이렇게 만들어요

1. **고기 핏물 빼기** 사골과 잡뼈, 양지머리는 각각 찬물에 2시간 정도 담가 핏물을 뺀 뒤 깨끗이 헹군다.

2. **물 붓고 끓이기** 솥에 사골과 잡뼈를 담고 잠길 정도로 물을 부어 끓인다. 첫물은 따라내고 다시 찬물을 부어 끓인다. 떠오르는 찌꺼기는 계속 걷어낸다.

3. **양지머리 삶아 양념하기** 5시간 정도 끓여 사골국물이 뽀얗게 우러나면 양지머리를 넣고 함께 삶는다. 고기가 무르게 익으면 건져서 얄팍하게 썬 뒤 고기 양념으로 무친다.

4. **우거지 양념하기** 우거지는 끓는 물에 데쳐 찬물에 20분쯤 담가두었다가, 꼭 짜서 3cm 길이로 송송 썰어 된장 양념으로 조물조물 무친다.

5. **대파 · 고추 썰기** 대파는 어슷하게 썰고, 붉은 고추는 반 갈라 씨를 털어내고 어슷하게 썬다.

6. **된장 풀어 끓이기** 냄비에 ③의 사골국물을 넣고 끓이다가 된장을 체에 걸러 푼다. 양념한 우거지를 넣고 20~30분 푹 끓인다.

7. **들깨가루 넣고 끓이기** 양념한 고기와 고추, 대파, 다진 마늘, 들깨가루를 넣고 잠시 더 끓인 다음 소금으로 간을 맞춘다.

배추 우거지는 오래 끓이면 부드러워요
우거지는 배추 겉잎을 데쳐 물에 담가 풋내를 빼면 되는데, 된장을 심심하게 풀어 오래도록 끓이면 미역보다 부드러워져 술술 잘 넘어간답니다. 사골우거지국을 끓일 때는 다른 국보다 다진 마늘을 넉넉히 넣는 것이 맛내기 비결이에요. 통배추 겉잎 대신 얼갈이배추를 데쳐 넣어도 맛있어요.

갈비탕

갈비 토막을 무와 함께 끓인 맑은 국. 잔칫날이나 가족모임에 특별한 음식으로 많이 준비하는 국이죠.
속이 헛헛하거나 진한 맛이 그리울 때 딱 어울리는 탕이랍니다.

이렇게 준비해요 (4인분)

쇠갈비 1kg
무 1/3개
달걀 1개
대파 1/4뿌리
국간장 1큰술

갈비 삶는 물
대파 1뿌리
마늘 1통
마른 고추 2개
물 30컵

갈비 양념
국간장 3큰술
송송 썬 대파 4큰술
다진 마늘 1큰술
참기름 1큰술
후춧가루 조금

이렇게 만들어요

1 **쇠갈비 핏물 빼기** 쇠갈비는 살이 적당히 붙어 있는 것으로 준비해 5cm 크기로 토막을 내서 찬물에 담가 핏물을 뺀다.

2 **향신채 넣고 끓이기** 냄비에 갈비와 대파, 마늘, 마른 고추를 넣고 물을 부어 센 불에서 30분 정도 끓인다. 중간에 떠오르는 거품과 기름은 걷어낸다.

3 **무 썰어 넣기** 무를 4cm 길이로 썰어 넣고 갈비가 무르도록 30분 정도 더 끓인다.

4 **갈비 건져서 양념하기** 갈비가 무르면 건져서 1cm 간격으로 칼집을 낸 뒤 양념에 무치고, 무는 도톰하고 납작납작하게 썬다. 국물은 체에 거른다.

5 **갈비·무 다시 끓이기** 갈비 삶은 국물에 양념한 갈비와 무를 넣고 다시 약한 불에서 천천히 끓이면서 국간장으로 간을 맞춘다.

6 **고명 준비하기** 달걀로 지단을 부쳐 곱게 채 썰고, 대파는 어슷하게 썬다.

7 **그릇에 담고 고명 얹기** 갈비탕을 그릇에 담고 지단채와 대파를 얹어 맛과 모양을 더한다.

갈비의 기름은 국물을 내고 난 뒤 떼어내야 국물 맛이 좋아요
갈비에 기름이 붙어있으면 다 떼어내지 말고 그대로 끓여서 고깃국에 고기 특유의 풍미가 남아있게 하는 것이 좋아요. 기름이야 나중에 걷어내면 되거든요. 처음부터 기름을 잘라내면 깔끔할지는 몰라도 고깃국 특유의 깊은 풍미를 느낄 수 없답니다. 갈비나 쇠고기 등을 끓여 국물을 낼 때 누린내를 없애려면 대파나 마늘, 마른 고추를 넣으면 됩니다.

쇠고기무국

쇠고기를 저며 썰어 볶다가 물을 붓고 나박나박 썬 무를 넣어 끓인 맑은 국.
양지머리를 썰어 애벌로 양념해두었다가 끓이면 고기 맛은 물론 국물 맛도 좋아져요.

이렇게 준비해요 (4인분)

양지머리 200g
무 250g
대파 1뿌리
다진 마늘 1작은술
국간장 1큰술
참기름·후춧가루 조금씩
물 6컵

고기 양념
국간장·다진 마늘 1작은술씩
참기름 1/2큰술

이렇게 만들어요

1 **고기 양념하기** 쇠고기는 양지머리로 준비해 납작납작하게 썬 뒤, 분량의 고기 양념을 넣고 조물조물 무쳐 밑간한다.

2 **무·대파 썰기** 무는 사방 2~3cm 크기로 나박나박 썰고, 대파는 어슷하게 썬다.

3 **쇠고기 볶다 물 붓기** 냄비에 참기름을 두르고 밑간한 쇠고기를 넣어 달달 볶다가 물을 붓고 끓인다.

4 **무 넣고 끓이기** 쇠고기가 익기 시작하면 무를 넣고 끓이다가, 무가 말갛게 익어 떠오르면 냄비 가장자리에 생기는 거품을 말끔히 걷는다.

5 **파·마늘 넣고 간하기** 다진 마늘과 어슷하게 썬 대파를 넣고 국간장으로 간을 맞춘 다음 후춧가루를 넣어 향을 더한다.

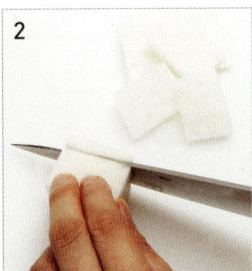

쇠고기무국 맛내기 비법

쇠고기무국은 무와 쇠고기 두 가지가 잘 어우러져야만 깔끔하고 개운한 맛이 나요. 고기를 잘게 썰어 애벌 양념해 볶으면 국물이 더욱 진하고 맛있어요. 맑은 국의 간은 단맛은 적고 색깔이 엷은 국간장(청장)으로 맞추는 것이 기본이에요. 맑은 국의 색이 너무 진해지면 국간장으로 우선 간을 한 뒤 모자라는 간을 소금으로 맞추세요. 고깃국을 끓일 때 쇠고기 부위는 양지머리가 가장 좋아요.

쇠고기미역국

양지머리 국물에 미역을 넣어 끓인 전통 고깃국. 잎이 두껍고 넓으며 빛깔이 파릇하고
윤기가 나는 미역을 넣어 끓이면 한 그릇만 먹어도 살이 통통 오를 것 같은 영양 만점 국이에요.

이렇게 준비해요 (4인분)

양지머리 200g
마른미역 30g
마늘 4쪽
다진 마늘 1/2작은술
국간장 2큰술
참기름 1큰술
소금·후춧가루 조금씩
물 10컵

이렇게 만들어요

1. **미역 씻어 썰기** 마른미역은 물을 넉넉하게 붓고 20분 정도 불린 뒤, 거품이 나오지 않을 때까지 주물러 씻어 먹기 좋은 크기로 썬다. 잘라서 파는 포장 미역은 물에 담가 불리기만 하면 된다.

2. **양지머리 핏물 빼기** 양지머리는 덩어리째 씻어 두 토막으로 자른 후, 찬물에 30분 정도 담가 핏물을 뺀다.

3. **물 붓고 끓이기** 냄비에 분량의 물을 붓고 팔팔 끓인 후, 양지머리와 마늘을 넣고 약한 불에서 고기가 무르도록 끓인다.

4. **고기 찢기** 고기가 충분히 익으면 건져서 한 김 식힌 뒤 결대로 찢는다. 육수는 마늘을 건지고 식힌 뒤 기름을 걷는다.

5. **미역·고기 넣고 끓이기** 고깃국물에 손질한 미역을 넣고 끓이다가 쇠고기와 다진 마늘을 넣고 국간장으로 간을 맞춘다. 부족한 간은 소금으로 맞추고, 마지막에 참기름과 후춧가루를 넣어 맛을 더한다.

쇠고기미역국을 간편하게 끓이려면
미역국을 간편하게 끓이려면 덩어리 고기 대신 잘게 썬 쇠고기를 사용해보세요. 먼저 먹기 좋은 크기로 납작하게 썬 쇠고기를 참기름에 볶아요. 고기가 익으면서 즙이 나오면 미역을 넣고 함께 볶다가 물을 붓고 끓이면 됩니다.

황태해장국

황태에는 메티오닌 성분이 들어있어 숙취를 풀어주면서 간의 피로를 재빨리 회복시켜요.
참기름과 국간장으로 양념해 볶다가 끓인 황태국에 무나 두부를 넣어도 좋고 감자를 넣고 함께 끓여도 구수하답니다.

이렇게 준비해요 (4인분)

황태포 1마리
무 1/6개
두부 1/4모
팽이버섯 1/2봉지
대파 1뿌리
붉은 고추 1개
국간장 1큰술
새우젓 2작은술
고춧가루 1작은술
다진 마늘 1/2큰술
참기름 2작은술
소금·후춧가루 조금씩
물 6컵

이렇게 만들어요

1. **북어국물 내기** 황태포는 잠시 물에 담가 부드럽게 불린 뒤, 머리 부분만 잘라 물 6컵을 붓고 끓여 국물을 낸다.

2. **황태살 양념하기** 머리를 떼어낸 나머지 황태살은 너무 굵지 않게 찢은 뒤, 국간장과 참기름을 1작은술씩 덜어 양념한다.

3. **무·두부·버섯 준비하기** 무와 두부는 손가락 굵기로 길쭉하게 썰고, 팽이버섯은 반으로 자른다. 대파와 붉은 고추는 어슷하게 썬다.

4. **북어 볶다 끓이기** 냄비에 참기름 1작은술을 두르고 양념한 북어포를 볶다가 북어국물을 붓고 무, 두부를 넣어 중불에서 20분쯤 끓인다.

5. **부재료 넣고 간하기** 한소끔 끓으면 국간장으로 간하고 다진 마늘, 대파, 팽이버섯, 붉은 고추를 넣어 다시 한번 끓인다. 기호에 따라 고춧가루, 새우젓, 후춧가루로 맛을 내고, 부족한 간은 소금으로 맞춘다.

황태포는 방망이로 자근자근 두들기면 부드럽게 찢어져요
명태는 얼리면 동태, 말리면 북어나 황태, 작은 새끼는 노가리, 생물은 생태라고 불려요. 황태는 한겨울에 얼었다 녹았다를 반복하면서 마른 것으로 색이 노래서 황태예요. 국을 끓일 때는 보통 채로 만든 것을 쓰지만, 통북어나 황태포를 쓸 경우 머리는 국물을 내고 몸통은 방망이로 두들긴 뒤 껍질을 벗기고 살만 찢어서 사용해요. 국을 끓일 때 먼저 국간장과 참기름으로 무친 뒤 국물을 부어 끓이면 더욱 진한 맛을 즐길 수 있답니다.

오징어무국

오징어와 무를 멸치 장국에 넣어 시원하게 끓인 국. 재료 준비에 부담이 없고 손쉽게 끓일 수 있어요.
무를 넉넉히 넣어 시원한 맛을 내고 청양고추로 칼칼한 맛을 더하세요.

이렇게 준비해요 (4인분)

오징어 2마리
무 1/5개
청양고추 · 붉은 고추 1개씩
대파 1뿌리
다진 마늘 1큰술
국간장 1½큰술

멸치국물
굵은 멸치 15마리
물 6컵

이렇게 만들어요

1. **오징어 손질하기** 오징어는 몸통에 칼집을 넣어서 길게 가른 뒤 속의 내장과 다리를 떼고 뼈를 발라낸다. 손에 소금을 묻히고 껍질을 벗긴 다음 길이 4cm, 폭 2.5cm 정도로 썬다.

2. **무 · 고추 · 대파 썰기** 무는 오징어 크기로 납작하게 썰고, 고추는 반 갈라 어슷하게 썬다. 대파도 어슷하게 썬다.

3. **멸치국물에 무 넣기** 멸치는 내장을 뗀 후 마른 냄비에 볶다가 물을 붓고 10분 정도 끓인다. 국물이 충분히 우러나면 멸치를 건져내고 무를 넣어 끓인다.

4. **오징어 넣고 끓이기** 무가 투명하게 익으면 오징어, 붉은 고추, 다진 마늘을 넣고 오징어가 익을 때까지 끓인다.

5. **간 맞추고 대파 · 고추 넣기** 국간장으로 간을 맞추고 청양고추와 대파를 넣는다. 한 번 후루룩 끓어오르면 불에서 내린다.

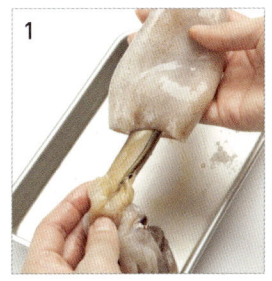

멸치는 내장을 떼어낸 뒤 국물을 내야 쓴맛이 나지 않아요

좋은 멸치를 구입해 손질을 잘해놓으면 국물 맛내기의 반은 성공한 셈이죠. 우선 윤기 나고 곧은 멸치를 준비해 머리와 내장을 떼어내세요. 큰 멸치일수록 내장을 떼지 않으면 쓴맛이 날 수 있거든요. 달군 냄비에 멸치를 넣고 구수하게 볶으면 멸치에서 나는 비릿한 맛을 줄일 수 있고 국물도 진하게 잘 우러납니다. 10~15분 정도 끓인 뒤 체에 걸러 맑은 국물만 받으면 됩니다.

생태국

선도 좋은 알배기 제철 생태로 끓인 담백한 국. 쌀뜨물에 무와 콩나물을 넣어 끓이다가 생태를 넣고 마지막에 미나리를 듬뿍 넣으면, 그 시원한 맛을 따라잡을 국이 없을 정도랍니다.

이렇게 준비해요 (4인분)

생태 2마리
미나리 100g
콩나물 100g
무 1/6개
붉은 고추 1개
다진 마늘 1큰술
소금 조금
쌀뜨물 6컵

생태 밑간
소금 조금
청주 1큰술

이렇게 만들어요

1. **생태 손질하기** 생태는 비늘을 긁고 꼬리와 지느러미를 떼어낸 뒤 소금물에 씻어 건진다. 손질한 생태는 5~6cm 크기로 토막 내 소금과 청주를 살짝 뿌려 밑간한다.

2. **부재료 준비하기** 미나리는 잎을 떼어내고 줄기만 다듬어 4cm 길이로 썰고, 콩나물은 뿌리를 다듬고 물에 흔들어 씻어 물기를 뺀다. 무는 사방 3~4cm 크기로 나박나박 썬다. 붉은 고추는 꼭지를 떼서 반 갈라 씨를 빼고 어슷하게 썬다.

3. **쌀뜨물 부어 끓이기** 냄비에 쌀뜨물을 붓고 센 불에서 끓이다가 무와 콩나물을 넣고 뚜껑을 덮어 한소끔 끓인다.

4. **생태 넣고 끓이기** 콩나물이 아삭하게 익으면 생태를 넣고 한소끔 더 끓이다가 고추와 다진 마늘을 넣는다.

5. **미나리 넣고 간 맞추기** 불에서 내리기 직전에 미나리를 넣고 소금으로 간을 맞춘다.

쌀뜨물을 쓰면 국물이 더 구수해요

국물 요리에 쌀뜨물을 사용하면 구수한 맛이 진해져요. 쌀뜨물을 이용할 때는 쌀을 두세 번 정도 씻어 깨끗한 쌀뜨물을 받는 것이 안전하답니다. 쌀뜨물 대신 쌀가루나 밀가루를 조금 풀어 사용해도 됩니다. 생태를 손질할 때 토막 내서 씻으면 맛이 빠지기 때문에 먼저 통째로 씻어 잘라야 해요. 생선은 살이 연해 15분 이상 끓이면 단단해지므로 오래 끓이지는 마세요. 싱싱한 생선의 경우 비릿한 맛이 거의 나지 않지만, 선도가 조금 떨어질 경우 청주를 넣어 비릿한 맛을 누그러뜨리는 것도 맛내기 비결이랍니다.

배추속댓국

멸치국물에 된장, 고추장을 풀고 배추와 무를 넣어 끓인 대표적인 토장국. 따뜻한 밥 한 그릇 말아 후루룩 먹으면 속이 편안해요.

이렇게 준비해요 (4인분)

배추 1/4포기
무 1/5개
대파 1/2뿌리
풋고추·붉은 고추 1개씩
된장 2큰술
고추장 1/2작은술
다진 마늘 1작은술
소금 조금

멸치국물
굵은 멸치 15마리
물 6컵

이렇게 만들어요

1. **배추 썰기** 배추는 겉잎을 떼어내고 노란 속대를 떼어 물에 씻은 뒤 2cm 폭으로 어슷어슷 자른다.
2. **무·대파·고추 썰기** 무는 얇게 나박나박 또는 세모나게 썰고, 대파는 어슷하게 썬다. 고추는 반 갈라 씨를 빼고 어슷하게 썬다.
3. **된장·고추장 풀어 끓이기** 냄비에 다듬은 멸치를 넣고 찬물을 부어 15분쯤 끓인다. 국물이 우러나면 멸치를 건져내고 된장과 고추장을 체에 걸러 푼다.
4. **배추·무 넣기** 국물이 끓어오르면 배추와 무를 넣고 불을 줄여 20~30분쯤 끓인 뒤 대파와 고추, 다진 마늘을 넣는다. 부족한 간은 소금으로 맞추고, 끓이는 도중에 생기는 거품은 말끔히 걷는다.

제철 재료로 사계절 다양한 된장국을 즐겨요
된장국은 밥상에 가장 자주 오르는 음식이에요. 봄에는 냉이나 쑥으로 끓이고 여름에는 풋배추와 근대, 어린 열무, 가을에는 통배추와 아욱, 겨울에는 콩나물과 시금치, 시래기, 무 등을 넣어 다양하게 끓일 수 있어요.

아욱된장국

가을 아욱국은 문 닫고 먹는다는 말이 있을 정도로 맛있는 국이에요. 아욱은 칼슘이 시금치보다 두 배나 많고 비타민이 고루 들어 있어요.

이렇게 준비해요 (4인분)

아욱 1단(450g) 고춧가루 1작은술
대파 1뿌리 다진 마늘 1큰술
마른 새우 1/2컵 소금 조금
된장 2큰술 물 8컵
고추장 1큰술

이렇게 만들어요

1. **아욱 다듬기** 아욱은 대가 굵으면서 줄기가 억세지 않은 것으로, 준비해 연한 것은 그대로 쓰고 조금 큰 것은 껍질을 벗긴다. 대파는 손질해 어슷하게 썬다.
2. **아욱 풋내 빼기** 깨끗이 다듬은 아욱은 소금을 조금 뿌려 손바닥으로 가볍게 문지르듯이 비벼가며 씻은 뒤, 찬물에 헹궈 4cm 길이로 썬다.
3. **된장 풀어 끓이기** 냄비에 물을 붓고 손질한 마른 새우를 넣어 맛이 우러나도록 끓인다. 국물이 끓어오르면 된장, 고추장을 체에 걸러 푼 뒤 손질한 아욱을 넣고 끓인다.
4. **대파·마늘 넣고 간 맞추기** 잎이 나른하고 부드럽게 풀어지면 고춧가루, 다진 마늘, 어슷하게 썬 대파를 넣고 끓인다. 부족한 간은 소금으로 맞춘다.

고추장은 된장보다 적게 넣어야 맛있어요
아욱국 등의 토장국을 끓일 때 고추장을 조금 섞는 것이 맛있어요. 이때 고추장은 된장보다 적게 넣어야 해요. 고추장 양이 많으면 너무 달고 탁해지기 때문이죠. 지나치게 자란 아욱은 억세고 풋내가 나기 때문에 주물러 풋내를 빼고 쌀뜨물로 끓이는 게 좋아요.

감잣국

특별한 국거리가 생각나지 않을 때 냉장고에 있는 재료로 후다닥 끓일 수 있는 국이에요. 새우 대신 다시마로 국물을 내도 맛있어요.

이렇게 준비해요 (4인분)

감자 3개
마른 새우 50g
대파 1뿌리
풋고추 1개
붉은 고추 1/2개
다진 마늘 1큰술
국간장 4큰술
소금 조금
물 6컵

이렇게 만들어요

1. **감자 준비하기** 감자는 껍질을 벗기고 반달 모양으로 두툼하게 썰어 찬물에 담가둔다.
2. **대파·고추 썰기** 대파와 고추는 어슷하게 썰고, 고추는 씨를 턴다.
3. **마른 새우 끓이기** 마른 새우를 손질해 냄비에 담고 물을 부어 끓이다가 국물이 우러나면 마른 새우를 체로 건진다.
4. **감자 넣어 끓이기** 썰어둔 감자를 넣어 한소끔 끓이다가 감자가 익으면 대파와 고추, 다진 마늘을 넣고 국간장, 소금으로 간을 맞춘다.

멸치다시마국물로 끓여보세요
감잣국은 멸치다시마국물로 끓여도 맛있어요. 냄비에 손질한 멸치와 다시마를 넣고 물을 부어 15분쯤 우려낸 뒤, 멸치는 버리고 다시마는 채 썰어 감잣국에 넣으면 좋아요.

콩나물국

냄비에 참기름을 살짝 두르고 콩나물을 익혀서 물을 붓고 끓인 시원하고 맑은 국. 콩 비린내가 나지 않게 끓이는 것이 요령이에요.

이렇게 준비해요 (4인분)

콩나물 1봉지(300~350g)　소금 1/2큰술
실파 1/2뿌리　　　　　　 참기름 1큰술
다진 마늘 1작은술　　　　 물 5컵

이렇게 만들어요

1. **콩나물 씻기** 콩나물은 맑은 물에 살살 흔들어 헹구고, 실파는 1~2cm 길이로 자른다.
2. **냄비에 콩나물 안치기** 냄비에 참기름을 두르고 냄비를 이리저리 움직여 참기름이 고루 돌게 한다.
3. **물 붓고 끓이기** 콩나물을 넣고 참기름이 배도록 살짝 볶은 뒤, 물을 붓고 뚜껑을 덮어 콩 비린내가 나지 않도록 끓인다.
4. **양념 넣고 간하기** 콩나물이 충분히 익었을 때 실파와 다진 마늘을 넣고 소금으로 간을 맞추어 한 소끔 더 끓인다.

콩나물국 맛내기

콩나물국은 소금 간만 해서 끓이기도 하고 소금과 국간장 또는 멸치액젓을 반반씩 넣고 끓이기도 해요. 콩나물국 끓일 때 다진 마늘은 조금만 넣으세요. 그래야 콩나물 특유의 향과 맛이 유지된답니다.

재첩국

재첩은 끓이면 뽀얀 국물이 우러나 소금 간만 해도 특유의 맛과 향이 좋아요. 해독과 강정 효과가 뛰어나 술국으로 최고랍니다.

이렇게 준비해요 (4인분)

재첩 3컵
다시마 10×10cm 1장
부추 50g
붉은 고추 1개
마늘 1쪽
생강즙 1작은술
소금 조금
물 6컵

이렇게 만들어요

1. **재첩 · 다시마 손질하기** 재첩은 문질러 씻은 뒤 맹물에 담가 어두운 곳에 30분 이상 두어 해감을 토하게 한다. 다시마는 젖은 행주로 겉의 흰 가루를 가볍게 닦아낸다.
2. **재첩 · 다시마 끓이기** 냄비에 손질한 재첩과 다시마를 넣고 물을 부어 끓이다가, 재첩이 벌어지면 다시마는 건지고 재첩은 체에 거른다.
3. **부추 · 고추 · 마늘 준비하기** 부추는 1cm 길이로 썰고, 붉은 고추는 반 갈라 씨를 털어내고 가늘게 채 썬다. 마늘은 얇게 저민다.
4. **조개국물 붓고 끓이기** 냄비에 조개국물을 붓고 마늘, 생강즙, 붉은 고추를 넣어 끓이다가 소금으로 간을 한다. 건져둔 재첩과 부추를 넣고 한소끔 더 끓인 뒤 불에서 내린다.

재첩은 맹물에 담가 해감을 빼요
바닷조개는 소금물에 담가 해감을 빼지만, 재첩 같은 민물조개는 맹물에 담가둬야 해요. 살던 환경과 비슷하게 만들어줘야 해감을 잘 토하기 때문이에요.

어묵국

반찬으로, 국으로, 김밥 재료로 또는 전골 재료로 두루두루 잘 어울리는 어묵. 무를 넣고 푹 끓인 어묵국은 구수하고 달큰한 맛이 좋아 아이들에게도 환영받는 국이에요.

이렇게 준비해요 (4인분)

모둠 어묵 300g
곤약 80g
무 1/5개
대파 1뿌리
달걀 2개
간장 4큰술
청주 1큰술
소금·후춧가루 조금씩

멸치국물
굵은 멸치 15마리
물 6컵

겨자장
겨자 갠 것 1큰술
간장 1/2큰술
멸치국물 1큰술

이렇게 만들어요

1. **어묵·곤약 준비하기** 어묵은 한입 크기로 썰고, 곤약은 도톰하게 2×4cm 크기로 썰어 가운데 칼집을 넣고 끝을 넣어 뒤집어 리본으로 만든다. 손질한 재료를 끓는 물에 살짝 데친다.
2. **대파·달걀 준비하기** 대파는 4cm 길이로 길쭉하게 자르고, 달걀은 완숙으로 삶는다.
3. **멸치국물 내기** 멸치는 내장을 떼고 마른 냄비에 볶다가 찬물을 부어 15분쯤 끓인 뒤 건진다.
4. **무 넣고 끓이기** 무는 2×4cm로 납작하게 썰어 멸치국물에 넣고 끓인다.
5. **어묵 넣고 끓이기** 어묵과 곤약, 삶은 달걀을 넣고 간장, 청주로 간해 약한 불에서 20분쯤 끓인 뒤 대파를 넣고 소금, 후춧가루로 간한다. 겨자장을 만들어 함께 낸다.

어묵은 겉기름을 빼고 사용하세요
시중에서 파는 대부분의 어묵은 생선살을 다져서 튀긴 거라 기름기가 도는데, 조리하기 전에 뜨거운 물을 끼얹거나 살짝 데치면 기름기를 제거할 수 있어요. 어묵국을 끓일 때 무와 곤약뿐 아니라 감자나 토란, 유부 등을 넣어 다양한 맛을 즐겨보세요.

오이미역냉국

여름이 제철인 오이와 부드럽게 불린 미역을 넣어 맛을 낸 냉국. 식초와 설탕, 소금을 적절히 배합해 새콤 시원하게 만드는 것이 비법이에요.

이렇게 준비해요 (4인분)

오이 1개
마른미역 30g

미역 양념
국간장 1큰술
다진 풋고추 1큰술
참기름 1작은술
깨소금 1작은술

냉국물
식초 3큰술
설탕 1작은술
국간장 3큰술
소금 조금
생수 5컵
얼음 적당량

이렇게 만들어요

1 **오이 썰기** 오이는 소금으로 문질러 씻은 뒤 곱게 채 썬다.
2 **미역 데치기** 마른미역은 불려서 물기를 꼭 짠 다음, 끓는 물에 살짝 데쳐서 찬물에 헹궈 물기를 뺀다.
3 **미역 양념하기** 손질한 미역을 먹기 좋게 잘라 미역 양념을 넣고 가볍게 무친다.
4 **생수에 양념하기** 생수에 분량의 양념을 모두 넣고 고루 섞어 차게 둔다. 얼음은 먹기 전에 넣는다.
5 **오이·미역에 냉국물 붓기** 채 썬 오이와 양념한 미역을 그릇에 담은 뒤, 차게 둔 국물을 붓고 얼음을 띄운다.

간 맞춘 국물을 살짝 얼리면 싱거워지지 않아요
냉국에 얼음을 넣으면 녹으면서 싱거워질 수 있어요, 처음 간할 때 조금 진하게 하는 것이 좋아요. 얼음을 넣는 대신 간 맞춘 국물을 냉동실에 살짝 얼렸다가 건더기를 넣으면 간이 싱거워지지 않아요. 냉국은 짠맛, 단맛, 신맛이 적당히 맞아야 제맛이 난답니다.

우무냉국

채 썬 우무에 새콤달콤하게 맛을 낸 다시마 국물을 부어 만든 우무냉국. 칼로리가 없어 다이어트에 좋은 여름철 건강 음식이에요.

이렇게 준비해요 (4인분)

우무 1모
오이·붉은 고추 1개씩
풋고추 2개
실파 4뿌리

냉국물
다시마 10×10cm 1장
국간장·식초 1/2컵씩
설탕 1/4컵
물 8컵

이렇게 만들어요

1. **국물 만들기** 냄비에 물을 붓고 다시마를 담가 30분쯤 불린 다음 그대로 끓인다. 5분 정도 끓여 국물이 우러나면 다시마를 건진 뒤 국간장으로 간하고 식초와 설탕으로 맛을 내 냉장고에 넣어 차게 식힌다.
2. **우무 썰어 데치기** 우무는 나무젓가락 굵기로 채 썬 뒤 끓는 물에 데쳐 찬물에 헹군다.
3. **부재료 준비하기** 오이는 5cm 길이로 곱게 채 썰고, 고추는 반 갈라 씨를 털고 잘게 다진다. 실파는 송송 썰어둔다.
4. **그릇에 담기** 그릇에 채 썬 우무와 오이, 고추, 실파를 담고 차게 준비한 국물을 붓는다. 시원하게 얼음을 띄워도 된다.

묵밥처럼 즐겨도 좋아요
묵이 담긴 냉국에 밥을 말아 양념장으로 간을 해서 묵밥처럼 먹을 수도 있어요. 우무 대신 청포묵이나 도토리묵으로 냉국을 만들어도 좋아요.

불고기뚝배기

불고기에 물을 자작하게 붓고 뚝배기에 자글자글하게 끓인 전골식 찌개.
영양의 균형을 이루고 입에 착 달라붙는 달착지근한 맛이 좋아 누구에게나 사랑받는답니다.

이렇게 준비해요 (4인분)

쇠고기(불고기감) 400g
양파 1개
당면 50g
팽이버섯 1봉지
실파 5뿌리
당근 1/4개
소금·후춧가루 조금씩

고기 양념
간장 3큰술
설탕 2큰술
다진 파 1큰술
다진 마늘 1/2큰술
참기름 1큰술
깨소금 1작은술
후춧가루 조금

다시마국물
다시마 10×10cm 1장
물 7컵

이렇게 만들어요

1. **다시마국물 내기** 다시마는 젖은 행주로 닦은 뒤 물 7컵을 붓고 10분 정도 끓여 건진다.

2. **고기 양념에 재기** 쇠고기는 불고기감으로 준비해서 4~5cm 폭으로 썰고, 양파는 채 썬다. 고기와 채 썬 양파에 고기 양념을 넣고 고루 섞어 1시간 정도 재둔다.

3. **부재료 준비하기** 당면은 미지근한 물에 담가 30분 정도 불리고, 팽이버섯은 밑동을 자르고 가닥을 쪼갠다. 실파는 4cm 길이로 썰고, 당근은 실파 길이로 납작하게 저며 썬다.

4. **고기에 국물 부어 끓이기** 뚝배기에 양념한 쇠고기를 담고, 다시마국물을 자작할 정도로만 부어 센 불에서 끓인다.

5. **부재료 넣고 끓이기** 쇠고기가 익기 시작하면 버섯과 실파, 당근, 불린 당면을 넣고 다시마국물을 좀 더 부어 끓인다. 소금, 후춧가루로 간을 맞추고 불에서 내린다.

2

3

4

5

당면을 넣을 때는 국물을 넉넉하게 잡아요
찌개나 탕, 전골 등의 음식에 당면을 넣으면 더욱 맛있어요. 당면은 맨 나중에 넣어야 풀어지지 않고 쫄깃한 맛을 살릴 수 있는데, 우선 미지근한 물에 담가 불린 뒤 먹기 좋은 크기로 잘라 넣도록 하세요. 당면은 국물을 많이 흡수하기 때문에 평소보다 국물을 조금 넉넉하게 잡는 것이 좋아요.

돼지고기 김치찌개

잘 익은 배추김치와 돼지고기를 볶다가 물을 자작하게 부어 끓인 김치찌개. 우리나라 사람들이 가장 좋아하는 대표 음식 중 하나랍니다.

이렇게 준비해요 (4인분)

배추김치 1포기(1kg)
삼겹살 300g
떡볶이 떡 300g
대파 2뿌리
간장·설탕·청주 2큰술씩
다진 마늘 1큰술
소금 조금
식용유 4큰술
물 7컵

이렇게 만들어요

1. **재료 준비하기** 배추김치는 익은 것으로 준비해 소를 털어내고 길이로 반 자른다. 삼겹살은 먹기 좋은 크기로 썰고, 대파는 5cm 길이로 썬다.
2. **고기·김치 볶기** 달군 냄비에 기름을 두르고 삼겹살과 다진 마늘을 볶다가, 고기가 반쯤 익으면 김치를 넣어 볶는다.
3. **물 부어 끓이기** 김치가 익으면 물을 붓고 끓이다가 간장, 설탕, 청주를 넣고 약한 불에서 30분 정도 끓인다.
4. **떡·대파 넣기** 김치가 푹 익으면 떡과 대파를 넣고 좀 더 끓인다. 부족한 간은 소금으로 맞춘다.

신 김치에 설탕을 조금 넣으면 맛있어요
김치찌개는 신 김치로 해야 맛있지만, 너무 시어졌다면 설탕을 조금 넣어보세요. 신맛은 줄이고 김치의 제맛을 살리는 효과가 있어요.

돼지고기감자 고추장찌개

돼지고기를 넣고 얼큰하게 끓인 고추장찌개는 옛날 시골에서 많이 먹던 찌개랍니다. 돼지 기름이 살짝 돌아 더욱 구수하고 진해요.

이렇게 준비해요 (4인분)

돼지고기(목살) 200g
감자 2개
양파 1개
대파 1뿌리
풋고추 2개
붉은 고추 1개
유부 4장
소금 조금
물 6컵

매운 양념
고추장 1큰술
고춧가루 · 간장 2큰술씩
다진 파 1큰술
다진 마늘 1작은술
다진 생강 1/2작은술
참기름 1/2큰술
소금 · 후춧가루 조금씩

이렇게 만들어요

1. **돼지고기 양념하기** 돼지고기는 먹기 좋은 크기로 썰어 매운 양념을 반 정도 덜어 무친다.
2. **감자 · 양파 준비하기** 감자는 도톰하게 반달썰기 하고, 양파는 반 갈라 굵게 채 썬다. 대파와 고추는 어슷하게 썬다.
3. **유부에 뜨거운 물 붓기** 유부는 뜨거운 물을 부어 겉기름을 제거한 뒤 1cm 굵기로 썬다.
4. **고기 볶다 감자 · 양파 넣기** 냄비에 양념한 고기를 넣고 볶다가, 고기가 반쯤 익으면 감자와 양파를 넣어 함께 볶는다.
5. **콩 불려 갈기** 감자가 익기 시작하면 물을 붓고 나머지 양념을 넣어 끓인다. 감자가 충분히 익으면 대파와 고추, 유부를 넣고 끓이면서 소금으로 간을 맞춘다.

돼지고기를 양념해 끓이면 국물 맛이 더 좋아요
돼지고기와 감자, 양파를 볶은 다음 물을 붓고 끓이면 기름이 동동 뜨면서 고기 특유의 깊은 맛이 진하게 나요. 양념장을 따로 만들어 고기를 쟀다가 찌개를 끓이면 조금 번거롭긴 해도 재료의 맛을 잘 살리고 진한 국물 맛을 낼 수 있답니다.

꽃게찌개

된장과 고춧가루를 넣어 칼칼하면서 감칠맛 진한 찌개. 연한 게살을 발라 먹는 재미가 일품이에요.
조리 전에 게 다리에 칼집을 많이 넣어야 발라 먹기 편하답니다.

이렇게 준비해요 (4인분)

꽃게 4마리
모시조개 8개
무·애호박 1/4개씩
풋고추 2개
붉은 고추 1개
대파 1뿌리
소금 조금
물 10컵

양념
된장 1큰술
고추장 1작은술
고춧가루 1/2큰술
다진 마늘 1큰술
생강즙 1작은술
소금 1/2큰술
후춧가루 1/3작은술
물 1/2컵

이렇게 만들어요

1 **꽃게 손질하기** 꽃게는 솔로 문질러 씻은 다음 배 쪽 가운데의 딱지와 등딱지를 떼고 양쪽에 붙어있는 털을 말끔히 떼어낸다. 손질한 꽃게는 물에 헹군 뒤 먹기 좋은 크기로 4~6등분하고, 집게발은 칼등으로 두드린다.

2 **부재료 준비하기** 모시조개는 엷은 소금물에 담가 어두운 곳에서 해감을 토하게 한 뒤, 바락바락 문질러 씻어 건진다. 무는 2×3cm 크기로 납작납작 썰고, 애호박은 반달썰기 한다. 고추는 어슷하게 썬 뒤 씨를 털어낸다. 대파도 어슷하게 썬다.

3 **양념 만들기** 분량의 재료를 고루 섞어 양념을 만든다.

4 **조개국물 내기** 냄비에 손질한 조개를 담고 찬물을 부어 끓인다. 조개의 입이 벌어지면 조개는 건지고 국물은 다른 냄비에 옮겨 붓는다.

5 **양념장 풀어 끓이기** 조개국물에 양념을 풀어 넣고 한소끔 끓인다.

6 **부재료 넣고 끓이기** 양념한 국물이 끓어오르면 손질해둔 게와 조개, 부재료를 모두 넣고 한소끔 끓인다.

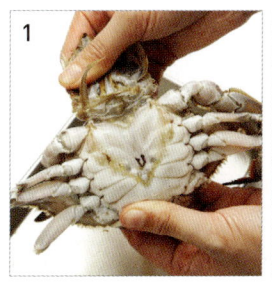

해물찌개에 된장과 고추장을 넣으면 개운해요
해물로 찌개를 끓이다 보면 해물 특유의 비릿한 맛이 나는데, 고추장과 고춧가루를 넣으면 그 맛이 누그러져요. 고추장을 많이 넣으면 텁텁하지만 깊은 맛이 나고, 고춧가루를 많이 넣으면 개운하지만 얕은 맛이 나므로 두 가지를 적절히 섞어서 맛을 내세요. 된장도 해물의 비릿한 맛을 누그러뜨려요. 해물 특유의 감칠맛과 된장의 구수한 맛이 어우러져 시원하면서 개운한 맛이 진해져요.

알탕

명란에 채소를 넣고 얼큰하게 끓인 탕. 오도독 터지는 명란은 물론 국물 맛도 일품이에요.
콩나물이나 미나리, 대파 등을 넉넉히 넣고 끓이면 더욱 시원하고 개운해요.

이렇게 준비해요 (4인분)

명태 알 8개(150~200g)
미더덕 100g
무 1/6개
콩나물 2/3봉지
미나리 200g
쑥갓 50g
대파 1뿌리
풋고추 2개
붉은 고추 1개
소금 조금

멸치국물
굵은 멸치 15마리
다시마 10×10cm 1장
마늘 3쪽
물 6컵

매운 양념
고춧가루 2큰술
국간장 2큰술
청주 1큰술
다진 파 2큰술
다진 마늘 1큰술
생강즙 1/2작은술
소금·후춧가루 조금씩

이렇게 만들어요

1. **명태 알 손질하기** 명태 알을 엷은 소금물에 흔들어 씻은 뒤 흐르는 물에 헹궈 물기를 뺀다. 명란젓을 사용할 때는 소금 간을 줄인다. 미더덕은 엷은 소금물에 씻는다.

2. **채소 준비하기** 무는 사방 2~3cm 크기로 나박나박 썰고, 콩나물은 물에 흔들어 씻어 건진다. 미나리는 줄기만 4cm 길이로 썰고, 대파와 고추는 어슷하게 썬다. 쑥갓은 짧게 끊어 씻어둔다.

3. **멸치국물 내기** 냄비에 멸치와 다시마를 넣고 물을 부어 센 불에서 끓인다. 끓으면 마늘을 넣고 좀 더 끓인 뒤 체에 거른다.

4. **매운 양념 만들기** 분량의 재료를 고루 섞어 매운 양념을 만든다.

5. **무·콩나물 넣고 끓이기** 멸치국물을 불에 올린 뒤 무, 콩나물을 먼저 넣고 끓인다.

6. **명태 알 넣고 양념하기** 콩나물이 익기 시작하면 미더덕, 명태 알, 매운 양념 순으로 넣고 센 불에서 끓인다. 한소끔 끓어오르면 불을 약하게 줄여 무가 익을 때까지 한소끔 더 끓인다.

7. **향신채 넣고 간 맞추기** 불에서 내리기 전에 고추와 미나리, 대파, 쑥갓을 넣고 소금으로 간을 맞춘 뒤 조금 더 끓인다.

 **명란 대신 명란젓을 이용해도 좋아요**
신선한 명태 알로 탕을 끓이면 시원하고 고소한 맛이 좋아요. 요즘에는 냉동으로 된 알을 쉽게 구입할 수 있는데 냉동된 알은 아무래도 퍽퍽할 수 있어요. 냉동 알 대신 명란젓을 이용해 탕이나 찌개를 끓여도 맛있어요. 알을 터뜨려 먹을 때도 간간해서 더욱 맛있답니다. 명란젓으로 끓일 때는 국물을 조금 심심하게 하는 것이 좋아요.

대구맑은탕

신선한 대구와 시원한 배추를 넣고 소금으로만 간해 재료의 맛을 충분히 살렸어요.
소스를 곁들여 찍어 먹으면 더 맛있답니다.

이렇게 준비해요 (4인분)

대구(또는 생태나 도미) 1마리
배춧잎 4장
시금치 100g
두부 1/2모
당면 1줌
쑥갓 100g
대파 1뿌리
다시마 10×10cm 1장
청주 2큰술
멸치국물 10컵

폰즈 소스
멸치국물 1컵
간장 2큰술
식초 5큰술
레몬즙 1큰술
설탕 1작은술
송송 썬 실파 1큰술
무즙 2큰술

이렇게 만들어요

1. **대구 손질하기** 대구는 몸통의 비늘을 긁고 내장을 빼낸 뒤 5~6cm 폭으로 토막 내서 소금물에 헹군다. 내장인 이리와 곤이는 소금물에 흔들어 씻어 건져둔다.

2. **배춧잎으로 시금치 말기** 배춧잎과 시금치는 각각 끓는 물에 데친 뒤 물기를 꼭 짠다. 김발에 배추를 펼쳐놓은 다음 시금치를 가운데에 놓고 말아서 2cm 폭으로 썬다.

3. **부재료 준비하기** 두부는 3×4cm 크기로 도톰하게 썰고, 당면은 따뜻한 물에 불려 짧게 자른다. 쑥갓은 손으로 짧게 자르고, 대파는 큼직하게 어슷어슷 썬다.

4. **재료 안쳐서 끓이기** 냄비에 다시마를 깔고 생선과 내장을 올린 다음 멸치국물을 부어 끓인다. 국물이 끓으면 준비해둔 부재료를 넣고 한 번 더 끓이다가 청주를 흩뿌리듯 넣는다.

5. **폰즈 소스 곁들이기** 폰즈 소스를 만들어 곁들인다.

폰즈 소스에 찍어 먹으면 더 맛있어요
맑게 끓인 대구탕은 그냥 먹어도 맛있지만 새콤한 맛이 진한 폰즈 소스에 찍어 먹으면 더욱 맛있답니다. 폰즈 소스에 넣을 실파는 송송 썰어 면포에 싸서 찬물에 비벼 씻으면 미끌거리는 성분을 없앨 수 있어요. 무를 강판에 갈아 물기를 조금 뺀 다음 폰즈 소스에 넣으면 시원한 맛까지 더할 수 있어요.

대구탕

담백한 대구로 얼큰하게 끓인 찌개. 콩나물과 무를 넣어 시원한 맛을 살렸어요. 매운탕은 고춧가루로 칼칼하게 끓이는 게 맛의 비결이에요.

이렇게 준비해요 (4인분)

대구 2마리
곤이 200g
두부 1모
콩나물 · 미나리 · 무 200g씩
쑥갓 100g
대파 1뿌리
풋고추 2개
붉은 고추 1개
소금 · 후춧가루 조금씩
물 8컵

양념
굵은 고춧가루 4큰술
고추장 · 청주 2큰술씩
다진 파 2큰술
다진 마늘 1큰술
다진 생강 1/2작은술
물 5큰술

이렇게 만들어요

1. **대구 손질하기** 대구는 지느러미와 꼬리를 떼어내고 5cm 길이로 토막 내어 씻는다. 곤이는 소금물에 흔들어 씻는다.

2. **부재료 준비하기** 무는 3×4cm 크기로 나박나박 썰고, 두부도 같은 크기로 도톰하게 썬다. 대파와 고추는 어슷하게 썰고, 미나리는 줄기만 다듬어 4cm 길이로 썰고, 쑥갓은 굵은 줄기를 잘라낸다. 콩나물은 깨끗이 다듬어 씻는다.

3. **양념장 풀어 끓이기** 냄비에 물을 붓고 양념을 풀어 끓인다. 무와 콩나물을 넣고 잠시 끓이다가 대구, 곤이, 두부, 고추를 넣어 20분쯤 더 끓인다.

4. **미나리 · 쑥갓 넣기** 대파와 미나리, 쑥갓을 넣고 소금과 후춧가루로 간을 맞춘다.

청주를 넣으면 생선의 비린 맛이 덜해요
생선찌개를 끓일 때 비린 맛을 없애려면 청주를 넣어 보세요. 양념장에 함께 섞어도 좋고 나중에 따로 넣어도 좋아요. 청주를 넣은 다음에는 냄비 뚜껑을 열고 끓여야 비린내가 가신답니다.

동태매운탕

담백한 동태로 끓인 얼큰한 찌개. 콩나물, 무, 두부 등의 재료를 넣고 푸짐하게 끓이면 온 가족이 둘러앉아 먹기에 딱 좋은 매운탕이 됩니다.

이렇게 준비해요 (4인분)

동태 2마리
곤이 100g
두부 1/3모
콩나물 1/3봉지
무 1/6개
미나리·쑥갓 1줌씩
대파 1뿌리
풋고추 2개
붉은 고추 1개
소금·후춧가루 조금씩
물 5컵

양념
굵은 고춧가루 2큰술
고추장 1큰술
다진 파 1큰술
다진 마늘 1작은술
다진 생강 1/2작은술
청주 1큰술
소금·후춧가루 조금씩

이렇게 만들어요

1. **동태 손질하기** 동태는 소금물에 담가 해동한 뒤 지느러미와 꼬리를 떼어내고 5cm 길이로 토막낸다. 곤이는 소금물에 흔들어 씻는다.
2. **부재료 준비하기** 콩나물은 다듬어 씻고, 무는 3×4cm 크기로 썬다. 두부도 같은 크기로 썬다. 대파와 고추는 어슷 썰고, 미나리는 줄기만 4cm 길이로 썬다. 쑥갓은 적당히 뜯어둔다.
3. **무·콩나물 넣기** 냄비에 물을 붓고 양념을 만들어 넣어 한소끔 끓이다가, 무와 콩나물을 넣어 무가 살캉거릴 정도로 끓인다.
4. **동태 넣고 끓이기** 동태와 곤이, 두부, 고추를 넣고 약한 불에서 20분쯤 은근히 끓인다.
5. **미나리·쑥갓 넣기** 대파와 미나리, 쑥갓을 넣고 소금, 후춧가루로 맛을 낸다.

동태찌개에 곤이를 넣으면 맛이 풍부해져요
동태는 생태에 비해 가격이 싸지만 맛은 크게 다르지 않아요. 동태를 실온에서 서서히 해동해서 찌개나 탕을 끓이면 오히려 야들야들한 맛이 좋아요. 동태로 매운탕을 끓일 때 내장인 곤이를 넣으면 맛이 더 풍부해져요.

명란두부찌개

명란젓과 두부를 넣고 새우젓으로 간을 해 맑고 개운하게 끓인 찌개예요. 명란젓의 톡톡 터지는 맛이 별미랍니다.

이렇게 준비해요 (4인분)

명란젓 200g 새우젓 1큰술
두부 1모   참기름 1큰술
실파 2뿌리 소금 조금
붉은 고추 1개 물 5컵
마늘 2쪽

이렇게 만들어요

1. **두부·채소 준비하기** 두부는 주사위 모양으로 작게 썰고, 붉은 고추는 씨를 털어낸 뒤 채 썬다. 실파는 4cm 길이로 썰고, 마늘은 얇게 저며 채 썬다.
2. **명란젓 썰기** 명란젓은 작으면 그대로 쓰고, 크면 2~3등분한다.
3. **명란젓 넣고 끓이기** 끓는 물에 새우젓과 채 썬 마늘을 넣고 팔팔 끓이다가 두부, 명란젓, 붉은 고추를 넣는다.
4. **실파·참기름 넣기** 명란젓이 익어 떠오르면 실파를 넣고 소금으로 간을 맞춘 뒤 불을 끄고 참기름을 넣는다.

맑은 찌개는 소금이나 새우젓으로 간을 하세요
맑은 찌개는 국간장으로 간을 하면 국물 색이 검고 탁해져서 보기에 좋지 않아요. 국간장 대신 소금이나 새우젓으로 간을 맞추세요. 국물에 간을 먼저 하면 재료에 간이 잘 스며들어 더 맛있답니다.

굴두부 새우젓찌개

굴과 두부로 끓인 찌개에 젓국과 소금을 넣고 간을 맞춘 담백하고 맑은 찌개. 맵거나 자극적이지않아서 어린아이나 노인을 위한 찌개로도 좋아요.

이렇게 준비해요 (4인분)

굴 200g	새우젓국 1큰술
두부 1/3모	참기름 1작은술
붉은 고추 1개	소금 조금
실파 2뿌리	물 5컵

이렇게 만들어요

1. **굴 씻기** 굴은 엷은 소금물에 살살 흔들어 씻어 건진다.
2. **두부·채소 준비하기** 두부는 사방 1.5cm 크기로 네모지게 썰고, 붉은 고추는 반 갈라 씨를 털어 낸 뒤 채 썬다. 실파는 깨끗이 다듬어 씻어 3cm 길이로 썬다.
3. **물 끓이다가 소금 간하기** 냄비에 분량의 물을 부어 끓이다가 소금으로 간을 맞춘다.
4. **두부 넣고 새우젓 간하기** 국물이 끓으면 두부를 넣고, 두부가 떠오르면 굴과 고추를 넣은 뒤 새우젓국으로 간한다.
5. **실파 넣기** 굴이 익어 떠오르면 실파를 넣고 잠시 끓이다가 불을 끄고 참기름으로 맛을 낸다.

젓국찌개는 먹기 직전에 끓여야 맛있어요
젓국으로 맛을 내는 찌개는 오래 끓이지 말고 재료를 준비해 두었다가 먹기 직전에 바로 끓여야 맛있어요. 특히 여름철에 젓국찌개를 많이 해 먹는데 애호박, 무, 두부 등을 주로 넣는답니다.

순두부찌개

뚝배기에 순두부와 돼지고기, 김치를 넣고 매콤하게 끓인 순두부찌개.
콩의 영양을 고스란히 갖고 있는 순두부의 부드러운 맛을 백배 즐길 수 있는 음식이에요.

이렇게 준비해요 (4인분)

순두부 400g
다진 돼지고기 100g
조갯살 1/2컵
송송 썬 김치 1컵
풋고추 2개
붉은 고추 1개
대파 1/2뿌리
소금 조금
식용유 1큰술
물 1컵

양념
고춧가루 2큰술
국간장 1큰술
다진 파 1큰술
다진 마늘 2작은술
깨소금 1/2큰술
참기름 1큰술

이렇게 만들어요

1. **순두부 체에 쏟기** 순두부는 체에 쏟아 물기를 빼둔다.
2. **돼지고기 양념하기** 준비한 양념을 모두 합해 다진 돼지고기에 조금 덜어 넣고 무친다.
3. **조갯살 씻기** 조갯살은 체에 담아 연한 소금물에 살살 흔들어 씻어 건진다.
4. **김치 · 고추 · 대파 썰기** 김치는 소를 털어낸 후 송송 썰고, 고추와 대파도 송송 썬다.
5. **고기 볶다가 물 부어 끓이기** 뚝배기에 양념한 돼지고기와 김치를 넣고 볶다가 물 1컵을 부어 끓인다.
6. **순두부 넣고 끓이기** 순두부를 넣고 조갯살을 얹은 다음 남은 양념과 고추, 대파를 넣고 약한 불에서 천천히 끓인다. 소금으로 간을 맞춘다.

달걀을 깨뜨려 익혀 먹으면 더 맛있어요
상에 내기 직전에 달걀 1개를 깨뜨려 넣어서 뜨거운 기운으로 익혀 먹으면 더욱 맛있어요. 조갯살 대신 모시조개를 넣어도 되고, 뚝배기에 1인분씩 담아 끓이면 위생적일 뿐 아니라 순두부찌개의 제맛을 즐길 수 있어요. 순두부찌개를 끓일 때는 순두부에서 물이 나오기 때문 물의 양을 조금 적게 잡아야 해요.

콩비지찌개

불린 콩을 갈아서 돼지고기와 함께 끓인 구수한 찌개예요. 콩은 단백질이 풍부하고 비타민도 많으니 식탁에 자주 올리세요.

이렇게 준비해요 (4인분)

콩 2컵
우거지 300g
돼지고기 150g
식용유 조금
물 8컵

우거지 양념
다진 파 1큰술
다진 마늘 1작은술
새우젓 2큰술
참기름 1큰술

양념장
간장 4큰술
고춧가루 2큰술
다진 파 1큰술
다진 마늘 1작은술
참기름 1큰술
깨소금 1작은술
후춧가루 조금

이렇게 만들어요

1. **콩 불려 갈기** 콩을 씻어서 물에 3시간 정도 불려 손으로 비벼가며 껍질을 벗긴 뒤, 블렌더에 넣고 물 4컵을 부어 곱게 간다.
2. **우거지 양념하기** 우거지를 씻어서 꼭 짠 다음 양념을 모두 넣고 무친다.
3. **찌개 끓이기** 냄비에 식용유를 두르고 적당한 크기로 썬 돼지고기를 살짝 볶은 뒤 물을 붓고 끓인다. 고기가 살짝 익으면 우거지와 콩비지를 넣고 약한 불에서 천천히 푹 끓인다.
4. **양념장 곁들여 내기** 양념장을 만들어 콩비지찌개에 곁들여 낸다.

콩비지는 되직하게 끓여야 맛있어요
콩비지찌개는 국물을 적게 잡아 되직하게 끓여야 제 맛이 나요. 국물을 바특하게 해서 반찬처럼 떠먹는 경우도 있어요. 배추 우거지나 무청 시래기를 넣어도 되고, 신 김치를 넣고 끓여도 맛있어요.

콩비지 김치찌개

신 김치로 만들 수 있는 대표적인 요리가 콩비지김치찌개예요. 콩을 되직하게 갈았다고 해서 되비지라고도 한답니다.

이렇게 준비해요 (4인분)

콩비지 200g
신 김치 100g
돼지고기 100g
다진 파 1큰술
다진 마늘 1큰술
고춧가루 1큰술
소금 1큰술
물 6컵

이렇게 만들어요

1. **김치 썰기** 김치는 양념을 대충 털어내고 물기를 반쯤 짠 다음 송송 썬다.
2. **돼지고기 썰기** 돼지고기는 한입 크기로 납작하게 썬다.
3. **재료 볶기** 냄비에 돼지고기를 볶다가 김치, 다진 파, 다진 마늘, 고춧가루를 넣고 고기와 김치가 익을 때까지 볶는다.
4. **콩비지 넣고 끓이기** 물을 붓고 끓으면 콩비지를 넣어 중불에서 20분쯤 끓인 뒤 소금으로 간한다.

김치는 소를 털어내야 깔끔해요
김치로 요리를 할 때 김칫소는 대충 털어내세요. 김칫소를 그대로 쓰면 음식이 지저분해지기 때문이에요. 김치의 물기도 살짝 짜내고, 간이 부족하면 나중에 소금으로 보충하는 것이 좋아요.

청국장찌개

청국장과 두부를 넣고 뚝배기에 보글보글 끓인 영양 찌개. 삶은 콩을 발효시킨 청국장은 냄새는 강하지만 구수한 맛이 일품이에요.

이렇게 준비해요 (4인분)

양지머리 100g	청국장 5큰술
배추김치 1/6포기	다진 마늘 1작은술
두부 1/4모	소금 조금
풋고추 2개	물 5컵
대파 1뿌리	

이렇게 만들어요

1. **쇠고기 삶기** 쇠고기는 양지머리를 준비해 납작하게 저며 썬 다음 냄비에 담고 물을 부어 끓인다. 쇠고기 대신 돼지고기를 넣어도 좋다.
2. **부재료 준비하기** 배추김치는 소를 털어내고 2cm 길이로 썰고, 두부는 먹기 좋은 크기로 도톰하고 네모지게 썬다. 풋고추는 반 갈라 송송 썰고, 대파는 어슷하게 썬다.
3. **김치 넣고 끓이기** 쇠고기가 익으면 김치를 넣고 조금 더 끓인다.
4. **청국장 풀기** 한소끔 끓으면 청국장을 덩어리지지 않게 풀어 넣는다.
5. **두부 넣고 간 맞추기** 김치가 나른하게 익기 시작하면 준비한 두부와 고추, 대파, 다진 마늘을 넣고 소금으로 간을 맞추면서 끓인다.

삶은 콩을 발효시켜 만든 건강식, 청국장
예로부터 겨울철에 값싸고 쉽게 단백질을 섭취할 수 있는 음식이 청국장이었어요. 된장과는 달리 간편하게 만들 수 있고, 바실러스 균의 작용으로 소화 흡수가 잘되며, 다이어트와 항암 효과, 각종 성인병을 예방하는 효과가 있어 영양 면에서 아주 훌륭한 식품이랍니다.

애호박 된장찌개

콩을 발효시킨 된장을 풀어 넣고 갖가지 제철 재료를 넣어 구수하게 끓인 영양식. 고춧가루나 청양고추를 조금 넣으면 칼칼한 맛이 좋아요.

이렇게 준비해요 (4인분)

애호박 1/3개
두부 1/2모
양파 1/2개
풋고추 2개
붉은 고추 1개
대파 1/2뿌리
다진 마늘 1큰술
고춧가루 1작은술
소금 조금

국물
된장 2큰술
굵은 멸치 15마리
물 5컵

이렇게 만들어요

1 **된장국물에 멸치 끓이기** 냄비에 물을 붓고 된장을 체에 걸러 푼 다음, 머리와 내장을 뗀 멸치를 넣고 15분쯤 은근히 끓인다. 국물이 우러나면 멸치를 건진다.

2 **애호박·양파·두부 준비하기** 애호박과 양파는 사방 1cm 정도의 크기로 네모지게 썰고, 두부는 사방 2cm 크기로 도톰하게 썬다.

3 **대파·고추 썰기** 대파와 풋고추, 붉은 고추는 송송 썬다.

4 **애호박·두부 넣고 끓이기** 멸치국물에 준비한 애호박과 양파, 두부를 넣고 끓인다.

5 **대파·고춧가루 넣고 더 끓이기** 애호박이 살강거릴 정도로 익으면 송송 썬 대파와 고추, 다진 마늘, 고춧가루를 넣고 약한 불에서 10분 정도 더 끓인다. 모자라는 간은 소금으로 맞춘다.

재래식 된장에 시판 된장을 섞으면 맛이 좋아요
재래식 된장으로 된장찌개를 끓이면 전통의 맛이 나지만, 맛이 너무 진하다면 시판 된장을 조금 섞어도 좋아요. 간도 조금 짜게, 또는 조금 심심하게 조절할 수 있지요. 된장찌개와 잘 어울리는 재료는 애호박과 두부 외에도 감자, 냉이, 해물, 쇠고기, 버섯 등 다양하답니다.

참치김치찌개

잘 익은 김치와 참치 통조림만 있으면 OK. 두부와 콩나물, 대파를 더하면 누구나 좋아하는 맛의 찌개 한 그릇을 뚝딱 끓여낼 수 있어요.

이렇게 준비해요 (4인분)

배추김치 1/4포기	국간장 1큰술
참치 통조림 1개	설탕 1큰술
두부 1/4모	다진 마늘 1작은술
붉은 고추 1개	소금 조금
대파 1뿌리	식용유 2큰술
고춧가루 1큰술	물 4컵

이렇게 만들어요

1. **김치 썰기** 김치는 조금 신 것으로 준비해 소를 대충 털어낸 뒤 4cm 폭으로 썬다.
2. **참치 통조림 체에 쏟기** 국물 맛이 담백해지도록 참치 통조림은 체에 쏟아 기름을 뺀다.
3. **두부·고추·대파 썰기** 두부는 2×3cm 크기로 도톰하고 네모지게 썰고, 붉은 고추는 반 갈라 씨를 털어내고 어슷 하게 썬다. 대파도 어슷하게 썰어 준비한다.
4. **김치 볶기** 냄비가 뜨거워지면 식용유를 두르고 김치를 넣은 뒤 설탕을 넣어 충분히 볶는다.
5. **참치·두부 넣고 끓이기** 김치가 나른해지면 물을 붓고 끓이다가 참치와 두부, 고추, 대파, 다진 마늘을 넣고 조금 더 끓인다. 국간장과 소금으로 간을 맞추고, 불에서 내리기 전에 고춧가루를 뿌린다.

찌개에 설탕을 조금 넣으면 맛이 부드러워져요
김치찌개의 맛은 잘 익은 김치에 달려있죠. 신 김치의 소를 털어내고 설탕을 조금 넣어 볶으면 김치 맛이 더 좋아져요. 참치 대신 돼지고기나 멸치 등을 넣어 끓이면 또 다른 맛을 즐길 수 있어요.

부대찌개

김치, 돼지고기, 떡 등 한식 재료에 소시지, 치즈 등 서양식 재료를 넣고 고추장으로 맛을 낸 퓨전 찌개. 여러 가지 재료와 매콤한 맛이 입맛을 돋워요.

이렇게 준비해요 (4인분)

김치 1/4포기
양파 1개
대파 1뿌리
당근 1/4개
떡국용 떡 100g
비엔나소시지·햄 200g씩
돼지고기(삼겹살) 100g
멸치다시마국물
(또는 사골국물) 4컵

양념
고추장 4큰술
고춧가루 2큰술
간장 1큰술
다진 마늘 1큰술
다진 생강 1작은술
후춧가루 조금
물 1/4컵

이렇게 만들어요

1. **김치·채소 썰기** 김치는 4cm 길이로 썰고, 양파는 반 갈라 굵게 채 썬다. 당근은 납작하고 길게 썰고, 대파는 어슷하게 썬다.
2. **소시지·햄 썰기** 비엔나소시지는 도톰하게 어슷어슷 썰고, 햄은 납작하게 썬다.
3. **양념 만들기** 분량의 재료를 고루 섞어 양념을 만든다.
4. **돼지고기 양념하기** 돼지고기는 3cm 폭으로 썬 뒤 양념을 적당히 덜어 넣고 버무린다.
5. **냄비에 안쳐서 끓이기** 전골냄비에 준비한 재료를 담고 나머지 양념을 올린 후 멸치다시마국물을 부어 끓인다. 국물이 졸아들면 짜질 수 있으므로 육수를 넉넉히 준비한다.

부대찌개에 라면을 넣고 끓여도 맛있어요
부대찌개는 여러 가지 한식 재료와 서양식 재료가 섞여서 어우러진 맛이 일품이죠. 라면이나 당면이나 우동을 넣고 끓여도 맛있는데, 끓는 국물에 넣어 바로 먹고 싶다면 라면이나 우동은 끓는 물에 삶고 당면은 물에 담가 불린 것을 준비하는 것이 좋아요.

part 3

간단한 한 끼
한 그릇 요리

국과 반찬을 골고루 갖춰서 밥상을 차리려면 시간이 많이 걸려요. 이럴 땐 모든 반찬 다 갖추려 하지 말고 한 그릇으로 한 끼를 해결할 수 있는 메뉴를 준비해보세요. 간단하게 만들 수 있으면서 훌륭한 한 끼 식사가 되는 한 그릇 요리를 모아봤어요.

궁중비빔밥

고기, 채소, 생선, 해조류, 달걀 등 맛과 영양이 골고루 들어있는 영양 만점 비빔밥.
달착지근한 약고추장을 얹어 비벼 먹는 맛은 그야말로 일품이죠.

이렇게 준비해요 (4인분)

흰밥 4공기
쇠고기 200g
마른 표고버섯 4개
생선전(흰 살 생선) 8개
다시마튀각 1/2컵
오이나물·고사리나물·
도라지나물 1접시씩
황백지단채 조금
참기름 2큰술
약고추장 4큰술

고기 양념
간장 3큰술
설탕 1큰술
다진 파 2큰술
참기름·깨소금 1큰술씩
후춧가루 조금

이렇게 만들어요

1. **고기·버섯·생선전 준비하기** 쇠고기는 채 썰어 준비한 양념으로 주물러 재고, 마른 표고버섯은 물에 불려 기둥을 떼고 물기를 짠 뒤 곱게 채 썬다. 생선전은 먹기 좋은 크기로 자르고, 다시마튀각은 잘게 부순다.

2. **나물 볶기** 도라지와 고사리, 오이 등으로 나물을 볶아서 준비한다. 도라지는 물에 한참 담가 쓴맛을 뺀 뒤 다진 마늘을 넣고 소금 간해서 볶고, 고사리는 국간장과 다진 마늘 등을 넣어 볶고, 오이는 송송 썰어 소금에 절인 뒤 달군 팬에 살짝 볶아서 준비한다.

3. **고기·버섯 볶기** 양념한 고기와 버섯을 팬에 볶는다.

4. **밥 퍼서 참기름으로 맛내기** 흰밥을 넓은 그릇에 퍼 담은 다음 참기름을 넣고 고루 섞어 밥에 향이 진하게 감돌게 한다.

5. **밥 비비기** 참기름 섞은 밥에 준비한 나물, 튀각, 생선전, 고기표고버섯볶음을 반씩 덜어 넣고 애벌로 고루 비빈다.

6. **비빔밥 담고 고추장 곁들이기** 그릇에 비빈 밥을 담고 남은 재료를 밥 위에 고루 얹은 뒤 약고추장을 곁들인다.

약고추장 만들기

궁중비빔밥은 다진 쇠고기를 넣고 볶은 약고추장에 비벼 먹는 게 특징이에요. 약고추장 만드는 방법은 간단해요. 먼저 다진 쇠고기를 다진 마늘과 참기름으로 양념해서 볶아놓아요. 고추장에 물을 조금 섞어 볶다가, 볶아놓은 쇠고기를 넣어 함께 볶고, 마지막에 잣과 참기름, 꿀을 넣어 윤기 나게 조리면 됩니다.

전주비빔밥

고기와 나물, 버섯 등 갖가지 재료를 넣고 고추장에 비벼 먹는 한 그릇 영양밥.
달걀노른자와 잣, 참기름을 넣어 부드럽고 고소해요.

이렇게 준비해요 (4인분)

쌀 3컵
사골국물 1½컵
물 1½컵

부재료 · 양념
콩나물 100g
미나리 100g
애호박 1/2개
고사리 150g
도라지 100g
표고버섯 3개
무 100g
오이 70g
당근 70g
청포묵 150g
달걀 2개
달걀노른자 4개
잣 조금
고추장 · 참기름 적당량씩

육회
쇠고기(우둔살) 150g
간장 · 청주 · 참기름 1작은술씩
설탕 · 다진 마늘 조금씩

이렇게 만들어요

1. **밥 짓기** 씻은 쌀에 사골국물과 물을 분량대로 붓고 고슬고슬하게 밥을 짓는다.
2. **육회 양념하기** 쇠고기를 우둔살로 준비해 채 썰어 양념에 조물조물 무친다.
3. **나물 준비하기** 콩나물, 미나리, 애호박, 고사리, 도라지, 표고버섯, 무, 오이, 당근은 나물로 준비한다.
4. **청포묵 썰어 데치기** 청포묵은 채 썰어 끓는 물에 살짝 데쳐낸다.
5. **지단 부치기** 달걀은 노른자와 흰자를 분리해서 각각 지단을 부쳐 곱게 채 썬다.
6. **재료 올리고 고추장 곁들이기** 그릇에 갓 지은 밥을 담고 준비한 재료와 달걀노른자, 잣을 올린 다음 고추장, 참기름을 곁들인다.

전주비빔밥에는 콩나물이 꼭 들어가요
비빔밥은 갖가지 나물과 고기를 얹어서 비벼 먹는 밥이에요. 지역마다 특색 있는 비빔밥들이 있는데, 전주비빔밥에는 반드시 콩나물이 들어가죠. 비빔밥에 곁들이는 국도 차가운 콩나물국으로 준비하는 게 특징이에요. 고기는 보통 육회로 준비하지만 입맛에 따라 익혀서 올리기도 해요. 전주비빔밥을 돌냄비에 담아내 뜨겁게 비벼 먹기도 합니다.

취나물보리비빔밥

구수한 보리밥에 향이 좋은 취나물을 넣어 비벼 먹는 별미 비빔밥이에요.
쇠고기와 잣을 넣고 볶은 고추장을 곁들여 맛과 영양이 좋아요.

이렇게 준비해요 (4인분)

보리 4컵
쌀 1컵
물 5컵

취나물
취 400g
된장 2큰술
다진 파 1큰술
다진 마늘 · 참기름 1작은술씩
깨소금 조금
식용유 1큰술
물 1/3컵

애호박나물
애호박 1/2개
새우젓 1큰술
다진 마늘 · 참기름 1작은술씩
식용유 1큰술

볶음고추장
고추장 1컵
다진 쇠고기 150g
잣 · 물엿 2큰술씩
다진 마늘 1작은술
참기름 1큰술
물 1/2컵

이렇게 만들어요

1. **보리밥 짓기** 보리와 쌀을 씻어 불려서 물을 적게 붓고 고슬고슬한 밥을 짓는다.
2. **취 데쳐 양념하기** 취는 단단한 줄기를 떼어내고 끓는 물에 데친 뒤, 숭숭 썰어 된장, 다진 파, 다진 마늘, 깨소금, 참기름으로 무친다.
3. **취나물 볶기** 달군 팬에 기름을 두르고 양념한 취를 볶다가 물을 붓고 뚜껑을 덮어 뜸을 들인다.
4. **애호박나물 볶기** 애호박은 반달 모양으로 썰어 기름 두른 팬에 양념해가며 살강거리게 볶는다.
5. **고추장 볶기** 팬에 참기름을 두르고 다진 마늘과 다진 쇠고기를 볶다가 고추장, 물, 물엿, 잣을 넣고 저어가며 볶는다.
6. **그릇에 담기** 그릇에 보리밥을 담고 취나물과 애호박나물을 얹은 뒤 볶음고추장을 올린다.

양념이 많은 음식을 볶을 때는 코팅된 팬을 사용하세요
고추장이나 양념이 많은 재료를 볶을 때는 코팅이 잘 된 팬에 볶아야 해요. 양념 때문에 냄비 바닥에 눌어붙을 수 있기 때문이죠. 만들어놓은 음식을 오래 담아두어도 안 좋아요. 조리를 하고 나서 바로 팬을 비워 닦아놓아야 길이 잘 든 상태로 사용할 수 있답니다.

쇠고기달걀덮밥

가다랑어포로 맛을 낸 국물에 쇠고기와 달걀, 양파를 넣고 익혀서 밥 위에 얹어 먹는 일본식 덮밥.
달착지근해서 아이들도 아주 좋아해요.

이렇게 준비해요 (4인분)

밥 4공기
쇠고기(불고기감) 200g
양파 1개
대파 1뿌리
팽이버섯 1봉지
달걀 4개
소금 조금

가다랑어포 장국
가다랑어포 1컵
간장 4큰술
설탕 1/2큰술
청주 2큰술
소금 조금
물 6컵

이렇게 만들어요

1 **재료 준비하기** 쇠고기는 얇게 저민 불고기감으로 준비해, 종이타월로 꼭꼭 눌러 핏물을 걷고 사방 3cm 크기로 썬다. 양파는 반 갈라 채 썰고, 대파는 어슷하게 썰고, 팽이버섯은 물에 흔들어 씻은 뒤 밑동을 자르고 다른 재료와 비슷한 길이로 썬다. 달걀은 덩어리 없이 곱게 풀어 소금으로 간한다.

2 **가다랑어포국물 내기** 끓는 물에 가다랑어포를 넣고 5분쯤 끓이다가 체에 밭쳐 거른다.

3 **국물 맛내기** 가다랑어포국물에 간장과 청주, 소금, 설탕으로 맛을 낸다.

4 **쇠고기 넣고 끓이기** 국물에 쇠고기를 먼저 넣어 끓이다가 양파와 대파, 팽이버섯을 넣고 한소끔 더 끓인다.

5 **달걀물 흘려 넣기** ④에 달걀 푼 것을 흘려 넣고 달걀이 반숙 정도로 익으면 불을 끈다.

6 **밥 담고 장국 끼얹기** 오목한 그릇에 뜨거운 밥을 담고 ⑤의 장국을 듬뿍 끼얹는다.

재료를 달리해 다양한 덮밥을 만들어보세요
가다랑어포를 우려낸 국물에 청주와 간장, 설탕을 비율대로 넣고 끓이다가 채 썬 양파를 넣어 맛을 낸 장국은 일본식 덮밥에 다양하게 쓰여요. 돈가스를 올리면 가츠동, 새우튀김을 올리면 에비동, 닭고기를 올리면 오야코동이라고 합니다.

오므라이스

각종 채소를 넣고 밥을 볶아서 얇게 부친 달걀에 돌돌 말아 감싼 볶음밥.
토마토케첩으로 소스를 만들어 뿌려 새콤하면서 맛있어요.

이렇게 준비해요 (4인분)

볶음밥
밥 4공기
양파 1/2개
당근 1/4개
대파 1/2뿌리
완두콩 2큰술
다진 마늘 1큰술
소금 조금
올리브유 적당량

달걀물
달걀 6개
우유 1큰술
소금 · 후춧가루 조금씩

소스
양파 1/4개
피망 1개
토마토케첩 1/2컵
칠리소스 2큰술
우유 1컵
소금 · 후춧가루 조금씩

이렇게 만들어요

1. **양파 · 당근 · 대파 썰기** 양파와 당근, 대파는 잘게 썬다.

2. **볶음밥 만들기** 달군 팬에 올리브유 2큰술을 두르고 마늘을 볶다가 썰어둔 양파, 당근, 대파, 완두콩을 넣어 함께 볶는다. 채소가 익으면 밥을 넣고 소금으로 간을 맞춰 볶는다.

3. **소스 만들기** 양파와 피망을 잘게 다져서 팬에 넣고 토마토케첩, 칠리소스, 우유를 함께 넣어 약한 불에서 뭉근히 끓인다. 걸쭉해지면 소금, 후춧가루로 간을 한다.

4. **오므라이스 만들기** 달걀, 우유, 소금, 후춧가루를 잘 섞어 달걀물을 만든다. 달군 팬에 올리브유를 두르고 달걀물 1/4을 부어 약한 불에서 익힌다. 아랫면이 익으면 볶음밥 1/4을 올리고 반으로 접어 감싼다. 같은 방법으로 3개를 더 만든다.

5. **접시에 담기** 접시에 오므라이스를 담고 모양 있게 소스를 끼얹는다.

달걀에 우유를 섞으면 부드러워져요

오므라이스는 달걀부침이 얼마나 매끈하게 되었느냐에 따라 완성도가 달라지죠. 달걀부침을 만들 때 달걀만 풀면 찢어지기 쉬운데, 우유를 조금 넣으면 부드러워서 잘 찢어지지 않아요. 팬에 부칠 때도 팬을 충분히 달군 뒤 기름을 고르게 두르고 달걀물을 부어 돌리면서 익힙니다. 윗면이 덜 익은 듯할 때 곧바로 불을 끄고 밥을 넣어 감싸면 얇고 훌륭한 오므라이스가 완성돼요.

카레라이스

각종 채소와 쇠고기를 넣고 뭉근하게 끓인 카레라이스는
냉장고에 있는 재료로 쉽게 만들 수 있는 대표적인 한 그릇 요리입니다.

이렇게 준비해요 (4인분)

밥 4공기
쇠고기(등심) 200g
감자 2개
당근 1개
양파 1개
애호박 1개
고형카레 240g
소금 1큰술
식용유 적당량
물 8컵

이렇게 만들어요

1. **채소 썰기** 감자, 당근, 양파, 애호박은 1cm 크기로 깍둑썰기 한다.
2. **쇠고기 썰기** 쇠고기는 조금 도톰한 살코기로 준비해 다른 채소들과 비슷한 크기로 썬다.
3. **재료 볶기** 우묵한 팬이나 냄비에 식용유를 두르고 먼저 쇠고기를 볶아 익히다가 감자, 당근, 양파, 애호박을 넣고 볶는다.
4. **물 넣고 끓이다가 카레 넣기** ③에 물 8컵을 붓고 끓인다. 감자가 익으면 고형카레를 넣고 잘 저어가며 끓인다. 모자라는 간은 소금으로 맞춘다.
5. **그릇에 담기** 그릇에 따뜻한 밥을 담고 끓인 카레를 끼얹어 낸다.

카레가루는 찬물에 풀어서 넣으세요
고형카레 대신 카레가루를 넣어도 좋아요. 카레가루는 끓는 물에 바로 넣으면 덩어리가 뭉쳐져서 잘 풀어지지 않으니 주의하세요. 카레가루는 반드시 찬물에 잘 푼 다음, 끓는 물에 저어가며 넣어야 덩어리지지 않는답니다.

영양솥밥

비타민과 미네랄이 풍부한 현미에 검은콩과 고구마, 대추를 넣어 지은 영양밥이에요. 향긋한 달래양념장에 비벼 먹으면 맛있어요.

이렇게 준비해요 (4인분)

현미 3컵	달래양념장
검은콩 1컵	달래 150g
고구마 1개	간장 · 물 5큰술씩
대추 5개	고춧가루 2큰술
물 5컵	참기름 · 깨소금 1큰술씩

이렇게 만들어요

1. **재료 준비하기** 현미와 검은콩은 씻어서 물에 담가 1시간 정도 불린다.
2. **고구마 · 대추 손질하기** 고구마는 껍질을 벗기고 사방 1cm 크기로 깍둑썰기 한다. 대추는 돌려 깎아 씨를 빼고 4등분한다.
3. **밥 안치기** 솥에 현미, 검은콩, 고구마, 대추를 섞어서 안친 뒤, 물을 1cm 정도 올라오게 부어 센 불에서 끓인다. 끓어오르면 한 번 젓고 불을 줄여 뜸을 들인다.
4. **달래양념장 곁들이기** 달래를 송송 썰어 나머지 양념장 재료와 섞는다. 영양솥밥과 함께 내서 비벼 먹는다.

돌솥밥은 불 조절이 중요해요

돌솥밥은 잘못하면 밥물이 끓어 넘치기 쉬우니 밥 지을 때 잘 살펴봐야 해요. 밥물이 끓기 시작하면 넘치지 않도록 뚜껑을 연 채 끓이다가, 물이 자작하게 스며들면 뚜껑을 덮어 천천히 뜸을 들이세요.

참치회덮밥

따뜻한 밥에 참치회와 채소를 듬뿍 얹어 초고추장으로 비벼 먹는 별미 밥. 입맛 없는 여름철에 간편하게 준비할 수 있는 별미 메뉴랍니다.

이렇게 준비해요 (4인분)

흰밥 4공기
냉동 참치 400g
무 1/5개
배 1/4개
오이 1/2개
당근 1/4개
풋고추 2개
상추 20장
깻잎 8장

무순 1팩
마늘 4쪽
참기름 2큰술

초고추장
고추장 4큰술
식초 2큰술
설탕 1작은술

이렇게 만들어요

1. **냉동 참치 해동하기** 냉동 참치는 종이타월에 싸서 냉장고에 넣어 반쯤 해동한다.
2. **참치 썰기** 해동한 참치는 먹기 좋은 크기로 깍둑썰기 한다.
3. **채소 준비하기** 무, 당근, 배, 오이, 상추, 깻잎은 채 썰고, 풋고추는 송송 썬다. 마늘을 얇게 저며 썰고, 무순은 물에 씻어 건진다.
4. **초고추장 만들기** 재료를 한데 섞어 초고추장을 만든다.
5. **그릇에 담기** 밥 위에 준비한 채소를 골고루 올리고 참치회를 얹은 뒤 초고추장과 참기름을 곁들인다.

다양한 횟감을 활용해보세요
냉동 참치 대신 광어, 우럭, 한치, 홍어 등을 사용해도 맛있어요. 하지만 집에서 손질하기는 참치가 가장 편하죠. 토막 내서 파는 참치를 사다가 냉동실에 두고 필요할 때마다 꺼내 쓰면 좋아요.

콩나물밥

콩나물을 넣고 밥을 지어 양념장에 비벼 먹는 별미 밥. 입맛 없을 때 간단히 준비하는 한 그릇 요리로 안성맞춤이에요.

이렇게 준비해요 (4인분)

불린 쌀 3컵
콩나물 300g
돼지고기(안심) 100g
물 3컵

돼지고기 밑간
청주 · 간장 1/2큰술씩

양념장
간장 5큰술
물 1/2컵
고춧가루 2큰술
다진 풋고추 2큰술
다진 파 2큰술
다진 마늘 1작은술
깨소금 1작은술
참기름 1큰술
소금 1작은술

이렇게 만들어요

1. **돼지고기 밑간하기** 돼지고기는 곱게 채 썰어 청주와 간장으로 밑간한다.
2. **콩나물 씻기** 콩나물을 깨끗하게 씻어 건진다.
3. **콩나물밥 안치기** 솥에 콩나물을 반 깔고 그 위에 쌀을 얹는다. 다시 고기와 콩나물을 번갈아 얹고 밥물을 부은 다음 센 불에서 끓인다. 콩나물 익는 냄새가 나면 불을 줄여 뜸을 들인다.
4. **양념장 곁들이기** 밥이 다 되면 주걱으로 고루 섞어 그릇에 퍼 담고 양념장을 만들어 곁들인다.

다양한 재료로 응용하는 별미 밥
콩나물 대신 굴을 넣으면 굴밥, 김치를 넣으면 김치밥, 무채를 넣으면 무밥, 곤드레나물을 넣으면 곤드레밥이 돼요. 이런 별미 밥은 재료에서 물이 나오기 때문에 밥물을 적게 잡아야 고슬고슬 맛있게 지어져요.

알솥밥

참기름을 두르고 날치알과 새콤한 김치, 누룽지까지 눌려 고소하고 따끈하게 비벼 먹는 알솥밥. 입안에서 톡톡 터지는 알이 먹는 즐거움을 줘요.

이렇게 준비해요 (4인분)

고슬고슬한 밥 4공기	양파 1/2개
날치알 4큰술	당근 1/4개
연어알 2큰술	실파 2뿌리
신 김치 1컵	참기름 2큰술

이렇게 만들어요

1. **돌솥에 밥 안치기** 고슬고슬하게 지은 밥을 돌솥에 담고 그 위에 참기름을 덜어 뿌린다.
2. **김치·채소 썰기** 양파와 당근, 김치는 잘게 썰고, 실파는 송송 썬다.
3. **알 헹구기** 준비한 알은 체에 밭쳐 흐르는 물에 살짝 씻어 짠맛을 없앤다.
4. **밥 위에 재료 얹고 익히기** 밥 위에 잘게 썬 당근과 양파, 실파, 김치, 알을 얹고 뚜껑을 덮어 약한 불로 익힌다. 누룽지 냄새가 나면 불에서 내린다. 무순이나 부순 김, 통깨 등을 취향대로 올리면 좋다.

날치알로 다양한 알밥을 즐겨보세요
일식집에서나 즐길 수 있던 알밥이 언제부터인가 김치볶음밥처럼 대중적인 음식의 하나가 되었어요. 날치알만 있어도 충분히 맛낼 수 있는데 연어알이나 성게알, 캐비아 등을 올리면 더욱 다양한 맛을 즐길 수 있어요.

라이스치킨그라탱

닭고기 볶음밥에 크림소스를 넉넉히 넣고 치즈를 얹어 구운 오븐 요리.
치킨도리아라고도 하는데, 아이들이 아주 좋아하는 메뉴랍니다.

이렇게 준비해요 (4인분)

밥 3공기
닭가슴살 200g
피망 1/2개
당근 1/4개
양파 1/2개
모차렐라 치즈 1/2컵
다진 마늘 1큰술
우스터소스 1큰술
화이트와인 1큰술
소금 1/2작은술
식용유 3큰술

닭가슴살 밑간
소금·흰 후춧가루 조금씩
화이트와인 1큰술

크림소스
밀가루 3큰술
버터 3큰술
우유 3컵
생크림 1컵
소금 1/2 작은술
흰 후춧가루 조금

이렇게 만들어요

1. **닭가슴살 밑간하기** 닭가슴살은 먹기 좋은 크기로 저며 썰어 소금과 흰 후춧가루, 화이트와인으로 밑간한다. 피망과 당근, 양파는 쌀알 크기로 잘게 다진다.

2. **닭고기 볶기** 달군 팬에 기름을 두르고 다진 마늘을 먼저 볶다가, 양념한 닭고기를 넣고 달달 볶는다.

3. **밥 볶다 치즈 넣기** ②에 준비한 채소를 넣고 우스터소스, 화이트와인, 소금으로 간을 하면서 볶다가 밥을 넣어 볶는다. 여기에 모차렐라 치즈를 넣고 고루 섞어 녹인다.

4. **버터에 밀가루 볶기** 달군 냄비에 버터를 녹이고 밀가루를 넣어 멍울지지 않도록 볶는다.

5. **크림소스 만들기** ④에 우유를 조금씩 넣어가며 멍울이 생기지 않도록 빨리 젓다가, 생크림을 넣은 다음 소금과 흰 후춧가루로 간해 크림소스를 만든다.

6. **오븐에 굽기** 내열 그릇에 볶음밥을 담고 크림소스를 넉넉히 넣어 버무린 뒤, 180~200℃의 오븐에서 10~15분 정도 노릇노릇하게 굽는다.

크림소스 대신 시판 크림수프를 이용해도 좋아요
크림소스 만들기가 번거롭다면 시판 크림수프나 통조림 크림소스로 대체해도 좋아요. 여기에 우유를 섞어 묽게 해서 사용하면 맛있어요. 닭고기 볶음밥은 고슬고슬하게 볶아야 맛있는데, 오븐이 없을 때는 전자레인지에 넣어 따끈할 정도로 데워도 괜찮아요.

김치치즈볶음밥

시어진 김치가 있다면 송송 썰어 김치볶음밥을 만들어보세요. 뜨거운 볶음밥에 잘게 썬 모차렐라 치즈를 얹으면 아이들이 더욱 좋아해요.

이렇게 준비해요 (4인분)

밥 4공기
김치 1/5포기
다진 돼지고기 150g
양파 1개
당근 1/5개
실파 2뿌리
모차렐라 치즈 50g
소금 · 후춧가루 조금씩
식용유 2큰술

돼지고기 양념
고추장 2큰술
간장 1큰술
설탕 1큰술
청주 2큰술
다진 마늘 1큰술

이렇게 만들어요

1. **김치 · 채소 썰기** 김치는 소를 털어 송송 썰고, 양파와 당근도 비슷한 크기로 잘게 썬다. 실파는 송송 썬다.
2. **고기 양념해서 볶기** 다진 돼지고기에 양념을 넣고 고루 섞어 달군 팬에 기름을 두르고 충분히 익도록 볶는다.
3. **김치 넣고 밥 넣어 볶기** 돼지고기가 익으면 김치를 넣고 볶다가 양파와 당근, 밥을 넣어 재료가 잘 섞이도록 볶는다. 마지막에 소금과 후춧가루로 간을 맞춘다.
4. **치즈 얹어 녹이기** 밥이 뜨거울 때 치즈를 얹어 자연스럽게 녹인 다음 그릇에 담는다. 위에 송송 썬 실파를 뿌린다.

볶음밥을 할 때는 고슬고슬한 밥이 좋아요
이런저런 반찬 준비할 필요도 없고 후딱 만들 수 있어 좋은 메뉴가 볶음밥이에요. 김치볶음밥은 김치만 있으면 되니 더욱 편하죠. 볶음밥을 만들 때 밥은 조금 고슬고슬한 것이 좋아요. 기름을 넉넉히 두르고 센 불에서 재빨리 볶는 것이 맛내기 비결이랍니다.

치즈오믈렛

달걀에 우유를 섞고 모차렐라 치즈를 넣어 만든 오믈렛. 아침 식사로 손색없어요. 소스에 여러 가지 채소를 넣어 영양의 균형을 맞춰보세요.

이렇게 준비해요 (4인분)

달걀 8개
우유 8큰술
모차렐라 치즈 1컵
송송 썬 실파 2큰술
소금·후춧가루 조금씩
버터 4큰술

소스
새송이버섯 1/2개
애호박 1/5개
토마토케첩 4큰술
물엿 2작은술
물 4큰술
소금·후춧가루 조금씩
식용유 1큰술

이렇게 만들어요

1. **오믈렛 반죽 만들기** 달걀에 우유를 넣고 고루 섞은 뒤 모차렐라 치즈와 실파, 소금, 후춧가루를 넣어 섞는다.

2. **팬에 익히기** 달군 팬에 버터를 1큰술 녹인 뒤 달걀물을 1/4 붓고 젓가락으로 몽글몽글해지도록 휘저어가며 익힌다.

3. **모양 만들기** 겉면이 다 익지 않은 상태에서 팬을 기울여 반달 모양을 만든 뒤, 한 번 뒤집어 겉은 노릇하고 속은 반숙이 되게 익힌다. 같은 방법으로 3개를 더 만든다.

4. **소스 만들기** 새송이버섯과 애호박을 잘게 썰어 달군 팬에 기름을 두르고 볶다가, 나머지 재료를 넣고 한소끔 끓인다.

5. **접시에 담기** 접시에 오믈렛을 담고 그 위에 소스를 끼얹는다.

오믈렛, 여러 재료를 넣고 다양한 맛을 즐겨요
달걀로만 만든 플레인 오믈렛부터 여러 가지 재료를 넣어 만든 오믈렛까지 다양하게 응용할 수 있어요. 채소볶음은 물론 김치볶음이나 콩나물무침 등의 한국 음식을 오믈렛 가운데에 넣고 도톰하게 만들어도 맛있답니다.

포크커틀릿

돼지고기 안심에 튀김옷을 입혀 튀긴 포크커틀릿. 바삭하고 부드러워 언제 먹어도 맛있어요.
채소를 다양하게 준비해 곁들이면 영양도 균형을 이룬답니다.

이렇게 준비해요 (4인분)

돼지고기(안심) 150g씩 4쪽
소금·후춧가루 조금씩
식용유 1~2컵

튀김옷
밀가루 1/2컵
달걀 2개
빵가루 1컵

곁들이
양배추 1/6포기
오이 1/2개
당근 1/3개

소스
돈가스 소스·
사우전드아일랜드 소스 적당량씩

이렇게 만들어요

1. **돼지고기 펴서 밑간하기** 돈가스용으로 손질된 돼지고기 안심은 앞뒤로 자근자근 두들겨 편 다음 소금과 후춧가루를 뿌려 밑간한다.

2. **고기에 튀김옷 입히기** 손질한 돼지고기에 밀가루를 묻힌 후 달걀물에 담갔다가 건져 빵가루를 입힌다.

3. **빵가루 누르기** 튀길 때 빵가루가 떨어지지 않도록 손으로 꼭꼭 누른다.

4. **기름에 튀기기** 끓는 기름에 돼지고기를 넣어 앞뒤로 노릇하고 바삭하게 튀긴 뒤 기름을 뺀다.

5. **곁들이 준비하기** 곁들일 양배추와 오이, 당근은 가늘게 채 썰어 물에 담갔다가 건진다.

6. **접시에 담고 소스 끼얹기** 접시에 포크커틀릿을 담고 채소를 곁들인다. 포크커틀릿 위에는 돈가스 소스를, 채소 위에는 사우전드아일랜드 소스를 끼얹는다.

돈가스 소스 만들기
돈가스 소스를 집에서 직접 만들어보세요. 달구어진 팬에 기름을 두르고 당근과 양파, 마늘을 잘게 썰어 볶다가, 육수를 붓고 월계수 잎과 토마토케첩, 우스터소스를 넣어 바글바글 끓인 다음 소금과 후춧가루로 간을 맞추면 됩니다. 돈가스 소스는 돼지고기 말고도 생선이나 닭고기, 쇠고기 등의 소스로 이용해도 좋아요.

햄버그스테이크

다진 고기로 만들어 누구나 좋아하는 햄버그스테이크. 보통 쇠고기와 돼지고기를 섞어서 만들지만
한 가지로만 해도 맛있어요. 빵 사이에 넣고 햄버거를 만들어도 인기랍니다.

이렇게 준비해요 (4인분)

다진 쇠고기 · 다진 돼지고기 200g씩
양파 1개
당근 1/3개
대파 1뿌리
달걀 1/2개
우스터소스 1큰술
소금 · 후춧가루 조금씩
식용유 4큰술

곁들이
통조림 옥수수 1/2컵
브로콜리 60g
버터 조금

소스
머스터드 소스 · 스테이크 소스 적당량씩

이렇게 만들어요

1. **쇠고기 · 돼지고기 합쳐 다지기** 다진 쇠고기와 돼지고기를 합하여 다시 한번 잘게 다진다. 양파와 당근, 대파도 곱게 다진다.

2. **양파 · 당근 볶기** 달군 팬에 기름을 두르고 양파와 당근, 대파를 볶다가 소금과 후춧가루로 간을 맞춰 한 김 식힌다.

3. **다진 고기 반죽하기** 다진 고기와 볶은 부재료를 한데 담고 달걀과 우스터소스를 넣은 다음 끈기가 나도록 고루 섞는다.

4. **모양 빚기** 반죽을 4등분해 둥글납작하게 빚어서 모양을 만든다.

5. **옥수수 · 브로콜리 준비하기** 옥수수 통조림은 체에 쏟아 물기를 뺀 뒤 팬에 버터를 두르고 살짝 볶는다. 브로콜리는 작은 송이로 잘라 끓는 물에 데친 뒤 찬물에 헹궈 물기를 뺀다.

6. **고기 반죽 지지기** 달구어진 팬에 기름을 두르고 ④의 고기 반죽을 넣어 앞뒤로 지진다. 불을 약하게 줄이고 뚜껑을 덮어 속까지 완전히 익힌다.

7. **접시에 담기** 따뜻한 접시나 달구어진 스테이크 팬에 햄버그스테이크를 담고 스테이크 소스와 머스터드 소스를 뿌린 다음, 옥수수와 브로콜리를 곁들인다.

스테이크 반죽, 넉넉히 만들어 냉동 보관하면 요긴해요
햄버그스테이크용 반죽을 넉넉히 만들어 냉동실에 넣어두면 여러모로 요긴하게 사용할 수 있어요. 해동해서 그대로 구워도 되고, 잘게 으깨서 스파게티 소스에 넣어도 좋답니다. 햄버거 빵 사이에 채소와 함께 넣으면 맛있는 샌드위치로 변신하죠. 냉동실에 넣을 때는 한 개씩 싸서 겹치지 않게 보관해야 나중에 얼어붙지 않아요.

떡만둣국

설날 아침에 건강과 장수를 기원하며 먹는 대표적인 명절 음식이에요.
구수한 쇠고기국물에 쫀득한 떡, 만두까지 들어가 아주 맛있어요.

이렇게 준비해요 (4인분)

떡국용 떡 500g
만두 8개
양지머리 100g
달걀 2개
대파 1뿌리
다진 마늘 1큰술
국간장 1큰술
소금 조금
물 8컵

고기 양념
국간장 1큰술
다진 파 1큰술
다진 마늘 1작은술
참기름 1/2큰술

이렇게 만들어요

1. **떡·만두 준비하기** 떡국용 떡은 찬물에 씻어 건져두고, 만두는 빚은 것으로 준비한다.
2. **쇠고기 양념하기** 쇠고기는 저며 썰어서 고기 양념으로 무친다.
3. **대파·달걀 준비하기** 대파는 어슷하게 썰고, 달걀은 소금을 조금 넣고 풀어놓는다.
4. **쇠고기 장국 만들기** 뜨겁게 달군 냄비에 양념한 고기를 볶다가 물 8컵을 붓고 중불에서 20분 동안 끓인다. 중간에 떠오르는 기름과 거품은 걷어낸다.
5. **떡만둣국 끓이기** 끓는 국물에 국간장과 소금을 넣어 간을 맞춘 다음 준비한 떡, 만두, 다진 마늘을 넣고 만두가 익을 때까지 한소끔 끓인다.
6. **달걀 흘려 붓기** 대파를 넣고 달걀물을 흘려 부은 다음, 다시 한번 국간장으로 간을 맞춰 조금 더 끓인다.

만두는 나중에 넣어야 터지지 않아요
떡만둣국을 조금만 끓일 때는 떡과 만두를 함께 넣지만, 많은 양을 끓일 때 처음부터 만두를 넣으면 만두가 터지기 쉬워요. 끓는 떡국에 미리 쪄둔 만두를 넣고 살짝만 끓이면 됩니다. 일상적으로 먹는 떡국은 달걀을 풀어 끓이지만, 격식 있는 상차림을 할 때는 달걀을 황백으로 나눠 지단을 부친 다음, 채 썰어 떡국 위에 가지런히 올려요.

바지락칼국수

뜨끈하면서 감칠맛 나는 국물이 일품인 바지락칼국수. 조갯살을 발라 먹는 재미도 좋아요.
국수를 미는 대신 칼국수 생면으로 끓이면 더 간편해요.

이렇게 준비해요 (4인분)

애호박 2/3개
풋고추 2개
붉은 고추 1개
대파 1뿌리
다진 마늘 1큰술
국간장 3큰술
소금·후춧가루 조금씩

칼국수
밀가루 3컵
소금 1/2작은술
물 2/3컵

국물
바지락 2컵
국간장·청주 1큰술씩
소금 1작은술
물 10컵

이렇게 만들어요

1. **국수 반죽하기** 밀가루와 소금, 물을 섞어 치댄 뒤 비닐봉지에 담아 30분 정도 둔다.
2. **국수 썰기** 도마에 밀가루를 뿌리고 반죽을 납작하게 밀어서 겹겹이 접어 0.3cm 폭으로 썬다. 서로 달라붙지 않게 훌훌 털어 쟁반에 담고 마르지 않게 면포로 덮어둔다.
3. **바지락 삶기** 바지락을 소금물에 바락바락 주물러 씻어 찬물에 헹군 뒤 물을 붓고 끓인다. 조개가 입을 벌리면 흔들어 씻어 건지고, 국물은 다른 냄비에 가만히 따라둔다.
4. **조개국물 간하기** 조개 삶은 국물을 청주와 국간장, 소금으로 간해 끓인다.
5. **채소 썰기** 애호박은 채 썰고, 풋고추와 붉은 고추는 반 갈라 씨를 털고 곱게 채 썬다. 대파는 어슷하게 썬다.
6. **칼국수 넣고 끓이기** 조개국물에 칼국수를 넣어 끓이다가 삶은 바지락과 채소를 넣고 다진 마늘, 국간장, 소금, 후춧가루로 맛을 내 한소끔 더 끓인다.

걸쭉하고 진한 국물 맛의 비결
바지락칼국수는 국물이 걸쭉하고 진한 것이 특징이죠. 끓는 장국에 칼국수를 그대로 넣어서 끓이기 때문이에요. 깔끔한 국물을 원한다면 칼국수를 따로 삶아 헹군 뒤 다시 국물에 넣어 끓이면 됩니다.

닭칼국수

진한 닭고기국물에 칼국수 생면을 넣고 끓인 따뜻한 국수예요. 제물국수는 국수를 미리 삶지 않고 국물에 바로 넣어 끓여 깊은 맛이 납니다.

이렇게 준비해요 (4인분)

칼국수(생면) 400g
애호박 1/2개
대파 1뿌리
붉은 고추 1개
국간장 1큰술

국물
닭 1마리
대파 1뿌리
마늘 3쪽
소금 적당량
물 17컵

양념장
간장 4큰술
물 2큰술
고춧가루 1큰술
다진 파 1큰술
다진 마늘 1/2큰술
다진 풋고추 2큰술
참기름·깨소금 1작은술씩
후춧가루 조금

이렇게 만들어요

1 **닭고기국물 내고 닭살 찢기** 닭을 깨끗이 씻어 대파, 마늘과 함께 냄비에 담고 물을 부어 30분 정도 푹 삶는다. 익으면 건져서 살만 발라 찢고, 국물은 걸러 식혀서 소금으로 간한다.

2 **애호박·대파 썰기** 애호박은 가늘게 채 썰고, 대파는 어슷하게 썬다. 붉은 고추는 송송 썬다.

3 **국수 넣고 끓이기** 팔팔 끓는 닭고기국물에 칼국수를 헤쳐 넣고 한소끔 끓인다. 국간장으로 간한 다음 국수가 익어 떠오르면 채 썬 애호박과 대파, 고추, 닭고기를 넣고 조금 더 끓인다.

4 **양념장 곁들이기** 그릇에 칼국수를 담고 양념장을 만들어 곁들인다.

닭 삶을 때 청주를 넣으면 냄새가 안 나요
닭고기국물을 낼 때는 적당한 크기의 닭을 골라 깨끗이 손질한 뒤 물을 넉넉히 부어 푹 끓이세요. 끓이는 물에 보통 대파와 마늘을 넣는데, 간편하게 청주를 넣기도 합니다. 청주가 닭 냄새를 없애주기 때문이에요.

잔치국수

가는 소면을 삶아서 고기국물이나 멸치국물에 말아 담백하게 즐기는 온면. 누구나 쉽고 간단하게 끓일 수 있어요.

이렇게 준비해요 (4인분)

소면 450g
애호박 1개
달걀 1개
석이버섯·실고추 조금씩
다진 파 2작은술
다진 마늘 1/2작은술
참기름 1/2작은술
깨소금 1/2작은술
소금 조금
식용유 적당량

국물
양지머리 200g
대파 1뿌리
마늘 4쪽
국간장 3큰술
소금 조금
물 10컵

이렇게 만들어요

1 **쇠고기 삶기** 양지머리는 핏물을 뺀 뒤 대파, 마늘과 함께 냄비에 담고 물을 부어 삶는다. 고기가 익으면 건져 편육으로 썰고, 국물은 체에 받쳐 맑은 국물을 받아놓는다.

2 **고명 준비하기** 애호박은 채 썰어 파, 마늘, 소금, 참기름, 깨소금으로 양념해 볶고, 달걀은 황백지단을 부쳐 곱게 채 썬다. 석이버섯은 뜨거운 물에 불려 채 썰어 팬에 살짝 볶는다.

3 **고기국물 간하기** 고기국물은 국간장과 소금으로 간해 센 불에서 팔팔 끓인다.

4 **국수 삶기** 끓는 물에 국수를 쫄깃하게 삶아 찬물에 헹군 뒤, 물기를 빼고 1인분씩 사리 지어 놓는다.

5 **그릇에 담기** 삶은 국수를 한 사리씩 체에 담아 끓는 국물에 넣어 찬기를 없앤 뒤 물기를 털어 그릇에 담는다. 그 위에 편육과 고명을 얹고 고기국물을 가장자리로 흘려 붓는다.

국수가 끓어 넘치면 찬물 한 컵을 부어요
국수가 끓어 넘칠 때 황급히 불을 끄거나 줄이면 면발이 쫄깃하지 않아요. 넉넉하게 큰 냄비를 준비하고 우르르 끓어올라 넘칠 것 같으면 찬물 1컵을 조금씩 부으세요. 넘치지도 않고 불을 껐다 켰다 하지 않아 국수도 쫄깃해집니다.

감자수제비

멸치국물에 말랑한 밀가루 반죽을 뚝뚝 떼어 넣고 감자를 큼직하게 썰어 넣어 끓인 수제비. 어릴 적 엄마가 해주시던 바로 그 맛이랍니다.

이렇게 준비해요 (4인분)

감자 2개
애호박 1/3개
대파 1뿌리
붉은 고추 1개
국간장 1큰술
소금·후춧가루 조금씩

수제비
밀가루 3컵
소금 1/2작은술
물 1½컵

멸치다시마국물
굵은 멸치 20마리
다시마 10×10cm 2장
물 12컵

양념장
국간장·물 4큰술
송송 썬 대파 2큰술
다진 풋고추 2큰술
다진 마늘 1작은술
고춧가루 1큰술

이렇게 만들어요

1. **수제비 반죽하기** 밀가루와 소금, 물을 섞어 치대어 반죽한 뒤 비닐봉지에 담아 잠시 둔다.
2. **멸치다시마국물 내기** 냄비에 멸치와 다시마를 넣고 물을 부어 센 불에서 끓이다가, 다시마를 건지고 15분 정도 더 끓인 뒤 멸치를 건진다.
3. **채소 썰기** 감자는 반달 모양으로 납작하게 썰어 물에 담갔다가 건지고, 애호박과 붉은 고추는 채 썬다. 대파는 어슷하게 썬다.
4. **수제비 끓이기** 멸치다시마국물을 끓이다가 국간장과 소금으로 간하고 감자를 넣어 끓인다. 감자가 살짝 익으면 수제비 반죽을 얇게 뜯어 넣고 끓이다가 애호박과 고추, 대파를 넣어 좀 더 끓인다.
5. **양념장 곁들이기** 그릇에 수제비를 담고 양념장을 만들어 곁들인다.

수제비 반죽은 얇게 뜯어 넣으세요
수제비 반죽은 오래 치댈수록 끈기가 생겨 쫄깃해져요. 여러 번 주물러서 끈기가 생긴 반죽을 양손으로 얇게 늘이면서 뜯어 끓는 물에 바로 넣으세요. 이때 손에 물을 묻혀가면서 해야 달라붙지 않는답니다.

콩국수

불린 흰콩으로 콩국을 만들어 국수를 말아 먹는 콩국수. 영양이 풍부하게 들어있는 고소하고 시원한 냉국수입니다.

이렇게 준비해요 (4인분)

칼국수 300g	**콩국**
오이 1/2개	흰콩 2컵
토마토 2개	물 8컵
달걀 2개	
소금 조금	

이렇게 만들어요

1. **콩 불려 갈기** 흰콩을 충분히 불려 삶은 뒤 손으로 비벼 껍질을 벗기고 블렌더에 물을 부어가며 곱게 간다.
2. **체에 내리기** 콩 간 것을 체에 내려 고운 콩물만 받아서 냉장고에 차게 보관한다.
3. **고명 준비하기** 오이는 채 썰고, 토마토는 저며 썰고, 달걀은 삶아 반 가른다.
4. **국수 삶아 말기** 끓는 물에 국수를 삶아 찬물에 헹궈 건진 다음 그릇에 담는다. 오이, 토마토, 달걀을 얹고 찬 콩국을 부어 소금 간을 해서 먹는다.

참깨나 잣을 넣어 고소한 맛을 더해보세요
콩국수는 일반적으로 노란 메주콩으로 하지만 검은콩으로 하기도 해요. 참깨, 잣을 같이 넣어 고소한 맛을 더하거나 잣만 갈아서 잣국수를 하기도 합니다. 만들어 놓은 콩국은 차게 두고 두유처럼 마셔도 좋아요.

골동면

볶은 고기와 버섯을 넣고 간장 양념으로 버무린 비빔국수.
여러 가지 재료를 섞어 만들어 골동면이라는 이름이 붙었답니다.

이렇게 준비해요 (4인분)

소면 300g
쇠고기 100g
표고버섯 3개
오이 1개
붉은 고추 1개
달걀 2개
소금·식용유 조금씩

양념장
간장·참기름 4큰술씩
설탕 1/2큰술
깨소금 1큰술

이렇게 만들어요

1. **쇠고기·표고버섯 준비하기** 쇠고기는 가늘게 채 썰고, 표고버섯은 미지근한 물에 불려 갓 부분만 채 썬다. 양념장을 조금 덜어 무쳐서 팬에 볶는다.

2. **오이 절여 볶기** 오이는 돌려 깎아 곱게 채 썬 뒤 소금에 살짝 절였다가 물기를 꼭 짜 기름 두른 팬에 볶는다. 붉은 고추는 채 썬다.

3. **지단 준비하기** 달걀은 흰자와 노른자로 나누어 얇게 지단을 부쳐 곱게 채 썬다.

4. **국수 삶기** 끓는 물에 소면을 삶아 찬물에 헹궈 건져서 체에 받쳐 둔다.

5. **국수 버무리기** 삶은 국수를 남은 양념장으로 버무리다가 쇠고기와 표고버섯, 오이를 넣고 섞는다. 그릇에 담고 지단과 고추를 고명으로 얹는다.

비빔국수는 먹기 직전에 면을 삶아 무치세요
비빔국수는 비벼서 오래 두면 국수가 불어 맛이 없어요. 모든 고명을 준비해놓고 마지막에 국수를 삶아 바로 무치는 게 가장 좋답니다. 간장 양념 대신 새콤달콤한 고추장 양념으로 비벼도 맛있고, 오이 대신 애호박이나 미나리 등을 넣어도 좋아요.

동치미냉면

한겨울에 살얼음 낀 동치미 국물을 부어 만든 냉면 한 그릇 먹고 나면 정신이 번쩍 들죠. 개운한 맛이 오래도록 여운을 남긴답니다.

이렇게 준비해요 (4인분)

냉면 450g
쇠고기 200g
달걀 2개
오이 1개
배 1/2개
대파 1뿌리
붉은 고추 1개
익은 동치미 무 1/2개
물 10컵

국물
동치미 국물 5컵
육수 2컵
국간장 · 소금 적당량씩

이렇게 만들어요

1. **쇠고기 삶기** 쇠고기는 대파를 넣고 푹 삶아서 고기는 건져 납작납작 썰고 국물은 걸러둔다.
2. **부재료 준비하기** 달걀은 완숙으로 삶아 반 자르고, 오이와 배는 채 썬다. 붉은 고추는 곱게 다진다.
3. **동치미 무 썰기** 동치미는 잘 익은 것으로 준비해 무를 먹기 좋은 크기로 저미거나 채 썬다.
4. **냉면 국물 만들기** 동치미 국물에 ①의 육수 2컵을 합한 뒤 국간장과 소금으로 간을 해서 냉장고에 차게 둔다.
5. **냉면 삶기** 냉면은 끓는 물에 삶아 찬물에 충분히 헹군 뒤 체에 밭쳐 물기를 뺀다.
6. **그릇에 담기** 그릇에 냉면을 한 사리씩 담고 그 위에 오이, 배, 삶은 달걀, 고추, 편육, 동치미 무를 얹은 다음 차가운 국물을 붓는다. 기호에 따라 식초, 겨자로 맛을 낸다.

냉면의 제맛을 내려면
냉면은 국수가 쫄깃하며 국물이 얼음처럼 차가워야 제격이죠. 동치미냉면에 사용할 국수는 쫄깃한 냉면용 국수는 물론 밀국수인 소면도 좋아요. 열무냉면으로 응용할 수도 있어요.

쫄면

아삭한 콩나물과 오이·당근·양배추 채를 넣고 매콤하게 비빈 쫄면. 쫄깃한 면발과 매콤 새콤 달콤한 양념장이 입맛을 돋운답니다.

이렇게 준비해요 (4인분)

쫄면 400g
콩나물 100g
오이 1/2개
당근 1/3개
양배춧잎 4장
통깨 조금

양념장
고춧가루 4큰술
고추장 2큰술
간장 2큰술
식초 3큰술
설탕·물엿 2큰술씩
다진 파·다진 마늘 1큰술씩
깨소금 1작은술
참기름 1큰술
소금 조금

이렇게 만들어요

1. **콩나물 손질해 삶기** 콩나물은 다듬어 씻은 뒤 냄비에 물을 조금 붓고 뚜껑을 덮어 익힌다. 삶은 콩나물은 찬물에 헹궈 물기를 뺀다.
2. **채소 썰기** 오이, 당근, 양배추는 곱게 채 썬다.
3. **양념장 만들기** 고춧가루와 고추장, 그 밖의 양념을 섞어 양념장을 만든다.
4. **쫄면 가닥 풀어 삶기** 쫄면은 가닥가닥 잘 풀어 끓는 물에 삶아낸 뒤 찬물에 헹궈 물기를 뺀다.
5. **쫄면 무치기** 삶은 쫄면에 양념장을 넣어 조물조물 무친다. 맛이 배면 접시에 담고 채소를 올린 뒤 통깨를 뿌린다.

쫄면은 가닥을 풀어서 삶아야 해요
쫄면이나 냉면은 가닥이 붙어있는데, 이것을 잘 풀어서 끓는 물에 삶아야 해요. 그렇지 않으면 국수가 익으면서 한 덩어리가 되어 떼어낼 수가 없답니다. 가닥가닥 잘 푼 뒤 끓는 물에 3~4분 삶으면 됩니다.

김치말이국수

소면을 삶아 멸치 장국에 말고 김치를 얹어 내는 따끈한 김치말이국수. 입맛 없을 때 간편하게 만들어 먹을 수 있는 별미 요리예요.

이렇게 준비해요 (4인분)

소면 400g
배추김치 1/6포기(300g)
다진 쇠고기 100g
달걀 1개
김 1장
실파 1/2뿌리
통깨 · 식용유 조금씩

고기 양념
간장 1큰술
다진 마늘 · 후춧가루 조금씩

국물
굵은 멸치 20마리
국간장 조금
물 8컵

양념장
간장 4큰술
물 · 다진 파 2큰술씩
다진 마늘 · 고춧가루 ·
참기름 1작은술씩

이렇게 만들어요

1. **국물 만들기** 멸치를 손질해 물을 붓고 끓인다. 국물이 우러나면 멸치는 건지고 국간장으로 간한다.
2. **김치 · 고기 준비하기** 김치는 잘게 썰어 참기름으로 무치고, 다진 쇠고기는 양념해서 팬에 볶는다.
3. **고명 준비하기** 달걀은 지단을 부쳐 채 썰고, 김은 살짝 구워 부순다. 실파는 송송 썬다.
4. **국수 삶기** 끓는 물에 소면을 삶아 찬물에 헹궈 건진다.
5. **그릇에 담기** 삶은 소면을 그릇에 담고 ①의 멸치국물을 부은 뒤 채 썬 지단과 부순 김, 송송 썬 실파, 통깨를 올린다. 양념장을 만들어 곁들인다.

굵은 멸치는 반드시 내장을 손질하세요
국물을 낼 때는 굵은 멸치를 쓰는데, 멸치가 클수록 내장에서 쓴맛이 나기 쉬워요. 굵은 멸치는 내장을 떼어내고 국물을 끓여야 제맛을 낼 수 있어요. 멸치 대신 다시마나 가다랑어포로 국물을 우려내도 감칠맛이 좋아요.

메밀묵밥

채 썬 메밀묵에 김치무침을 올리고 따끈한 장국을 부어 밥을 말아 먹는 메밀묵밥. 겨울에는 따뜻하게, 여름에는 차게 먹으면 좋아요.

이렇게 준비해요 (4인분)

메밀묵 1모
오이 1/2개
당근 20g
김 1장

국물
굵은 멸치 10마리
다시마 사방 10cm 2장
국간장 6큰술
맛술 2큰술
소금 조금
물 8컵

양념장
국간장·물 2큰술씩
고춧가루 1큰술
다진 풋고추 2큰술
깨소금·참기름 1/2큰술씩

김치무침
배추김치 300g
참기름 1/2큰술
설탕 조금

이렇게 만들어요

1. **재료 준비하기** 메밀묵은 도톰하게 채 썰고, 오이와 당근은 곱게 채 썰고, 김은 구워서 비닐봉지에 넣어 부순다. 김치는 소를 털어 쫑쫑 썬 다음 참기름과 설탕으로 무친다.

2. **멸치다시마국물 내기** 다시마는 젖은 행주로 닦고 굵은 멸치는 내장을 제거한 뒤, 냄비에 담고 물을 부어 끓인다. 다시마는 5분, 멸치는 15분 정도 끓인 뒤 건진다.

3. **국간장·맛술로 간하기** ②의 국물에 마른 고추를 넣고 국간장과 맛술로 간한 뒤 조금 더 끓이다가 불을 끈다. 모자라는 간은 소금으로 맞춘다.

4. **그릇에 담기** 우묵한 그릇에 묵을 담고 김치무침과 채 썬 오이, 당근을 올린 뒤 따끈한 장국을 붓고 양념장과 부순 김을 올린다.

메밀가루로 묵을 직접 쑤어보세요
메밀가루로 직접 메밀묵을 쑬 수도 있어요. 메밀묵을 쑬 때 메밀가루와 물의 비율은 6:1이 적당해요. 묵을 쑬 때는 한쪽 방향으로 저어가면서 끓이고, 반죽이 되직해지면 틀에 부어 굳히면 됩니다.

쇠고기채소죽

쌀을 볶다가 다진 쇠고기와 채소를 넣어 끓인 쇠고기채소죽은 부담 없이 즐길 수 있는 영양죽이에요. 밥맛 없을 때 먹으면 입맛도 돋울 수 있어요.

이렇게 준비해요 (4인분)

쌀 2컵
다진 쇠고기 100g
마른 표고버섯 2개
당근·애호박 1/4개씩
참기름 2큰술
국간장 1큰술
소금 조금
물 14컵

쇠고기 양념
간장 1/2큰술
다진 파 1/2큰술
다진 마늘 1/2작은술
참기름 1/2작은술
후춧가루 조금

이렇게 만들어요

1. **쌀 씻기** 쌀을 씻어 30분 이상 물에 담가 불려 물기를 빼둔다.
2. **고기·채소 준비하기** 다진 쇠고기는 준비한 양념으로 무치고, 마른 표고버섯은 물에 불려서 잘게 썬다. 당근과 애호박도 잘게 썬다.
3. **고기·버섯 볶기** 달군 팬에 참기름을 두르고 쌀을 넣어 볶다가 쇠고기와 표고버섯을 넣고 볶는다. 쇠고기가 익으면 물을 붓고 저어가며 끓인다.
4. **채소 넣고 끓이기** 쌀알이 완전히 퍼지면 당근과 애호박을 넣고 국간장과 소금으로 간을 맞춘다.

죽에 곁들이는 음식
죽에 곁들이는 반찬은 자극이 강하지 않은 것이 좋아요. 국물 음식으로는 심심하게 끓인 두부젓국찌개나 동치미 같은 것이 좋고, 장조림이나 콩자반 같은 밑반찬도 잘 어울려요.

팥죽

팥을 무르게 삶아 으깬 뒤 불린 쌀과 섞어 끓인 팥죽.
새알심을 동동 띄워 맛을 더했어요.

이렇게 준비해요 (4인분)

팥 5컵
불린 쌀 2컵
찹쌀가루 2컵
소금 조금
뜨거운 물 1/2컵
물 20컵

이렇게 만들어요

1. **팥 앙금 만들기** 팥은 물을 넉넉히 붓고 팥이 으깨질 때까지 삶는다. 삶은 팥은 물을 적당히 부어가며 체에 내려 앙금을 가라앉힌다.

2. **찹쌀경단 빚기** 찹쌀가루에 소금을 섞어 체에 내리고 뜨거운 물로 익반죽한 다음, 조금씩 떼어내 지름 1cm 정도 되는 경단을 만든다.

3. **죽 끓이기** ①의 윗물을 냄비에 붓고 불린 쌀을 넣어 쌀이 퍼질 때까지 끓이다가 팥앙금을 넣는다. 죽이 눌어붙지 않도록 나무주걱으로 잘 저어가며 푹 끓인다.

4. **찹쌀경단 넣기** 뭉근하게 끓인 팥죽에 경단을 넣고 냄비 뚜껑을 닫은 채 10분쯤 더 끓인다. 불을 끈 뒤 5분 정도 뜸을 들인다.

엄마의 한마디

입맛에 따라 설탕이나 소금을 곁들여요

단팥죽을 끓이려면 쌀을 넣지 않고 팥물만으로 죽을 끓이면 돼요. 마지막에 새알심 대신 잣이나 호두 같은 견과류를 넣고, 입맛에 따라 설탕과 계핏가루를 조금 넣으면 맛있는 단팥죽이 완성됩니다.

단호박죽

단호박을 무르게 삶아 으깬 뒤 찹쌀가루와 섞어 달착지근하게 끓이는 죽. 찹쌀가루로 익반죽한 새알심을 띄우면 더욱 맛있어요.

이렇게 준비해요 (4인분)

단호박 1개
찹쌀가루 1/2컵
소금 또는 설탕 조금
물 10컵

이렇게 만들어요

1. **단호박 찌기** 단호박은 씻어서 반 갈라 씨를 빼내고 찜통에 올려 찐다.

2. **물 붓고 끓이기** 찐 호박은 껍질을 도려낸 뒤 속살만 냄비에 넣고 물을 부어 끓인다. 나무주걱으로 으깨면서 잘 젓는다.

3. **찹쌀가루 넣기** 한소끔 끓으면 찹쌀가루를 넣고 찹쌀가루가 덩어리지지 않게 잘 저어가며 끓인다. 다 되면 입맛에 따라 소금이나 설탕으로 맛을 낸다.

엄마의 한마디

호박범벅을 만들어보세요

단호박죽에 삶은 콩이나 팥을 넣고 콩알만 한 찹쌀반죽을 띄워 되직하게 끓여도 맛있어요. 이렇게 끓인 것을 호박범벅이라고 하는데, 식사 대용으로 아주 좋아요.

part

4

가족사랑
건강 요리

'음식이 보약'이란 말이 있듯, 몸에 좋은 식품을 골라 영양소를 골고루 섭취하면 보약이 필요 없어요. 사랑하는 가족의 건강을 위해 맛있고 영양 가득한 음식을 만들어 보세요. 엄마의 사랑과 정성이 깃든 음식이 최고의 보양식입니다.

오향장육

돼지고기를 맛과 향이 뛰어난 오향 소스에 조린 음식이에요.
여러 가지 향신료를 넣고 푹 삶아 고기의 냄새가 사라지고 소화도 잘 된답니다.

이렇게 준비해요 (4인분)

돼지고기(사태) 1kg
오이 1개
방울토마토 4개
새싹채소 50g

오향 소스
대파 1뿌리
생강 1톨
간장 1/2컵
청주 2큰술
설탕 1작은술
오향가루 1작은술
(또는 산초 · 계피 · 정향 ·
진피 · 팔각회향 조금씩)
물 8컵

마늘 소스
간장 2큰술
식초 1큰술
다진 마늘 1큰술
설탕 · 참기름 1작은술씩

이렇게 만들어요

1. **돼지고기 삶기** 돼지고기를 덩어리로 준비해 무명실로 묶은 뒤, 냄비에 넣고 고기가 잠길 정도의 물을 부어 삶는다.

2. **오향 소스 만들기** 달군 팬에 기름을 두르고 어슷하게 썬 대파와 저민 생강을 볶아 향을 낸 뒤, 간장, 물, 설탕, 청주, 오향가루를 넣고 끓인다.

3. **오향 소스에 고기 조리기** 오향 소스에 삶은 돼지고기를 넣고 30분 정도 푹 삶아 조린다.

4. **마늘 소스 만들기** 마늘 소스 재료를 한데 섞는다.

5. **채소 · 마늘 소스 곁들이기** 조린 돼지고기를 썰어 접시에 담고 새싹채소와 오이, 방울토마토, 마늘 소스를 곁들여 낸다.

 **오향이 냄새를 없애고 소화를 도와줘요**
오향은 산초, 계피, 정향, 진피, 팔각회향 등 다섯 가지 약재를 가리키는데, 각각 매운맛과 단맛, 특유의 향이 식욕을 돋운답니다. 돼지고기에 오향을 넣고 삶으면 누린내도 줄고, 오향이 육류의 소화를 도와 위에도 한결 부담이 덜해요.

돼지보쌈과 굴무생채

두툼한 돼지고기를 절인 배추에 싸서 무생채와 함께 먹는 일품요리예요.
굴을 넉넉하게 넣고 무친 무생채가 매콤하면서도 맛있어요.

이렇게 준비해요 (4인분)

돼지보쌈
삼겹살 또는 목살 600g
된장·청주 1큰술씩

굴무생채
무 200g
굴·미나리 100g씩
실파 10뿌리
배 1/2개
대추·밤 5개씩
잣 1큰술
고춧가루 4큰술
멸치액젓 3큰술
물 1/2컵
설탕·다진 파 2큰술씩
다진 마늘 1큰술
다진 생강·소금 1/2큰술씩

절인 배추
배추속대 20장
소금 1큰술

이렇게 만들어요

1. **돼지고기 삶기** 끓는 물에 된장을 풀고 청주를 넣은 다음, 돼지고기를 넣어 속까지 익도록 30분쯤 푹 삶는다.
2. **배추속대 절이기** 배추속대는 잎을 떼어 소금에 살짝 절인 뒤 물에 헹궈 물기를 뺀다.
3. **생채 재료 준비하기** 무는 채 썰어 소금에 절여서 물기를 짜고, 실파와 미나리는 3cm 길이로 썬다. 배와 대추는 곱게 채 썰고, 밤은 저며 썰고, 잣은 남은 껍질을 떼어낸다.
4. **굴 씻기** 굴은 체에 담아 소금물에 흔들어 씻어 물기를 뺀다.
5. **생채 만들기** 고춧가루, 멸치액젓 등 생채 양념을 섞어 절인 무채에 넣고 버무리다가, 나머지 생채 재료를 모두 넣고 살살 무친다.
6. **편육 썰어 접시에 담기** 삶은 돼지고기를 두툼하게 썰어 접시에 가지런히 담고 절인 배추속대, 굴무생채를 담는다.

 **무생채는 소금에 절여 꼭 짜서 넣으세요**
무생채는 소금에 살짝 절여야 해요. 그렇지 않으면 나중에 물이 생겨서 생채가 묽어지고 맛이 없어져요. 소금에 살짝 절인 다음 물기를 꼭 짜서 넣어야 꼬들꼬들하고 맛있어요. 굴이 들어간 생채를 무칠 때는 살살 무쳐야 굴이 터지지 않아요.

수삼떡갈비

쇠갈비에 붙어있는 살을 발라내 곱게 다진 다음 갖은 양념을 해서 구운 고급 음식이에요.
이가 약한 어르신과 아이들을 위해 준비하면 아주 좋아요.

이렇게 준비해요 (4인분)

쇠갈비 6토막
수삼 1뿌리
잣가루 3큰술
밀가루 조금
식용유 적당량

고기 양념
간장 1큰술
배 간 것 1큰술
다진 유자청 1큰술
찹쌀가루 3큰술
청주 1/2큰술
다진 파 1큰술
다진 마늘 1/2큰술
참기름 1큰술
소금 · 깨소금 조금씩

이렇게 만들어요

1 **쇠갈비살 바르기** 쇠갈비는 기름을 떼고 살만 발라내 곱게 다진 뒤, 면포에 싸서 꼭 짜 핏물을 빼낸다. 갈비뼈는 달군 팬에 식용유를 두르고 지져서 식힌다.

2 **수삼 준비하기** 수삼은 씻어서 채 썰어 곱게 다진다.

3 **갈빗살 만들기** 다진 고기와 채 썬 수삼을 한데 섞고 양념 재료를 모두 넣어 치대면서 반죽한다.

4 **갈비뼈에 살 붙이기** 팬에 지진 갈비뼈에 밀가루를 조금 바르고 ③의 갈빗살을 붙인다.

5 **팬에 굽기** 달군 팬에 식용유를 두르고 떡갈비를 앞뒤로 굽는다. 접시에 담고 잣가루를 고루 뿌린다.

갈빗살과 불고기감을 섞어도 좋아요
갈빗살이 부족할 때는 불고기용 살코기를 함께 다져서 섞어도 좋아요. 다진 고기도 종이타월로 눌러 핏물을 잘 빼야 누린내가 나지 않는답니다.

주꾸미볶음

주꾸미에 매운 양념을 해 부추와 함께 볶아낸 푸짐한 음식이에요. 매콤한 양념 속에 야들야들 말캉하게 씹히는 주꾸미가 입맛을 돋워줍니다.

이렇게 준비해요 (4인분)

주꾸미 300g	**볶음 양념**
양파 1개	고추장 4큰술
부추 200g	간장·고춧가루·물 2큰술씩
풋고추 4개	설탕·청주 1큰술씩
붉은 고추 1개	다진 마늘 1큰술
통깨 1작은술	다진 생강 1/2큰술
식용유 적당량	참기름 1/2큰술
	소금·후춧가루 조금씩

이렇게 만들어요

1. **주꾸미 손질하기** 주꾸미는 먹통을 떼고 소금으로 주물러 찬물에 헹군 다음 반 자른다.
2. **채소 준비하기** 양파는 반 갈라 채 썰고, 고추는 반 갈라 씨를 빼고 어슷하게 썬다. 부추는 5cm 길이로 썬다.
3. **주꾸미 양념하기** 손질한 주꾸미에 볶음 양념을 넣어 버무린다.
4. **팬에 볶기** 기름 두른 팬에 양념한 주꾸미를 볶다가 양파와 부추, 고추를 넣어 섞고 소금으로 간을 맞춘다. 마지막에 통깨를 뿌린다.

소면을 곁들여 한 끼 식사를 대신하세요
주꾸미볶음에 소면을 삶아 함께 내면 한 끼 식사를 대신할 수 있어요. 큰 접시에 주꾸미볶음을 담고 삶은 소면을 옆에 가지런히 담아 식탁에서 비벼 먹으면 좋아요.

굴전

신선한 굴에 밀가루와 달걀옷을 입혀 노릇하게 지진 전이에요. 감칠맛이 좋고 영양도 풍부해 아이들 밥상에 올리면 아주 좋아요.

이렇게 준비해요 (4인분)

굴 100g
밀가루 1/3컵
달걀 2개
식용유 적당량

초간장
간장·식초·물 1큰술씩
잣가루 조금

이렇게 만들어요

1. **굴 손질하기** 굴은 체에 담은 채 옅은 소금물에 흔들어 씻은 뒤 물기를 뺀다. 살에 붙은 껍질은 골라낸다.
2. **밀가루·달걀 입혀 지지기** 달군 팬에 기름을 두르고 굴전을 지진다. 굴에 먼저 밀가루를 묻힌 다음 달걀물에 담갔다가 건져서 팬에 하나씩 올려 지진다.
3. **접시에 담기** 노릇하게 지진 굴전을 종이타월에 올려 기름을 뺀 뒤 접시에 담고 초간장을 곁들인다.

 **굴은 물기를 잘 빼고 밀가루옷을 입혀요**
굴에 밀가루옷을 입힐 때 물기가 많으면 옷이 잘 입혀지지 않고 밀가루 덩어리만 생기기 쉬워요. 손질해 물기를 닦은 뒤 밀가루옷을 입혀야 깔끔하답니다.

3가지 맛 장어구이

불포화지방산과 필수아미노산이 풍부한 장어는 기력 회복에 좋은 식품이에요.
간장 양념, 고추장 양념, 소금구이 등 세가지 맛 장어구이를 준비했어요.

이렇게 준비해요 (4인분)

장어 4마리
상추 · 깻잎 적당량씩
마늘 2쪽
생강 1/2톨
소금 적당량

간장 양념
간장 1컵
물 1/2컵
설탕 1/2컵
물엿 · 청주 1/4컵씩
마른 고추 1개

고추장 양념
고춧가루 · 물 1컵씩
고추장 1/4컵
간장 · 물엿 · 청주 2큰술씩
다진 파 2큰술
다진 마늘 1큰술
다진 생강 1/2작은술
설탕 · 소금 1큰술씩
후춧가루 조금

이렇게 만들어요

1 **장어 손질하기** 장어는 소금을 뿌려 깨끗이 씻어 헹군다. 손질한 장어는 껍질 쪽에 칼집을 넣는다.

2 **양념 만들기** 간장 양념 재료를 모두 냄비에 담아 약한 불에서 조린다. 고추장 양념 재료도 한데 섞는다.

3 **장어 애벌구이 하기** 손질한 장어를 석쇠나 팬에 올려 애벌구이 한다.

4 **양념 발라 굽기** 애벌구이 한 장어에 간장 양념, 고추장 양념을 두 번 정도 발라 타지 않게 굽는다. 소금구이는 소금을 고루 뿌려 굽는다.

5 **마늘 · 생강 곁들이기** 구운 장어를 접시에 담고 마늘과 생강을 곱게 채 썰어 상추, 깻잎과 함께 담는다.

장어구이를 할 때 오그라들지 않게 하려면
장어구이는 구우면 껍질 쪽이 오그라들어 도르르 말리기 쉬워요. 손질할 때 등 쪽에 칼집을 여러 번 넣으면 덜 오그라들죠. 팬보다는 석쇠에 굽는 것이 눌러가면서 구울 수 있어 오그라들지 않고 편하답니다.

삼계탕

영계 안에 찹쌀과 수삼, 마늘, 대추를 넣고 푹 끓인 삼계탕. 찹쌀과 밤,
대추 등을 넣어 영양은 물론 기력 회복에도 도움이 되는 만인의 영양식이에요.

이렇게 준비해요 (4인분)

영계(500g) 4마리
찹쌀 2컵
수삼 4뿌리
밤 4개
대추 10개
은행 4알
마늘 12쪽
물 20컵

곁들이 양념
송송 썬 대파 적당량
소금·후춧가루 조금씩

이렇게 만들어요

1 **닭 손질하기** 내장을 뺀 영계를 준비하여 흐르는 물로 안까지 깨끗이 씻어낸다. 꽁무니 안쪽에 있는 노란 기름 덩어리도 잘라낸다.

2 **찹쌀 불리기** 찹쌀은 씻어서 물에 2시간 정도 담가 불린 뒤 건진다.

3 **부재료 준비하기** 수삼은 껍질을 살살 긁은 뒤 흐르는 물에 씻고, 은행은 마른 팬에 볶아 종이타월에 놓고 비벼가며 껍질을 벗긴다. 밤은 속껍질까지 벗기고, 대추는 씻어 건진다.

4 **닭 속에 부재료 넣기** 닭 뱃속에 찹쌀을 먼저 한 숟가락 떠 넣은 뒤 손질한 수삼, 밤, 대추, 은행, 마늘을 얌전히 채워넣는다. 끓이는 도중에 부재료가 빠져 나오지 않게 꼬치나 실로 꿰매거나 다리를 서로 엇갈리게 꼰다. 남은 찹쌀은 거즈 주머니에 넣어 같이 끓이거나 찹쌀밥을 따로 짓는다.

5 **물 붓고 끓이기** 냄비에 속을 채운 닭을 안치고 분량의 물을 부은 다음, 처음에는 센 불에서 한소끔 끓이다가 불을 줄여 푹 무르도록 은근한 불에 40분 정도 끓인다.

6 **1인분씩 담기** 1인용 뚝배기나 넓은 그릇에 영계를 담은 뒤 송송 썬 파를 얹고 국물을 붓는다. 소금, 후춧가루를 함께 낸다.

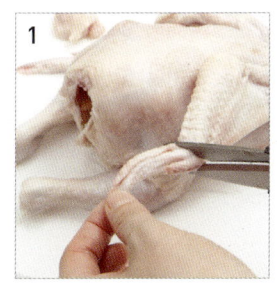

닭국물에 밥을 넣고 끓여도 좋아요
닭의 뱃속에 찹쌀을 많이 넣으면 잘 안 익을 수가 있어요. 잘 익게 하려면 닭의 뱃속에는 조금만 넣고 냄비에 닭과 찹쌀을 함께 넣어 끓이세요. 찰밥을 따로 지어도 좋아요. 찹쌀을 넣는 대신 삼계탕 국물에 찹쌀가루를 넣고 죽을 끓이면 아주 맛있어요.

육개장

매콤하게 끓인 쇠고깃국은 예부터 더위를 쫓는 삼복 음식으로 즐겨 먹었어요.
특히 육개장은 고기와 나물 등 영양의 균형이 잡혀있어 한 그릇만 먹어도 충분해요.

이렇게 준비해요 (4인분)

양지머리 300g
숙주 100g
고사리·토란대 50g씩
대파 1뿌리
소금·후춧가루 조금씩

양지머리 삶는 물
대파 1뿌리
마늘 1통
청주 1큰술
물 8컵

무침 양념
고추장 1큰술
고춧가루 2큰술
국간장 4큰술
다진 파 1큰술
다진 마늘 1작은술
참기름 2큰술
소금 조금

이렇게 만들어요

1 **양지머리 삶기** 양지머리는 큼직하게 4등분해 핏물을 뺀 다음 대파, 마늘, 청주와 함께 끓는 물에 넣고 고기가 무르도록 푹 끓인다.

2 **고기 건져 찢기** 고기가 익으면 국물은 따로 받고, 고기는 한 김 식혀 찢는다.

3 **나물·대파 삶기** 숙주는 끓는 물에 살짝 데쳐서 찬물에 헹궈놓고, 고사리와 토란대는 삶아서 4cm 길이로 자른다. 대파는 8cm 길이로 잘라 끓는 물에 소금을 넣고 살짝 데쳐서 찬물에 헹궈놓는다.

4 **고기·나물 양념하기** 무침 양념 재료를 모두 합쳐 찢어 놓은 양지머리에 2/3 정도 덜어 무치고, 나머지는 손질한 나물에 넣어 무친다.

5 **양념한 고기·나물 넣고 끓이기** 육수를 냄비에 담고 양념한 양지머리와 나물을 넣어 중불에서 은근히 20~30분쯤 끓이면서 소금으로 간을 맞춘다. 기호에 따라 후춧가루로 맛을 더한다.

부추를 넣고 끓인 육개장도 있어요
육개장을 한 냄비 가득 끓여놓으면 하루 이틀은 다른 반찬 준비하지 않아도 돼요. 맛도 좋고 영양도 챙길 수 있으니 일석이조인 셈이죠. 같은 육개장이라고 해도 지방에 따라 넣는 재료가 달라요. 경상도에선 무만 넣어 쇠고기 매운국으로 끓이기도 하고, 대구에선 나물국이라고 해서 부추를 넣고 끓인답니다.

설렁탕

쇠고기 뼈와 고기를 오래 끓여서 국물이 뽀얗게 우러난 영양 덩어리랍니다. 국물에 국수나 밥을 말아 먹을 수 있어 좋아요.

이렇게 준비해요 (20인분)

잡뼈 500g
사골 1.5kg
양지머리 500g
대파 1뿌리
마늘 6쪽
마른 고추 2개
소면 400g
물 40컵

곁들이 양념
송송 썬 대파 적당량
소금·후춧가루 조금씩

매운 양념장
고춧가루 1/2컵
국간장 1/2컵
소금물 1/2컵
다진 마늘 2큰술

이렇게 만들어요

1. **뼈·고기 핏물 빼기** 잡뼈와 사골은 찬물에 하룻밤 정도, 양지머리는 찬물에 1시간쯤 담가 핏물을 뺀다.

2. **육수 끓이기** 손질한 잡뼈와 사골에 물을 넉넉히 붓고 마른 고추, 대파, 마늘과 함께 센 불에서 끓인다. 첫물은 버리고 다시 물을 부어 중불에서 푹 끓이다가 뽀얀 국물이 우러나면 양지머리를 넣고 한소끔 끓인다.

3. **국물 간하고 고기 썰기** 뽀얗게 우러나면 국물은 걸러 소금으로 간하고, 양지머리는 한 김 식힌 후 먹기 좋은 크기로 저며 썬다.

4. **그릇에 담기** 소면을 삶아 그릇에 담고 양지머리 편육과 송송 썬 대파를 얹은 다음 사골국물을 넉넉히 붓는다. 소금과 후춧가루, 양념장을 기호에 맞게 곁들인다.

한꺼번에 많이 끓여야 뽀얀 국물이 잘 우러나요
사골국물은 많은 양을 한꺼번에 끓여야 뽀얀 국물을 얻기가 더 쉽습니다. 또 처음 끓인 물보다 두 번째로 끓인 물이 더 뽀얗기 때문에 여러 차례 물을 보태며 끓인 육수를 합해 농도를 맞추는 것이 좋아요.

초계탕

닭고기국물을 차게 식혀서 겨자와 식초로 맛을 낸 국물 음식이에요. 매콤 새콤해서 입맛도 살릴 수 있고 여름철 보양에도 좋답니다.

이렇게 준비해요 (4인분)

닭 1마리
전복 2개
표고버섯 4개
배 1개
오이 1/2개
달걀 2개
잣 2큰술
통깨 1/2컵

닭 삶는 물
대파 1뿌리
마늘 6쪽
물 12컵

국물 양념
식초 1/2컵
겨자 · 설탕 2큰술씩
간장 1큰술
소금 1/2큰술

이렇게 만들어요

1. **닭 · 전복 삶기** 냄비에 닭고기, 전복, 대파, 마늘을 넣고 물을 부어 푹 삶는다. 푹 삶아지면 닭고기와 전복을 건진 뒤 닭고기는 손으로 가늘게 찢고, 전복은 얇게 저며 썬다. 국물은 면포에 거른다.

2. **국물 만들기** 블렌더에 통깨를 넣고 닭국물을 조금 부어 곱게 간 뒤 고운체에 거른다. 여기에 닭국물을 섞고 국물 양념으로 간을 맞춰 차게 둔다.

3. **부재료 준비하기** 표고버섯은 불려서 채 썰어 볶고, 배와 오이는 채 썬다. 달걀은 황백지단을 부쳐 각각 채 썬다.

4. **국물 부어 내기** 그릇에 준비한 재료를 모두 담고 차갑게 만든 국물을 부어 낸다.

통깨를 곱게 갈아 껍질을 걸러내세요
통깨가루는 깨소금과 달라요. 깨소금보다 더 곱게 갈아서 까끌한 껍질을 고운체에 걸러내고 사용하세요. 통깨를 곱게 갈기가 번거롭다면 통깨가루를 준비해도 됩니다.

추어탕

미꾸라지에 토란대와 우거지를 넣고 구수하게 끓인 영양식.
질 좋은 단백질이 풍부하고 뼈째 갈아 칼슘 섭취에 좋은 보양식이에요.

이렇게 준비해요 (4인분)

미꾸라지 400g
삶은 우거지 · 삶은 토란대 100g씩
숙주 · 깻잎 · 대파 50g씩
참기름 4큰술
소금 조금
물 10컵

무침 양념
된장 2큰술
국간장 1/3컵
다진 마늘 · 다진 생강 1작은술씩

곁들이 양념
붉은 고추 8개
청양고추 2개
후춧가루 · 산초가루 1작은술씩

이렇게 만들어요

1. **미꾸라지 손질하기** 미꾸라지에 굵은소금을 뿌리고 뚜껑을 덮어 5분 정도 둔 다음 문질러 씻는다.

2. **채소 준비하기** 삶은 우거지와 토란대, 대파는 5cm 길이로 썰고, 깻잎은 반으로 썬다. 고추는 굵게 다지고, 숙주는 끓는 물에 데쳐 찬물에 헹군 다음 물기를 꼭 짜서 숭숭 썬다.

3. **미꾸라지 삶기** 냄비에 참기름을 두르고 미꾸라지를 볶다가 물을 부어 푹 끓인다.

4. **미꾸라지 체에 내리기** 삶은 미꾸라지 몇 마리는 통으로 남기고, 나머지는 블렌더에 곱게 갈아 굵은 체에 한 번 거른다.

5. **우거지 · 토란대 무치기** 삶은 우거지와 토란대를 무침 양념으로 양념해서 조물조물 무친다.

6. **재료 넣어 끓이기** 냄비에 양념한 채소와 체에 내린 미꾸라지, 통으로 남긴 미꾸라지를 넣어 끓인다. 한소끔 끓으면 숙주, 깻잎, 대파를 넣고 마지막에 소금으로 간한다. 그릇에 담고 다진 청양고추와 붉은 고추, 후춧가루, 산초가루를 곁들여 낸다.

압력솥에 푹 찌면 더 곱게 갈아져요
미꾸라지를 압력솥에 푹 찐 다음 블렌더에 갈면 더 곱게 갈아져서 고운 국물을 낼 수 있어요. 뼈째 갈아서 요리하는 추어탕은 칼슘 보충에 더없이 좋아요. 비타민 D도 풍부해서 뼈를 튼튼하게 하고 면역력을 키워줍니다.

낙지연포탕

낙지와 홍합에서 우러난 국물이 감칠맛 나는 탕이에요.
낙지는 대표적인 고단백 저지방 식품으로 원기 회복에 아주 좋습니다.

이렇게 준비해요 (4인분)

낙지 6마리
홍합 1컵
배춧잎 200g
쑥갓 200g
풋고추·붉은 고추 2개씩
실파 1뿌리
다진 마늘 1작은술
다진 생강 1작은술
청주 1작은술
소금 1큰술
물 5컵

이렇게 만들어요

1 **낙지 손질하기** 낙지 머리를 뒤집어 먹물과 내장을 뗀 다음 굵은소금으로 주물러 씻어 깨끗이 헹군다.

2 **홍합 손질해 삶기** 홍합은 수염을 떼어내고 깨끗이 씻은 뒤 끓는 물에 삶는다. 입을 벌리면 건져내고 국물은 따로 둔다.

3 **채소 준비하기** 배춧잎과 쑥갓은 적당한 길이로 썰고, 고추와 실파는 어슷하게 썬다.

4 **낙지 끓이기** 홍합 삶은 물을 냄비에 붓고 손질한 낙지와 배춧잎, 다진 마늘, 다진 생강, 청주를 넣어 끓인다.

5 **홍합 넣고 간하기** 한소끔 끓으면 건져둔 홍합과 쑥갓, 고추, 실파를 넣고 소금으로 간한다.

홍합은 해감을 잘 빼고, 낙지는 소금으로 주무르세요
홍합은 껍데기째 국물을 내기 때문에 손질을 잘해야 해요. 껍데기에 끼어있는 수염을 잡아당겨 제거하고 깨끗이 씻은 다음, 옅은 소금물에 담가 해감을 빼야 깨끗한 국물을 얻을 수 있어요. 낙지의 미끌미끌한 성분을 없애려면 소금으로 바락바락 주물러 씻으면 됩니다.

불고기낙지전골

쇠고기와 낙지를 따로 양념해 함께 끓여 먹는 전골. 낙지가 지나치게 익으면
질겨져서 맛이 없으므로 쇠고기를 먼저 익힌 다음 낙지를 나중에 넣는 것이 맛내기 비결이에요.

이렇게 준비해요 (4인분)

쇠고기(불고기감) 200g
낙지 4마리
느타리버섯 · 숙주 · 쑥갓 100g씩
풋고추 2개
붉은 고추 · 양파 1개씩
대파 1뿌리
국간장 1큰술
소금 조금
물 4컵

쇠고기 양념
간장 1큰술
설탕 1/2큰술
다진 파 2작은술
다진 마늘 · 참기름 · 깨소금 1작은술씩
후춧가루 조금

낙지 양념
고춧가루 5큰술
고추장 2큰술
간장 · 설탕 · 청주 1큰술씩
다진 파 1큰술
다진 마늘 1/2큰술
다진 생강 1/4작은술
깨소금 · 참기름 1큰술씩

이렇게 만들어요

1. **두 가지 양념 만들기** 쇠고기 양념과 낙지 양념을 각각 만들어둔다.

2. **쇠고기 · 낙지 양념하기** 쇠고기는 먹기 좋은 크기로 썰어 쇠고기 양념으로 무친다. 낙지는 굵은소금을 뿌리고 주물러 찬물에 여러 번 씻은 다음, 4~5cm 길이로 썰어서 낙지 양념에 버무려 잠시 잰다.

3. **채소 준비하기** 느타리버섯은 길이로 두세 번 쪼개고, 숙주는 씻어 건진다. 고추는 반 갈라 채 썰고, 양파는 반 잘라 굵게 채 썬다. 대파는 어슷하게 썰고, 쑥갓은 6~7cm 길이로 자른다.

4. **전골냄비에 안치기** 전골냄비에 느타리버섯, 숙주, 양파를 얹고 그 위에 양념한 쇠고기를 얹은 뒤 고추, 대파, 쑥갓을 올린다.

5. **국물 붓고 끓이다가 낙지 넣기** 물 4컵에 국간장과 소금으로 간한 국물을 냄비 가장자리로 돌려가며 흘려 붓고 끓인다. 쇠고기가 어느 정도 익으면 양념한 낙지를 넣고 끓이면서 먹는다.

1

3

4

5

낙지를 나중에 넣어야 부드러워요

낙지는 미끌거리는 성분과 해감을 없애기 위해 소금으로 주물러 씻고, 짜지 않게 찬물에 여러 번 비벼 씻어야 해요. 전골을 끓일 때 불고기 양념으로 간한 쇠고기를 먼저 익히다가 낙지를 넣어야 낙지가 질겨지지 않아요. 낙지 대신 오징어나 주꾸미를 사용해도 맛있어요. 시중에 버섯이 다양하게 나와 있으니 버섯을 넉넉히 넣고 버섯전골로 준비해도 좋아요.

버섯전골

멸치국물에 여러 가지 버섯과 들깨가루를 듬뿍 넣고 끓인 건강 음식이에요.
버섯의 향을 살리기 위해 양념은 가볍게 하는 것이 좋아요.

이렇게 준비해요 (4인분)

버섯(표고버섯, 느타리버섯, 새송이버섯, 팽이버섯) 350g
쇠고기(불고기감) 200g
두부 1모
불린 당면 2컵
애호박 1/2개
당근 70g
양파 1개
실파 2뿌리
붉은 고추 2개

국물
굵은 멸치 20마리
마른 고추 2개
들깨가루 1컵
국간장 적당량
소금 조금
물 10컵

소스
간장 6큰술
식초 5큰술
물 4큰술
설탕 2큰술
양파 간 것 1큰술
배 간 것 2큰술

이렇게 만들어요

1. **버섯 준비하기** 버섯을 모두 물에 살짝 씻어 건진다. 표고버섯은 기둥을 떼고 굵게 썰고, 느타리버섯은 손으로 굵직하게 찢는다. 팽이버섯은 밑동을 자르고, 새송이버섯은 길이로 저민다.

2. **채소·두부 썰기** 애호박과 당근은 1×4cm 크기로 납작하게 썰고, 양파와 고추는 채 썬다. 실파는 4cm 길이로 썰고, 두부는 2×4cm 크기로 도톰하게 썬다.

3. **전골 국물 만들기** 굵은 멸치는 머리와 내장을 떼고 마른 냄비에 볶다가 물 5컵을 붓고 마른 고추를 넣어 15분 정도 끓인다. 멸치와 마른 고추를 건져내고 들깨가루와 물 5컵을 넣어 끓인다. 마지막에 국간장과 소금으로 간한다.

4. **냄비에 안쳐 끓이기** 전골냄비에 준비한 재료를 가지런히 돌려 담고 국물을 부어 끓인다. 간은 국간장과 소금으로 조절한다.

5. **소스 곁들이기** 소스를 만들어 버섯전골에 곁들여 낸다. 쇠고기와 채소를 찍어 먹는다.

1

2

3

5

버섯은 살짝만 씻어요
버섯은 물에 오래 씻으면 물기가 스며들어 맛과 향이 사라져요. 버섯을 씻을 때는 물에 헹구듯이 살짝 씻는 것이 좋아요. 표고버섯과 느타리버섯, 새송이버섯은 갓만 닦아내며 살짝 씻고, 팽이버섯은 물에 흔들어 씻은 뒤 물기를 털고 밑동을 잘라내요.

토란국

쇠고기국물에 무 대신 토란을 넣어 구수하게 끓인 맑은 국이에요. 토란은 가을철에 나기 때문에 추석상차림에 많이 오르는 국이랍니다.

이렇게 준비해요 (4인분)

토란 400g
양지머리 200g
다시마 5×5cm 2장
다진 파 2큰술
다진 마늘 1큰술
국간장 4큰술
참기름 1큰술
소금 조금
물 7컵

이렇게 만들어요

1. **토란 껍질 벗겨 삶기** 토란은 껍질을 벗겨 작은 것은 그대로 두고, 큰 것은 3~4등분한다. 찬물에 1시간쯤 담가두었다가 끓는 물에 소금을 조금 넣고 삶는다.
2. **쇠고기 볶다가 물 부어 끓이기** 쇠고기를 저며 썰어 냄비에 참기름을 두르고 볶다가 물을 부어 끓인다.
3. **토란 넣어 끓이기** 끓는 국물에 삶은 토란을 넣고 끓으면 다시마와 국간장, 다진 파, 다진 마늘을 넣고 약한 불로 30분 정도 끓인다.
4. **다시마 썰어 넣고 간하기** 다시마를 건져서 채 썰어 다시 넣고, 국간장과 소금으로 간을 맞춘다.

토란은 쌀뜨물에 삶아서 사용하세요
토란을 맨손으로 만지면 손에 두드러기가 나기 쉬워요. 껍질을 벗길 때는 반드시 장갑을 끼세요. 껍질 벗긴 토란은 소금물이나 쌀뜨물에 한 번 삶아서 사용해야 아린 맛과 미끄러움이 덜해요.

들깨미역국

들깨의 고소한 맛이 입맛을 당기는 영양 만점 국이에요. 불린 미역을 들기름에 볶다가 들깨와 곱게 간 쌀을 넣고 끓여 국물이 진하고 걸쭉해요.

이렇게 준비해요 (4인분)

불린 미역 2컵	들기름 2큰술
들깨가루 1컵	소금 조금
쌀가루 1/3컵	물 7컵
국간장 4큰술	

이렇게 만들어요

1. **들깨가루·쌀가루 준비하기** 들깨가루는 체에 밭쳐 고운 가루만 준비해 쌀가루와 섞은 뒤 물에 개어둔다.
2. **미역 준비하기** 미역은 물에 충분히 불린 뒤 바락바락 주물러 씻는다. 미역이 부드러워지면 짧게 잘라서 물에 헹궈 건진다.
3. **미역 볶기** 달군 냄비에 들기름을 두르고 불린 미역을 볶다가 물을 넣어 끓인다.
4. **들깨 넣고 끓이기** 국물이 끓으면 들깨가루와 쌀가루 갠 것을 풀어 넣고 약한 불에서 20분 정도 끓인 뒤 국간장과 소금으로 간을 맞춘다.

쌀가루를 섞어야 국물이 잘 엉겨요
들깨미역국을 끓일 때 들깨가루에 쌀가루를 조금 섞어보세요. 들깨가루만 넣으면 국물이 멀겋고 들깨가루가 겉돌아 맛이 덜하기 때문이죠. 들깨가루와 쌀가루는 끓는 국물에 그냥 넣으면 덩어리질 수 있으니 물에 잘 개어서 흘려 넣어야 해요.

쑥 콩가루국

어린 쑥에 날콩가루를 묻혀 끓인 토장국. 봄에 많이 먹는 계절 음식이지만 쑥을 데쳐서 냉동실에 넣어 두면 사계절 내내 즐길 수 있어요.

이렇게 준비해요 (4인분)

어린 쑥 300g	다진 마늘 1큰술
날콩가루 1/2컵	국간장 1큰술
쇠고기 100g	소금 조금
된장 2큰술	물 6컵
다진 파 2큰술	

이렇게 만들어요

1. **콩가루로 쑥 버무리기** 어린 쑥은 떡잎은 떼어내고 깨끗이 씻어 채반에 건져 콩가루로 버무린다.
2. **쇠고기 장국 끓이기** 쇠고기를 저며 썰어 다진 파, 다진 마늘, 국간장을 조금씩 덜어 양념한 뒤, 냄비에 넣고 볶다가 물 6컵을 붓고 쇠고기 장국을 끓인다.
3. **된장 풀고 쑥 넣기** 쇠고기 장국에 된장을 체에 걸러 풀고 한소끔 끓인다. 국물이 어우러지 콩가루 묻힌 쑥을 넣는다.
4. **파·마늘 넣고 간 맞추기** 다진 파, 다진 마늘을 넣고 국간장으로 간을 맞추어 20분쯤 끓인다. 모자라는 간은 소금으로 맞춘다.

몸에 좋은 쑥으로 입맛을 살려보세요

미네랄과 비타민 A·C가 풍부한 쑥은 우리나라는 물론 전 세계에서 오랜 옛날부터 식용과 약용으로 쓰였어요. 동의보감에서는 쑥을 '영초'라 하여 체질 개선과 시력 보호, 감기 예방에 좋은 약재로 소개하고 있답니다.

매생이굴국

부드러운 매생이를 굴과 함께 끓인 매생이국은 미네랄과 식이섬유가 가득한 겨울철 건강식이에요. 다이어트는 물론 피부미용에도 좋답니다.

이렇게 준비해요 (4인분)

매생이 3컵
굴 2컵
참기름 4큰술
국간장 1/2컵
다진 마늘 1큰술
소금 조금

멸치국물
굵은 멸치 25마리
물 9컵

이렇게 만들어요

1. **멸치국물 내기** 멸치는 내장을 떼고 마른 냄비에 볶다가 물을 부어 끓인다. 국물이 우러나면 멸치를 건진다.
2. **굴 씻기** 굴을 체에 담아 흐르는 물에 흔들어 씻어 물기를 뺀다.
3. **매생이 씻기** 매생이를 체에 담아 흐르는 물에 씻어 물기를 꼭 짠다.
4. **매생이 볶다가 끓이기** 냄비에 참기름을 두르고 매생이를 볶다가 멸치국물을 부어 끓인다.
5. **굴 넣어 끓이기** 국이 끓으면 굴을 넣고 국간장과 다진 마늘을 넣어 맛을 낸다. 소금으로 간해 잠시 더 끓인다.

 **엄마의 한마디**

매생이는 체에 밭친 채 흐르는 물에 씻어요
매생이를 씻을 때 자칫하면 흘러 내려가기 쉬워요. 체에 밭친 채 흐르는 물에 씻는 것이 요령이에요. 남은 매생이는 조금씩 뭉쳐서 냉동실에 얼려두고 필요할 때마다 해동해서 쓰면 좋아요.

전복죽

전복을 참기름에 볶다가 쌀을 넣고 끓인 죽. 고소하면서도 쫄깃한 전복살 씹는 맛이 좋은 스태미나 보양식입니다.

이렇게 준비해요 (4인분)

쌀 2컵	참기름 2큰술
전복 4개	소금 조금
다진 실파 1큰술	물 14컵

이렇게 만들어요

1. **쌀 불리기** 쌀을 씻어서 물에 담가 30분 정도 불린다.
2. **전복 손질하기** 전복을 솔로 문질러 깨끗이 씻은 뒤, 숟가락으로 살을 떼어서 얇게 저며 썬다.
3. **전복 볶기** 두꺼운 냄비에 참기름을 두르고 다진 실파와 전복을 볶다가 물을 부어 센 불에서 끓인다.
4. **죽 끓이기** ③에 불린 쌀을 넣고 나무주걱으로 저어가며 끓인다.
5. **소금으로 간하기** 죽이 푹 퍼지면 소금으로 간하고 조금 더 끓인다.

전복 내장은 버리지 말고 이용하세요
전복을 손질할 때 내장을 버리지 말고 따로 모아두세요. 전복 내장은 쌉싸름하고 진한 맛이 나 전복죽의 향을 더 좋게 해요. 암컷의 내장은 진한 녹색을 띠고, 수컷의 내장은 노란색을 띱니다.

흑임자죽

검은깨와 쌀을 곱게 갈아서 체에 내려 부드럽게 쑨 죽. 불포화지방산이 풍부한 검은깨는 에너지를 보충하고 칼슘 섭취를 도와줍니다.

이렇게 준비해요 (4인분)

쌀 2컵
볶은 검은깨가루 2컵
소금 조금
물 15컵

이렇게 만들어요

1. **쌀 불리기** 쌀을 씻어서 물에 담가 30분 정도 불린다.
2. **불린 쌀 갈기** 불린 쌀을 블렌더에 담고 물 1컵을 부어 곱게 간 뒤 고운체에 거른다.
3. **검은깨가루 체에 내리기** 볶은 검은깨가루를 물 2컵과 섞어 체에 내려 껍질을 걸러낸다.
4. **죽 끓이기** 곱게 갈아서 체에 내린 쌀가루와 검은깨가루를 냄비에 넣고 남은 물 12컵을 넣어 저어가며 약한 불에서 끓인다.
5. **소금으로 간하기** 죽이 푹 퍼지면 마지막에 소금으로 간한다.

검은깨는 곱게 갈아서 체에 내려요
검은깨가루는 껍질이 까끌까끌해서 그대로 죽을 쑤면 먹기가 힘들어요. 고운체에 담아서 물에 흔들어가며 껍질을 걸러내야 해요. 검은깨가루가 없다면 통검은깨를 직접 갈아서 사용해도 돼요. 통검은깨를 볶아 물에 잠시 불린 뒤 블렌더에 물과 함께 넣고 갈면 됩니다.

잣죽

쌀과 잣을 곱게 갈아 끓인 잣죽은 고소한 맛과 향이 아주 좋아요. 영양도 풍부해서 허약한 사람이나 환자의 원기 회복을 도와줍니다.

이렇게 준비해요 (4인분)

쌀 2컵
잣 1컵
소금 조금
물 13컵

이렇게 만들어요

1. **불린 쌀 갈기** 불린 쌀을 블렌더에 담고 물 1컵을 부어 곱게 간 뒤 체에 거른다.
2. **잣 갈아 거르기** 잣을 블렌더에 담고 물 1/2컵을 부어 곱게 간 뒤 체에 거른다.
3. **죽 끓이기** 두꺼운 냄비에 간 잣과 물 5컵을 붓고 약한 불에서 주걱으로 저어가며 끓인다.
4. **잣 넣고 끓이기** 죽이 되직해지면 곱게 간 잣을 조금씩 부어가며 한 방향으로 계속 저어 멍울을 풀면서 끓인다.
5. **간하기** 죽이 매끄럽게 퍼지면 소금으로 간한다.

엄마의 한마디

잣죽은 간을 미리 하지 마세요
죽을 지나치게 많이 젓거나 간을 미리 하면 삭아서 묽어집니다. 특히 잣죽은 다른 죽에 비해 물이 잘 생기기 때문에 먹을 만큼만 쑤고, 다 먹지 못할 분량이라면 미리 덜어서 따로 보관하는 것이 좋아요.

새우부추죽

흔한 재료로 쉽게 끓일 수 있는 건강 죽이에요. 혈액순환을 좋게 하는 부추와 단백질이 풍부한 새우가 몸을 따뜻하게 하고 원기를 회복시켜줍니다.

이렇게 준비해요 (4인분)

쌀 2컵
새우살 200g
부추 150g
소금 조금
물 12컵

이렇게 만들어요

1. **쌀 불리기** 쌀을 씻어서 물에 담가 30분 정도 불린다.
2. **새우살·부추 준비하기** 새우살은 씻어서 물기를 빼고, 부추는 손질해 2cm 길이로 썬다.
3. **죽 끓이기** 두꺼운 냄비에 불린 쌀을 담고 물을 부어 끓인다.
4. **새우살·부추 넣기** 쌀이 반 정도 익으면 새우살과 부추를 넣고 저어가며 푹 끓인다.
5. **간하기** 죽이 푹 퍼지면 마지막에 소금으로 간한다.

죽은 두꺼운 냄비에 끓이세요
죽은 뭉근히 오래 끓여야 하는 만큼, 바닥이 두꺼운 냄비를 쓰는 것이 좋아요. 그래야 오래 끓여도 바닥에 눌어붙지 않아요. 죽을 끓이는 냄비는 알루미늄이나 스테인리스 재질보다는 두꺼운 돌솥이나 유리냄비 또는 법랑냄비가 적당합니다.

part

5

특별한 날
별식·손님 초대요리

요즘은 대부분 외식에 의존하지만, 가끔은 집으로 손님을 초대할 때가 있어요. 이럴 때 실력 발휘할 수 있는 손님초대 요리, 특별한 날 차려내는 별미 요리를 소개합니다. 한두 가지 메뉴만 신경 쓰면 비용도 훨씬 줄이고 모두가 만족하는 식사를 할 수 있어요.

쇠갈비찜

깨끗하게 손질한 쇠갈비에 무, 밤, 은행, 표고버섯 등 갖가지 재료를 넣고 푹 익힌 갈비찜.
손님상이나 별식으로 준비하면 좋아요.

이렇게 준비해요 (4인분)

LA갈비 1.5kg
무 200g
당근 100g
마른 표고버섯 2개
밤 5개
대추 3개
은행 8개
잣 1큰술
달걀 1개
물 10컵

찜 양념
간장 · 배즙 4큰술씩
설탕 2큰술
다진 파 2큰술
다진 마늘 1작은술
참기름 · 깨소금 1큰술씩
후춧가루 조금

이렇게 만들어요

1. **갈비 손질해 삶기** 갈비를 찬물에 30분 정도 담가 핏물을 뺀 뒤, 먹기 좋게 썰어 물 10컵을 붓고 30분 정도 삶아 건진다. 국물은 면포에 걸러둔다.

2. **찜 양념 만들기** 찜 양념 재료를 한데 담아 고루 섞는다.

3. **부재료 준비하기** 무와 당근은 밤톨 크기로 썰어 모서리를 도려내고, 마른 표고버섯은 물에 불려 기둥을 떼고 물기를 꼭 짜 넓적하게 저며 썬다. 밤은 껍질을 벗기고, 대추는 돌려 깎아 씨를 빼고 반 자른다.

4. **고명 준비하기** 은행은 팬에 볶아 속껍질을 벗기고, 잣은 고깔을 뗀다. 달걀은 황백지단을 부쳐 마름모꼴로 썬다.

5. **양념해 끓이기** 냄비에 삶은 갈비와 찜 양념 2/3를 덜어 넣어 고루 버무린 다음, 갈비 삶은 국물을 조금 부어 중불에서 끓인다.

6. **부재료 넣고 양념 더하기** 갈비가 익으면 무와 당근, 표고버섯, 밤, 대추, 남은 찜 양념을 넣고 국물을 자작하게 부어 약한 불에서 푹 끓인다.

7. **고명 올리기** 갈비에 맛이 들면 그릇에 담고 은행 · 잣 · 지단을 올린다.

고기국물의 기름은 굳혀서 걷어내세요

기름이 붙어있는 갈비는 그대로 삶아 건져서 기름을 떼어내고, 국물에 뜬 기름과 바닥에 가라앉은 앙금은 걷어내세요. 냉장고에 30분 정도 두면 기름이 분리되어 걷어내기가 쉬워요. 두툼한 갈비는 좀 더 오래 끓여야 무르고 부드럽게 익는답니다.

LA갈비구이

갈비뼈째 얇게 썬 LA갈비는 즉석에서 구워 먹기 좋아요. 갈비 양념에 충분히 쟀다가 구우면 누구나 쉽게 맛을 낼 수 있어요.

이렇게 준비해요 (4인분)

쇠갈비 1kg	갈비 양념
식용유 1큰술	배 1/2개
	양파 1개
	간장 4큰술
	설탕 1큰술
	물엿·청주 2큰술씩
	다진 파 2큰술
	다진 마늘 1큰술
	깨소금·참기름 1큰술씩
	후춧가루 1/2큰술

이렇게 만들어요

1. **갈비 손질하기** 쇠갈비는 기름을 적당히 떼어낸 다음 30분쯤 찬물에 담가 핏물을 빼고 종이타월로 꼭꼭 눌러 물기를 닦는다.
2. **배·양파 강판에 갈기** 배와 양파를 각각 강판에 갈아놓는다.
3. **갈비 양념 만들기** 배와 양파 간 것에 나머지 양념 재료를 섞어 갈비 양념을 만든다.
4. **양념에 갈비 재기** 갈비에 양념을 끼얹어가며 한쪽으로 차곡차곡 겹쳐서 20분쯤 꼭꼭 눌러 맛이 배도록 재둔다.
5. **팬에 굽기** 팬을 뜨겁게 달구어 식용유를 두르고 양념에 잰 갈비를 넣어 센 불에서 타지 않게 재빨리 굽는다. 한쪽 면을 완전히 익힌 후 뒤집어서 반대쪽 면을 익힌다.

 **양파를 갈아 넣으면 고기가 연해져요**
고기의 누린내를 없애고 연육 작용을 돕는 양파는 고기를 양념할 때 빠질 수 없는 재료예요. 양파를 채 썰어 넣어도 되지만 강판에 갈아 넣으면 맛이 더 깊게 배어든답니다.

너비아니구이

고급스러운 상차림에 어울리는 쇠고기구이 예요. 납작하게 썰어 갖은 양념에 쟀다가 석쇠에 직화로 구우면 풍미가 더욱 살아요.

이렇게 준비해요 (4인분)

쇠고기(등심 또는 안심) 500g
잣가루 적당량
송송 썬 실파 2뿌리분

고기 양념
간장 4큰술
배 간 것 4큰술
설탕 2큰술
다진 파 2큰술
다진 마늘 1큰술
깨소금 1큰술
참기름 1큰술
후춧가루 조금

이렇게 만들어요

1 **고기에 칼집 넣기** 쇠고기는 등심이나 안심의 연한 부위로 골라 0.5cm 두께로 썬 다음 잔 칼집을 넣어 연하게 만든다.
2 **고기 양념 만들기** 고기 양념 재료를 한데 담아 고루 섞는다.
3 **양념에 고기 재기** 고기에 양념을 끼얹어 20분 정도 간이 배도록 잰다.
4 **석쇠에 굽기** 양념에 잰 고기를 뜨겁게 달군 석쇠에 얹어 앞뒤로 고루 익힌다. 숯불에 석쇠를 얹어서 직화로 굽는 것이 팬에 굽는 것보다 훨씬 맛있다.
5 **접시에 담기** 접시에 너비아니구이를 담고 잣가루와 송송 썬 실파를 뿌린다.

쇠고기 구이는 안심이나 등심이 맛있어요

너비아니는 석쇠에 굽는 것이 원칙이지만, 번거롭고 집 안에 냄새가 밸 것 같으면 그릴이나 오븐 또는 프라이팬에 구우세요. 쇠고기구이의 부위는 안심이나 등심이 연하고 기름기도 적당해 맛있답니다. 구워서 뜨거울 때 바로 먹는 것이 맛은 더 좋아요.

돼지갈비찜

돼지갈비에 채소를 넉넉히 넣고 간장 양념으로 맛을 낸 찜. 저렴하게 준비할 수 있어
서민적인 요리로 사랑받는답니다. 담백하게 만들어도 좋고, 고추를 넣고 칼칼하게 간해도 맛있어요.

이렇게 준비해요 (4인분)

돼지갈비 1kg
양파 2개
당근 1개
무 1/3개
대파 2뿌리
마른 표고버섯 3개
마른 고추 2개
식용유 2큰술
물 4컵

갈비 양념

간장 5큰술
설탕 · 물엿 1큰술씩
청주 2큰술
다진 파 2큰술
다진 마늘 1큰술
다진 생강 1/2큰술
참기름 · 깨소금 1큰술씩
소금 · 후춧가루 조금씩

이렇게 만들어요

1 **돼지갈비 칼집 넣기** 돼지갈비는 먹기 좋은 크기로 썰어 군데군데 칼집을 넣은 뒤, 찬물에 10분쯤 담갔다 건져 물기를 걷는다.

2 **돼지갈비 지지기** 뜨거운 팬에 기름을 두르고 마른 고추를 넣어 볶다가, 매운맛이 나면 갈비를 넣고 앞뒤로 노릇하게 지져서 기름기를 뺀다.

3 **부재료 준비하기** 무와 당근, 양파는 한입 크기로 썰고, 대파는 큼직하게 자른다. 마른 표고버섯은 물에 담가 부드럽게 불린 뒤 다른 재료와 비슷하게 자른다.

4 **갈비 양념 만들기** 준비한 재료를 한데 섞어 갈비 양념을 만든다.

5 **갈비 양념해서 끓이기** 냄비에 갈비를 담고 양념을 반 덜어 넣어 고루 섞는다. 무와 당근을 넣고 물을 자작하게 부어 끓인다.

6 **양념 더해 끓이기** 갈비가 익으면 양파, 대파, 표고버섯을 넣고 나머지 양념을 넣어 다시 한번 끓여서 소금으로 간을 맞춘다.

냄새 없이 삶아서 기름기를 빼내는 것이 맛의 비결이에요

기름이 많이 붙은 돼지갈비는 조리하기 전에 기름기를 제거하는 것이 맛내기 비결이죠. 끓는 물에 삶거나 기름에 지지면 기름기가 빠지는데, 이렇게 하면 냄새도 줄어들고 맛도 구수해져요. 양념을 만들 때 설탕과 물엿을 같은 양으로 넣고 요리가 다 되어갈 무렵 뚜껑을 열고 조리면, 냄새가 없어지고 윤기가 충분히 돌아 맛있답니다.

등갈비강정

등갈비를 기름에 튀겨 매콤 달콤한 소스에 버무렸어요.
돼지등갈비는 가격 부담 없이 푸짐하게 준비할 수 있는 별미 요리입니다.

이렇게 준비해요 (4인분)

등갈비 450g
식용유 적당량

등갈비 밑간
소금 1/2작은술
청주 1큰술

튀김옷
튀김가루 1/2컵
카레가루 1큰술

소스
간장 · 고추장 ·
토마토케첩 2큰술씩
물엿 · 설탕 2큰술씩
다진 양파 2큰술
다진 마늘 1큰술
다진 생강 1작은술
청양고추 2개
물 1컵
식용유 조금

이렇게 만들어요

1 **등갈비 밑간하기** 등갈비를 찬물에 30분 정도 담가 핏물을 뺀 뒤, 칼집을 넣고 소금, 청주를 뿌려 10분쯤 둔다.
2 **튀김옷 입히기** 튀김가루와 카레가루를 섞은 다음 등갈비를 넣어 골고루 버무린다.
3 **등갈비 튀기기** 튀김옷을 입힌 등갈비를 끓는 기름에 바삭하게 튀겨 기름을 뺀다.
4 **소스 만들기** 기름을 두른 팬에 다진 마늘, 다진 양파를 볶다가 나머지 소스 재료를 넣어 끓인다.
5 **소스에 버무리기** 끓는 소스에 튀긴 등갈비를 넣고 골고루 섞으며 타지 않게 버무린다.

표고버섯을 넣어 영양의 균형을 맞추세요
등갈비는 돼지갈비 등 쪽에 붙어있는 부위로 연하고 맛있지만 칼로리가 높고 콜레스테롤이 많아요. 콜레스테롤의 흡수를 지연시키는 효과가 있는 표고버섯으로 영양의 균형을 맞춰보세요. 곁들이로 준비해도 좋고, 양념에 함께 버무려도 좋아요.

오삼불고기

기름기가 조금 도는 삼겹살과 큼직하게 자른 오징어를 매콤한 고추장 양념에 볶아 먹는 요리.
팬에 지글지글 익히는 소리부터 냄새까지 맛있어 한 번 먹으면 또 찾게 되는 음식이에요.

이렇게 준비해요 (4인분)

돼지고기(삼겹살) 600g
오징어 2마리
대파 2뿌리
양파 2개
식용유 2큰술

매운 양념
고추장 · 간장 2큰술씩
고춧가루 4큰술
설탕 · 물엿 2큰술씩
청주 2큰술
양파 간 것 1/2컵
다진 파 2큰술
다진 마늘 1큰술
다진 생강 1/2작은술
깨소금 2큰술
참기름 1큰술
소금 · 후춧가루 조금씩

이렇게 만들어요

1 **돼지고기 썰기** 돼지고기 삼겹살은 도톰하게 한입 크기로 썬다.

2 **오징어 손질하기** 오징어는 다리를 잡아당겨 내장을 뗀 다음, 몸통에 잔 칼집을 넣고 손가락 크기로 자른다.

3 **채소 준비하기** 양파는 굵직하게 채 썰고, 대파는 어슷하게 썬다. 대파는 고명으로 얹을 것을 조금 남겨 곱게 채 썬다.

4 **매운 양념 만들기** 준비한 재료를 한데 섞어 매운 양념을 만든다.

5 **돼지고기 · 오징어 양념하기** 돼지고기와 오징어를 한데 담고 ④의 양념을 넣어 고루 버무린다.

6 **팬에 볶기** 달군 팬에 식용유를 두르고 양념한 돼지고기와 오징어, 양파, 대파를 넣어 센 불에서 타지 않게 저어가며 볶는다. 고기가 익으면 접시에 담고 파채를 얹는다.

돼지고기는 마늘과 생강으로 밑양념을 하세요
돼지고기 요리에 빠질 수 없는 재료가 마늘과 생강이죠. 돼지고기는 쇠고기나 닭고기에 비해 누린내가 심한 편이므로 밑양념을 할 때 마늘과 생강을 넉넉히 넣어 향을 더하는 것이 좋아요. 오징어는 양념에 재두면 물이 생기기 쉬우니 볶기 직전에 양념해 센 불에서 재빨리 구우세요.

닭매운찜

먹기 좋게 토막 낸 닭고기를 매콤하게 양념해 푹 익힌 음식.
닭도리탕, 닭볶음탕이라고도 하며 밥반찬이나 별식으로 준비하면 좋아요.

이렇게 준비해요 (4인분)

닭 1마리(1.2kg)
감자 3개
당근 1개
양파 2개
붉은 고추 1개
대파 1뿌리
물 적당량

닭 밑간
소금 · 청주 조금씩

매운 양념
고춧가루 4큰술
고추장 2큰술
간장 2큰술
청주 2큰술
설탕 1큰술
물엿 2큰술
다진 파 2큰술
다진 마늘 1/2큰술
다진 생강 1작은술
깨소금 1/2큰술
참기름 1큰술
소금 · 후춧가루 조금씩

이렇게 만들어요

1. **닭 밑간하기** 닭은 큼직하게 잘라 흐르는 물에 씻은 뒤 물기를 걷고 청주와 소금을 조금 뿌려 밑간한다.

2. **부재료 준비하기** 감자와 당근은 사방 3~4cm 크기로 썰고, 양파도 비슷한 크기로 자른다. 붉은 고추는 어슷하게 썰어 씨를 털어내고, 대파는 2~3cm 길이로 자른다.

3. **매운 양념 만들기** 준비한 재료를 한데 섞어 매운 양념을 만든다.

4. **양념 넣고 끓이기** 냄비에 닭과 감자, 당근을 넣고 양념을 끼얹어 골고루 섞은 다음, 재료가 잠길 정도로 물을 부어 30분 정도 끓인다.

5. **소금으로 간 맞추고 불 줄이기** 물이 자작하게 졸아들면 다시 간을 봐서 소금으로 간을 조절하고 불을 줄인다.

6. **양파 · 대파 · 고추 넣기** 양파와 대파, 고추를 넣고 냄비를 이리저리 흔들어 양념이 고루 배게 조금 더 끓인다.

감자와 당근이 무르지 않게 하려면 닭이 반쯤 익었을 때 넣으세요
닭에 간이 잘 배게 하려면 중간 중간 칼집을 넣으세요. 감자와 당근은 닭과 함께 처음부터 넣어 익히면 물러지기 쉬워요. 무른 게 싫으면 닭이 반쯤 익었을 때 넣으세요. 양파와 파, 고추는 재료가 거의 다 익었을 때 넣으세요.

닭갈비

원조 춘천의 맛을 그대로 살린 닭갈비. 매운맛을 좋아하는 우리나라 사람들 입에 잘 맞아요.
고구마, 양배추 등 다양한 재료를 함께 넣고 볶아가며 익혀 먹는 게 제맛이랍니다.

이렇게 준비해요 (4인분)

닭 1마리(닭갈비 또는
닭 넓적다리살 600g)
고구마 1개
양배추 1/4포기
양파 1개
깻잎 10장
대파 1뿌리
떡볶이용 떡 1/3컵
식용유 3큰술

닭 밑간
카레가루 1큰술
청주 2큰술
다진 마늘 1큰술
생강즙 1큰술

볶음 양념
고추장 4큰술
고춧가루 · 간장 2큰술씩
물엿 · 청주 1큰술씩
설탕 1큰술
양파 간 것 1컵
깨소금 · 참기름 1큰술씩
소금 · 후춧가루 조금씩

이렇게 만들어요

1. **닭 밑간하기** 닭은 먹기 좋게 토막 낸 것으로 준비해 뭉쳐있는 기름을 떼고 찬물에 씻어 건져 밑간을 한다. 뼈 없이 즐기려면 닭살만 준비해 먹기 좋은 크기로 잘라서 조리한다.

2. **채소 준비하기** 고구마, 양배추, 양파는 사방 2~3cm 크기로 썰고, 깻잎은 1cm 폭으로 굵직하게 채 썬다. 대파는 1cm 길이로 썬다.

3. **닭 양념하기** 준비한 볶음 양념 재료를 한데 섞어 밑간한 닭에 반을 덜어 넣고 고루 무친다.

4. **팬에 볶기** 두꺼운 팬을 달군 뒤 식용유를 두르고 양념한 닭고기와 양배추, 고구마, 양파를 넣는다. 남은 양념을 채소 쪽에 골고루 끼얹어 중불에서 타지 않도록 볶는다.

5. **대파 · 깻잎 넣고 떡 익히기** 닭과 고구마가 익으면 대파와 깻잎을 넣고 떡을 얹어 익히면서 먹는다.

고추장과 고춧가루의 비율을 달리해보세요
매운 양념을 만들 때 입맛에 따라 고춧가루와 고추장의 비율을 다르게 해보세요. 고추장을 많이 넣으면 색이 진하고 깊은 맛이 나며, 고춧가루를 많이 넣으면 텁텁하지 않고 깔끔한 맛이 납니다. 닭갈비를 먹고 난 뒤 남은 양념에 다진 당근, 다진 김치, 김가루, 참기름 등 갖은 재료를 넣고 밥을 볶아 먹어도 참 맛있어요.

아귀찜

매콤하게 양념한 쫄깃하고 부드러운 아귀 속살과 입안에서 톡톡 터지는 미더덕,
아삭한 콩나물과 향긋한 미나리가 조화를 이룬 일품요리예요. 특별한 날 푸짐하게 준비하면 좋아요.

이렇게 준비해요 (4인분)

아귀 600g
미더덕 2컵
콩나물 400g
미나리 100g
대파 1뿌리
청주 1큰술
소금 조금

찜 양념
고춧가루 4큰술
간장 1큰술
설탕·소금 1/2큰술씩
다진 파 3큰술
다진 마늘 2큰술
다진 생강 1/2큰술
참기름 1작은술
후춧가루 조금
멸치국물 3컵
녹말물 3큰술
(녹말가루 3큰술, 물 3큰술)

이렇게 만들어요

1. **아귀 토막 내기** 아귀는 내장을 제거하고 물에 깨끗이 씻은 뒤 4~5cm길이로 토막 낸다.
2. **부재료 준비하기** 콩나물은 머리와 꼬리를 떼고, 미나리는 잎을 떼고 줄기만 5cm 길이로 자른다. 대파는 어슷하게 썬다. 미더덕은 소금물에 씻어 건져 큰 것은 꼬치로 찔러 물집을 터뜨린다.
3. **아귀 찌기** 냄비에 아귀를 담고 청주와 소금을 뿌린 뒤, 물을 자작하게 붓고 뚜껑을 덮어 아귀를 익혀 건진다.
4. **콩나물·미나리 익히기** 냄비에 콩나물을 담고 한 김 오르도록 찌다가 미나리를 얹고 불에서 내린다.
5. **찜 양념 만들기** 재료를 분량대로 섞어 찜 양념을 만든다.
6. **양념해서 끓이기** 냄비에 찐 아귀와 미더덕을 넣고 양념을 반 정도 덜어 넣어 고루 섞어서 끓인다.
7. **양념 더해 찌기** 아귀 위에 찐 콩나물과 미나리, 대파를 얹고 나머지 양념을 넣어 다시 한번 버무린 다음 뚜껑을 덮어 잠시 더 찐다.

2

3

4

5

6

엄마의 한마디 — 녹말물을 넣으면 양념이 잘 어우러져요
아귀나 미더덕, 동태 등을 이용한 찜 요리를 할 때 재료의 신선도 다음으로 중요한 게 양념 만들기에요. 양념에 녹말물을 풀어 넣으면 음식에 윤기가 돌고 찌면서 재료에서 나오는 수분이 양념에 잘 어우러져 재료 고유의 맛을 유지할 수 있어요. 녹말물은 녹말가루와 물을 같은 분량으로 잡아 고루 섞으면 됩니다.

낙지볶음

매콤한 양념 맛이 잘 어우러진 낙지볶음. 너무 질겨지지 않게 살짝 익을 정도로만 볶아 소면을 곁들이면 한 끼 식사로 훌륭해요.

이렇게 준비해요 (4인분)

낙지 4마리
양파 1개
풋고추 4개
붉은 고추 1개
대파 2뿌리
소면 200g
통깨 1작은술
식용유 2큰술

매운 양념
고추장 1큰술
고춧가루 2큰술
간장 2큰술
설탕 1큰술
물 2큰술
청주 1큰술
다진 마늘 1큰술
다진 생강 1/2큰술
참기름 1/2큰술
소금·후춧가루 조금씩

이렇게 만들어요

1. **낙지 데쳐 썰기** 낙지는 먹통을 떼고 소금으로 주물러 씻은 다음 끓는 물에 살짝 데쳐 4cm 길이로 썬다.
2. **채소 준비하기** 양파는 반 갈라 채 썰고, 고추는 반 갈라 씨를 빼고 어슷하게 썬다. 대파도 어슷하게 썬다.
3. **낙지 양념하기** 손질한 낙지에 매운 양념을 넣어 골고루 버무린다.
4. **양념한 낙지 볶기** 달군 팬에 기름을 두르고 양념한 낙지를 볶는다. 낙지가 반쯤 익으면 양파, 고추, 대파를 넣고 후춧가루를 조금 뿌려 더 볶는다.
5. **국수 삶기** 끓는 물에 소면을 삶아 찬물에 헹궈 건진다.
6. **그릇에 담기** 그릇에 낙지볶음을 담고 국수를 사리 지어 올린 뒤 통깨를 뿌린다.

낙지는 데쳐서 볶아야 물이 나오지 않아요
낙지볶음이나 오징어볶음을 할 때 그냥 볶으면 물이 나오기 쉬워요. 볶기 전에 끓는 물에 데치면 물이 나오지 않아 요리를 해도 깔끔하답니다. 볶을 때 익히는 시간도 줄일 수 있어 일석이조예요.

새우케첩볶음

튀긴 새우를 새콤달콤한 케첩 소스에 버무린 일품 중국요리. 대하에서부터 잔 새우, 칵테일 새우까지 어떤 새우로 만들어도 맛있답니다.

이렇게 준비해요 (4인분)

중하 12마리
(소금 조금, 청주 1큰술, 녹말가루 2큰술)
대파 1뿌리
마늘 4쪽
생강 1/2톨
풋고추 2개
마른 고추 1개
통조림 옥수수 2큰술
참기름 1/2큰술
고추기름 2큰술
식용유 2컵

튀김옷
녹말가루 1/2컵
달걀 1개

소스
토마토케첩 1/2컵
설탕 · 식초 2큰술
간장 · 청주 1큰술씩

이렇게 만들어요

1. **새우 밑간하기** 중하는 머리를 떼고 껍데기를 벗겨 소금물에 흔들어 씻은 뒤, 등 쪽에 꼬치를 넣어 내장을 빼고 청주와 녹말가루를 뿌려 잠시 재둔다.
2. **부재료 준비하기** 대파, 마늘, 풋고추는 잘게 썰고, 생강은 다진다. 마른 고추는 굵게 썬다.
3. **소스 만들기** 준비한 재료를 잘 섞어 소스를 만든다.
4. **새우 튀기기** 달걀 푼 물에 녹말가루를 잘 섞어 튀김옷을 만든 뒤, 새우를 담갔다가 건져 끓는 기름에 튀긴다. 튀긴 새우를 한 번 더 바삭하게 튀겨서 종이타월에 올려 기름을 뺀다.
5. **소스에 버무리기** 팬에 고추기름을 두르고 대파, 마늘, 생강, 고추를 볶다가 소스를 섞은 뒤 옥수수를 넣고 튀긴 새우를 넣어 가볍게 버무리듯 볶는다. 불에서 내리기 직전에 참기름을 넣어 맛을 낸다.

냉동 칵테일 새우를 이용하면 편리해요

새우 손질하기가 번거롭다면 생새우 대신 냉동 칵테일 새우를 이용해보세요. 칵테일 새우는 손질이 따로 필요없어 요리하기가 한결 편답니다. 냉동 칵테일 새우를 넉넉히 준비해 두고 새우케첩볶음은 물론 볶음밥, 찌개 등 다양하게 이용해보세요.

마파두부

자잘한 크기로 자른 두부를 튀겨 매콤하고 칼칼한 소스에 버무렸어요.
시판 마파 소스를 이용하면 편한데, 두반장에 다른 양념을 더해 만들어도 입맛에 잘 맞아요.

이렇게 준비해요 (4인분)

두부 1모(420g)
다진 돼지고기 100g
양파 1/2개
대파 2뿌리
풋고추 3개
붉은 고추 2개
마늘 5쪽
생강 1톨
식용유 적당량
물 1/2컵

돼지고기 밑간
간장·청주 1/2큰술씩

볶음 양념
간장·청주 2큰술씩
두반장 2큰술
설탕 1큰술
고추기름 4큰술

녹말물
녹말가루 2큰술
물 2큰술

이렇게 만들어요

1. **두부 튀기기** 두부는 사방 1cm로 깍둑썰기 해서 끓는 기름에 노릇하게 튀겨 기름을 뺀다.
2. **돼지고기 밑간하기** 다진 돼지고기에 간장과 청주로 밑간한다.
3. **채소 다지기** 양파와 대파, 마늘, 생강, 풋고추, 붉은 고추는 굵직하게 다져 볶음 양념을 넣고 고루 섞는다.
4. **돼지고기 볶다가 양념하기** 달군 팬에 밑간한 고기를 넣어 엉기지 않도록 젓가락으로 헤치면서 볶는다. 돼지고기가 익으면 ③의 양념을 넣고 고루 섞어가며 볶는다.
5. **두부 넣고 버무리기** ④에 물 1/2컵을 붓고 한소끔 끓이다가 튀긴 두부를 넣어 고루 버무린다.
6. **녹말물 붓기** 재료가 잘 어우러지면 녹말물을 붓고 걸쭉해지도록 조금 더 끓인다.

중국 음식의 제맛을 내는 두반장과 고추기름
요즘은 웬만한 슈퍼마켓에서 마파 소스를 구입할 수 있지만 두반장과 고추기름, 설탕, 간장 등을 넣고 직접 만들 수도 있어요. 고추기름은 라유라고도 하는데, 이것 역시 집에서 만들 수 있어요. 기름 1컵을 끓이다가 고춧가루 2큰술, 생강편 2쪽, 어슷하게 썬 대파를 함께 볶아 고운체에 거르면 돼요. 미리 만들어 냉장고에 두고 중국 음식을 만들거나 마른반찬 등을 볶을 때 쓰면 편합니다.

해물매운탕

싱싱한 해물에서 우러나는 시원한 국물 맛과 쫄깃쫄깃 씹히는 여러 가지 해물의 감칠맛이 일품이에요.
식탁 위에서 보글보글 끓이면서 한 그릇씩 떠먹어야 제맛이죠.

이렇게 준비해요 (4인분)

낙지 2마리
새우 4마리
홍합살 50g
미더덕 100g
모시조개 8개
무 1/7개
콩나물 2/3봉지
애호박 1/4개
미나리 200g
대파 1뿌리
붉은 고추 1개
소금·후춧가루 조금씩
물 7컵

양념
고춧가루 2큰술
간장 1작은술
다진 마늘 1/2큰술
생강즙 1작은술
소금 조금

겨자장
겨자 갠 것 2큰술
간장 1큰술
물 2큰술

이렇게 만들어요

1 **해물 손질하기** 낙지는 먹통과 내장을 제거하고 소금을 뿌려 바락바락 주무른 뒤 찬물에 헹구어 4~5cm 길이로 썬다. 새우와 홍합살, 미더덕은 소금물에 씻는다.

2 **조개국물 내기** 냄비에 모시조개를 담고 물 7컵을 부어 끓인다. 국물이 우러나면 모시조개를 살살 흔들어 건지고, 국물은 따로 받아둔다.

3 **채소 준비하기** 무는 2×3cm 크기로 납작하게 썰고, 콩나물은 깨끗이 씻는다. 애호박은 반달 모양으로 썰고, 미나리는 줄기만 5cm 길이로 썰고, 대파는 5cm 길이로 썬다. 붉은 고추는 어슷 썬다.

4 **양념 만들기** 모든 재료를 분량대로 섞어 양념을 만든다.

5 **전골냄비에 안치기** 전골냄비에 무와 콩나물을 깔고 낙지, 새우, 홍합살, 미더덕, 모시조개를 얹은 뒤 애호박, 미나리, 대파, 고추를 돌려 담고 양념을 올린다.

6 **조개국물 붓고 끓이기** 조개국물을 팔팔 끓이다가 불을 줄여 은근히 더 끓인다. 소금으로 간을 맞추고 후춧가루를 넣는다.

7 **겨자장 만들기** 겨자장을 만들어 해물과 채소를 찍어 먹는다.

겨자장을 곁들여 찍어 먹으면 좋아요
해물매운탕은 해물뿐만 아니라 살짝 익힌 채소를 겨자장을 찍어 먹는 맛도 그만이죠. 톡 쏘는 맛이 삼삼한 채소와 담백한 해물과 어우러져 한층 맛있어요. 겨자의 독특한 향은 해물 특유의 비릿한 맛을 없애고 입맛을 돋우는 역할을 한답니다.

감자탕

구수하고 진한 돼지 등뼈 국물에 감자를 넉넉히 넣고 매운 양념과 들깨가루를 넣어 끓인 탕이에요.
돼지 등뼈를 손질하기 번거롭다면 돼지갈비를 넣고 끓여도 비슷한 맛을 낼 수 있어요.

이렇게 준비해요 (4인분)

돼지등뼈 1kg
감자 8개
양파 2개
풋고추 3개
대파 2뿌리
깻잎 10장
들깨가루 2큰술
소금 조금

등뼈 삶는 물
대파 1대
마늘 10쪽
생강 3톨
마른 고추 3개
청주 2큰술
물 20컵

매운 양념
고춧가루 3큰술
고추장 1큰술
국간장 4큰술
다진 마늘 2큰술
다진 생강 1작은술
참기름 1큰술
소금 조금
물 1/2컵

이렇게 만들어요

1. **돼지등뼈 애벌 삶기** 돼지등뼈는 찬물에 하루 정도 담가두었다가 끓는 물에 10분 정도 삶는다. 삶은 물은 버리고 등뼈는 찬물로 씻어 누린내와 핏물을 없앤다.

2. **향신채소 넣고 삶기** 냄비에 등뼈를 담고 다시 물을 부은 뒤 대파, 마늘, 생강, 마른 고추, 청주를 넣고 은근한 불에서 끓인다. 육수가 충분히 우러나고 양이 반으로 줄어들 때까지 푹 끓인다.

3. **감자·양파·깻잎 준비하기** 감자는 껍질을 벗겨서 반 자르고, 양파는 4등분한다. 깻잎은 반 자른다.

4. **고추·대파 썰기** 고추는 송송 썰거나 어슷하게 썰고, 대파는 길게 어슷어슷 썬다.

5. **등뼈 국물 양념해서 끓이기** 등뼈 삶는 국물에 큼직하게 썬 감자를 넣고 끓이다가, 감자가 익으면 양파와 매운 양념을 넣어 끓인다.

6. **깻잎 넣고 들깨가루 넣기** 소금으로 간을 맞추고, 풋고추와 대파, 깻잎을 넣어 잠깐 더 끓인다. 마지막에 들깨가루를 2큰술 정도 넣어 구수한 맛을 더한다.

들깨가루나 콩가루를 넣으면 구수한 맛이 더해져요

감자탕을 끓일 때 빠질 수 없는 재료 중 하나가 바로 들깨가루죠. 깻잎을 채 썰어 넣어도 진한 향이 감돌아 맛있답니다. 들깨가루를 넣으면 들깨의 고소한 향이 국물 전체에 퍼져 돼지 등뼈 특유의 누린내도 잡고 맛도 돋울 수 있어요. 들깨가루는 비타민이 고루 들어있어 체력이 떨어질 때 기운을 복돋는 역할을 합니다.

샤부샤부

쇠고기와 각종 채소를 끓는 육수에 조금씩 넣어 살랑살랑 흔들어가며 익혀 먹는 요리.
고소한 참깨 소스와 새콤한 폰즈 소스에 찍어 먹으면 감칠맛이 더하답니다.

이렇게 준비해요 (4인분)

쇠고기(샤부샤부용 등심과 채끝살) 400g
표고버섯 4개
팽이버섯 1봉지
느타리버섯 50g
두부 1모
곤약 100g
배춧잎 5장
당근 100g
양파 ½개
대파 1뿌리
쑥갓 100g

국물
다시마 10×10cm 1장
청주 2큰술
소금 조금
물 6컵

참깨 소스
깨소금 1/2컵
다시마국물 1컵
간장 1큰술
식초 2큰술
맛술 1/2큰술
땅콩버터 2작은술

폰즈 소스
다시마국물 1컵
간장 1큰술
식초 1큰술
맛술 1/2큰술
무 간 것 2큰술
실파 3뿌리

이렇게 만들어요

1 **샤부샤부 고기 준비하기** 고기는 샤부샤부용으로 썬 등심과 채끝살로 준비해 냉동실에 넣었다가 먹기 20분 전쯤 꺼낸다.

2 **버섯·두부·곤약 준비하기** 표고는 갓만 도톰하게 저며 썬다. 팽이는 밑동을 잘라 가닥을 나누고, 느타리는 물에 씻어 건진다. 두부는 2×4cm 크기로 납작하게 썰고, 곤약은 3×5cm로 납작하게 썬 뒤 세로로 칼집을 넣고 한쪽 끝을 밀어 넣어 꽈배기 모양을 만든다. 쑥갓은 물에 씻는다.

3 **배추·당근·양파 준비하기** 배춧잎은 속대로 준비해 3cm 폭으로 썰고, 당근은 2×5cm 크기로 얇게 저며 썬다. 양파는 굵직하게 채 썰고, 대파는 반 갈라 5cm 길이로 썬다.

4 **국물 만들기** 다시마를 젖은 행주로 닦은 뒤 물에 담가 30분 정도 불렸다가 불에 올린다. 3분 정도 끓여서 다시마는 건지고, 국물은 청주와 소금으로 심심하게 간한다.

5 **소스 만들기** 재료를 섞어 참깨 소스를 만들고, 실파를 송송 썰어 나머지 재료와 섞어서 폰즈 소스를 만든다.

6 **냄비에 끓이기** 전골냄비에 국물을 끓이면서 쇠고기와 채소를 넣어 익혀서 폰즈 소스와 참깨 소스에 찍어 먹는다.

샤부샤부는 조금씩 넣어가며 천천히 익혀 드세요
샤부샤부는 뜨거운 국물에 고기와 여러 종류의 채소를 흔들어가며 익혀 먹는 전골 요리예요. 먹는 순서는 따로 없지만 고기부터 익혀서 육즙이 흘러나오면 채소를 익혀 먹는 것이 제맛을 느낄 수 있는 방법이에요. 국물에 고기와 채소를 한꺼번에 넣지 말고 조금씩 넣어가며 천천히 익혀 먹는 것이 좋아요.

국수전골

쇠고기전골에 국수를 넣어 끓이면서 먹는 별식. 통통하고 매끄러운 국수와 구수한 쇠고기, 다양한 채소가 어우러져 맛과 영양이 우수해요.

이렇게 준비해요 (4인분)

쇠고기 200g
우동 400g
배춧잎 2장
당근 1/4개
팽이·느타리·쑥갓 50g씩
대파 1뿌리

국물
다시마국물 10컵
간장·청주 1큰술씩
소금·후춧가루 조금씩

양념
간장 1큰술
다진 파 1큰술
다진 마늘 1/2큰술
고춧가루 1/2큰술
참기름 1/2큰술
소금·후춧가루 조금씩

이렇게 만들어요

1. **국물 만들기** 다시마 10×10cm 한 장에 물 1컵을 붓고 끓인다. 10분 정도 끓여서 국물이 우러나면 다시마는 건지고, 국물은 간장, 청주, 소금, 후춧가루로 간한다.
2. **국수 삶기** 우동은 끓는 물에 흩어 넣고 삶는다. 물이 끓어오르면 찬물을 1컵 정도 붓고 다시 끓인다. 익으면 찬물에 헹구어 물기를 뺀다.
3. **배추·당근 썰기** 배춧잎은 4cm 길이로 길쭉하게 썰고, 당근은 같은 길이로 채 썬다.
4. **버섯·쑥갓 준비하기** 팽이버섯은 물에 흔들어 씻은 뒤 밑동을 잘라내고, 느타리버섯은 굵게 찢는다. 쑥갓은 짧게 자르고, 대파는 어슷하게 썬다.
5. **냄비에 안쳐서 끓이기** 전골냄비에 준비한 재료를 돌려 담고 국물을 부어 끓이다가 양념을 넣는다.

국수를 미리 삶아 넣어야 국물이 깔끔해요
전골에 국수를 넣을 때는 국수를 미리 삶아서 넣어야 국물이 걸쭉해지지 않고 깔끔해요. 국수를 삶지 않고 넣기도 하는데 이때는 가닥이 가는 국수를 사용해야 익는 시간도 적게 걸리고 전골 국물이 탁해지는 것을 막을 수 있어요.

스키야키

불고기와 버섯, 당면, 대파, 달걀만 있으면 바로 구워가면서 먹을 수 있는 냄비 요리. 조리법이 간단해서 갑자기 별식을 준비해야 할 때 내기 좋아요.

이렇게 준비해요 (4인분)

쇠고기(불고기감) 600g
느타리버섯 200g
팽이버섯 2봉지
양파 1개
대파 2뿌리
당면 40g
식용유 1/2큰술

단간장
다시마국물 2컵
간장 3큰술
설탕 3큰술
맛술 1큰술

달걀물
달걀 6개
간장 1큰술

이렇게 만들어요

1. **쇠고기 핏물 빼기** 쇠고기는 불고기감으로 준비해 3등분한 뒤 종이타월로 눌러가며 핏물을 뺀다.
2. **버섯·채소 준비하기** 느타리버섯은 굵게 찢고, 팽이버섯은 물에 흔들어 씻은 뒤 밑동을 잘라둔다. 양파는 반 갈라 반달 모양으로 썰고, 대파는 4cm 길이로 썬다.
3. **당면 불리기** 당면은 미지근한 물에 불려서 적당한 길이로 자른다.
4. **단간장 만들기** 다시마국물에 간장, 설탕, 맛술을 넣어 단간장을 만든다.
5. **달걀물 준비하기** 달걀을 곱게 푼 뒤 간장으로 간해서 찍어 먹는 소스를 만든다.
6. **재료 안쳐서 끓이기** 두껍고 오목한 팬에 식용유를 두르고 고기와 버섯 등 재료를 올린 뒤 단간장을 부어 익힌다. 각자의 접시에 고기를 덜어다가 뜨거울 때 달걀물을 찍어 먹는다.

스키야키는 두꺼운 팬을 이용하세요
스키야키는 조금 두꺼운 팬을 쓰는 것이 좋아요. 너무 얇으면 재료가 타거나 국물이 금방 줄어들어 제맛을 낼 수 없기 때문이죠. 쇠고기 대신 닭가슴살이나 안심을 준비하고 두부나 곤약 등도 함께 익혀 먹으면 맛있어요.

쟁반국수

입맛 없는 여름철에는 냉면이나 막국수가 최고예요. 매콤하게 비빈 국수와 채소, 편육, 달걀을 함께 담아 시원하게 비벼 먹는 쟁반국수는 별식으로 준비하기 안성맞춤입니다.

이렇게 준비해요 (4인분)

냉면 400g
쇠고기(사태) 200g
달걀 2개
오이 1개
배 1/2개
상추 10장

사태 삶는 물
대파 1뿌리
마늘 3쪽
물 6컵

양념장
고추장 · 고춧가루 2큰술씩
육수 4큰술
간장 2큰술
식초 · 설탕 4큰술씩
물엿 2큰술
다진 파 1큰술
다진 마늘 1작은술
참기름 2큰술
통깨 조금

이렇게 만들어요

1. **냉면 부드럽게 만들기** 냉면을 손바닥으로 비벼서 부드럽게 만든다.
2. **냉면 삶기** 끓는 물에 냉면을 삶아 헹군 뒤 1인분씩 사리를 지어 체에 밭쳐 물기를 뺀다.
3. **사태 삶아 썰기** 냄비에 물 6컵을 붓고 사태, 대파, 마늘을 넣어 무르게 삶아 건진다. 식으면 5cm 길이로 굵게 채 썰고, 육수는 거른다.
4. **달걀 삶고 채소 썰기** 달걀은 완숙으로 삶아 8등분하고, 오이는 채 썬다. 배는 4등분해서 껍질을 벗겨 채 썰고, 상추도 깨끗이 씻어 건져 채 썬다.
5. **양념장 만들기** 양념장은 고추장에 나머지 양념을 다 합하여 매콤새콤하게 만든다.
6. **접시에 담고 양념장 끼얹기** 큰 접시에 냉면을 적당량씩 나눠 돌돌 말아 담고 준비한 재료를 어우러지게 담은 뒤 양념장을 골고루 끼얹는다.

 **쟁반국수에는 닭가슴살도 잘 어울려요**
쟁반국수에 함께 넣는 채소로는 짧게 자른 쑥갓이나 채 썬 깻잎, 새싹채소, 무순, 방울토마토 등도 잘 어울려요. 쇠고기 사태 대신 닭가슴살을 삶아 식힌 뒤 결대로 찢어서 넣어도 좋고, 고소한 맛을 즐기려면 땅콩을 부숴 넣거나 건포도를 얹어보세요.

미트소스 스파게티

미트소스를 스파게티 위에 얹은 이탈리아식 비빔국수.
토마토 소스가 들어간 파스타는 대중적이고 보편적인 맛이지만 늘 입맛을 사로잡는답니다.

이렇게 준비해요 (4인분)

스파게티 450g
양송이버섯 2개
당근 1/3개
소금 조금
파르메산 치즈가루 적당량

쇠고기 밑간
소금·후춧가루 조금씩

미트소스
시판 토마토소스 1컵
다진 쇠고기 150g
완숙 토마토 2개
양파 1개
마늘 6쪽
화이트와인 1/3컵
물 1/2컵
올리브유 4큰술

이렇게 만들어요

1 **재료 준비하기** 토마토와 양송이버섯, 당근은 잘게 썰고, 양파와 마늘은 다진다. 다진 쇠고기는 소금, 후춧가루로 밑간한다.

2 **토마토소스 끓이기** 토마토소스에 잘게 썬 토마토를 넣어 함께 끓인다.

3 **양파·마늘 볶기** 달구어진 냄비에 올리브유를 두르고 다진 양파와 마늘을 볶는다.

4 **미트소스 만들기** ③에 밑간한 쇠고기를 넣고 화이트와인을 뿌리면서 볶는다. 여기에 ②의 토마토소스를 붓고 한소끔 더 끓인다.

5 **소스에 버섯·당근 넣기** 양송이와 당근을 미트소스에 넣고 좀 더 볶는다. 되직하면 물 1/2컵을 붓고 소금으로 간을 맞춘다.

6 **스파게티 삶기** 끓는 물에 소금을 조금 넣고 스파게티를 8분 정도 삶아 건진다.

7 **소스에 버무리기** 소스에 스파게티를 넣고 버무리듯 볶아 접시에 담는다. 접시에 소스를 살짝 깔고 스파게티를 담은 다음 그 위에 다시 소스를 끼얹는다. 기호에 따라 파르메산 치즈가루를 뿌려도 좋다.

스파게티 삶을 때 소금을 조금 넣으세요
파스타의 한 종류인 스파게티는 국수의 맛도 중요해요. 끓는 물에 소금을 넣으면 물의 온도가 빨리 높아져 스파게티 삶는 시간을 줄일 수 있을 뿐 아니라 국수의 맛이 간간해져 더욱 맛있어요. 스파게티는 알덴테로 삶는 게 적당한데, 국수를 손톱으로 눌러보아 가운데 흰 심이 조금 느껴질 정도가 바로 알덴테입니다. 소스는 기호에 따라 올리브소스나 크림소스, 토마토소스로 변화를 주세요.

일본식 볶음우동

우동에 베이컨과 양파, 양배추, 팽이버섯, 청경채 등을 넣고 굴소스와 돈가스 소스,
우동 소스로 맛을 내 볶은 국수. 굵은 우동에 소스의 맛이 어우러져 깊은 맛을 즐길 수 있어요.

이렇게 준비해요 (4인분)

우동 300g
베이컨 100g
양파 1개
양배추·팽이버섯 100g씩
숙주나물·청경채 100g씩
대파 1뿌리
마늘 4쪽
가다랑어포 1줌
소금·후춧가루 조금씩
식용유 3큰술

볶음 양념
볶음우동 소스 4큰술
돈가스 소스 2큰술
굴소스 1큰술

이렇게 만들어요

1. **우동 삶기** 끓는 물에 우동을 넣어 쫄깃하게 삶아 건진다.
2. **부재료 준비하기** 베이컨은 잘게 썰고, 숙주는 씻어 건지고, 양파와 양배추, 청경채는 채 썬다. 팽이버섯은 밑동을 잘라내고 가닥을 나눈다. 대파는 어슷하게 썰고, 마늘은 저며 썬다.
3. **부재료 볶다가 우동 넣기** 팬에 기름을 두르고 베이컨을 볶다가 마늘, 양파, 양배추, 숙주를 넣고 우동을 넣어 볶는다.
4. **양념 넣고 섞기** 국수와 재료가 서로 어우러지면 볶음우동 소스와 돈가스 소스, 굴소스를 넣는다. 청경채, 대파, 팽이버섯을 넣고 좀 더 볶다가 소금과 후춧가루로 간을 한다.
5. **가다랑어포 뿌리기** 볶음우동을 접시에 담고 가다랑어포를 듬뿍 뿌린다.

다양한 소스로 맛내기에 도전하세요
요즘에는 소스가 다양하게 나와있고 맛도 좋아 재료와 잘 어우러지게 사용하면 편리하면서 맛내기도 쉬워요. 우동은 다른 면에 비해 굵어서 속까지 간이 배어들기 어려우므로, 조금 진하게 간한 뒤 센 불에서 간이 배도록 잘 볶아야 맛있답니다.

오코노미야키

밀가루 반죽에 채 썬 양배추를 듬뿍 넣고 베이컨과 해물, 채소 등을 넣은 일본식 부침개.
소스를 끼얹고 가다랑어포를 얹으면 감칠맛이 살아나요.

이렇게 준비해요 (4인분)

오징어 1마리
베이컨 4장
양배추 잎 6장
양파 1개
대파 1뿌리
달걀 2개
가다랑어포 1줌
실파 3뿌리
소금·후춧가루 조금씩
식용유 적당량

반죽
부침가루 2컵
달걀 1개
물 1⅓컵

소스
마요네즈·우스터소스 3큰술씩
토마토케첩 1큰술

이렇게 만들어요

1. **재료 준비하기** 오징어는 손질해 잘게 썰고 베이컨과 양배추, 양파, 대파도 잘게 썬다. 베이컨 1장은 남겨 큼직하게 반으로 자른다.

2. **재료 볶기** 팬을 달구어 베이컨을 볶다가 잘게 썬 오징어와 양배추, 양파, 대파를 넣고 소금과 후춧가루로 간해 볶아 식힌다.

3. **부침 반죽 만들기** 부침가루에 물과 달걀을 넣어 거품기로 멍울 없이 잘 푼다.

4. **반죽 떠 넣기** 달군 팬에 식용유를 두르고 볶은 재료를 펴 담는다. 그 위에 반죽을 한 국자 떠 넣고 동그랗게 모양을 만든다.

5. **베이컨·달걀 얹어 굽기** 밑면이 익기 시작하면 큼직하게 자른 베이컨을 얹고 달걀을 깨뜨려 얹어 약한 불에서 은근히 익힌다.

6. **소스 만들기** 준비한 재료를 한데 담아 고루 섞어 소스를 만든다.

7. **가다랑어포 뿌리기** 부친 오코노미야키 위에 가다랑어포를 적당히 덜어 얹고 송송 썬 실파와 소스를 뿌려 맛을 더한다.

부재료는 볶아서 반죽해야 물기가 배어나오지 않아요
채소나 해물 등을 그대로 밀가루 반죽에 섞어 전을 부치면 재료의 물기가 배어나와 질척해지기 쉬워요. 이것을 막으려면 채소나 해물 등의 부재료를 살짝 볶아서 반죽에 넣는 것이 좋아요. 볶을 때 베이컨을 먼저 볶다가 채소를 넣으면 그 기름 맛으로 채소가 더 맛있어진답니다.

월남쌈

라이스페이퍼를 뜨거운 물에 담가 부드럽게 해서 채소와 쇠고기, 과일, 해물 등을 넣고 말아 피시 소스를 찍어 먹는 음식. 온 가족이 둘러앉아 싸 먹는 재미가 아주 좋답니다.

이렇게 준비해요 (4인분)

라이스페이퍼 20장
파프리카 1개
당근 1/2개
깻잎 10장
양파 1개
통조림 파인애플 5개
닭가슴살 3쪽
새우살 150g

소스
피시 소스(또는 멸치액젓) 5큰술
파인애플 통조림 국물 4큰술
식초 · 설탕 1큰술씩
송송 썬 청양고추 2큰술

이렇게 만들어요

1. **쌈 재료 준비하기** 파프리카와 당근, 깻잎은 가늘게 채 썰고, 양파는 채 썰어 물에 담가 매운맛을 뺀다. 파인애플도 다른 재료와 비슷한 크기로 자른다.

2. **닭살 · 새우살 삶기** 닭가슴살은 삶아서 가늘게 찢고, 새우살은 끓는 물에 소금을 조금 넣고 데친다.

3. **소스 만들기** 준비한 재료를 한데 담고 고루 섞어 소스를 만든다.

4. **접시에 재료 담기** 준비한 재료들을 모두 접시에 가지런히 담는다.

5. **라이스페이퍼 불리기** 뜨거운 물에 라이스페이퍼를 담갔다가 건져 부드럽게 만든다.

6. **소스 얹어 쌈 싸 먹기** 불린 라이스페이퍼 위에 준비한 재료를 골고루 올리고 소스를 얹어 돌돌 말아서 먹는다.

1

2

3

5

라이스페이퍼는 따로 내세요
라이스페이퍼에 미리 재료를 말아두면 먹기는 좋지만, 라이스페이퍼가 찢어지거나 서로 달라붙기 쉬워요. 상에 낼 때는 모든 준비를 다 해놓고 기호에 따라 직접 싸 먹게 하는 것이 좋아요. 월남쌈 속에 넣는 재료는 해물, 고기, 채소, 과일 등 입맛에 맞춰 바꿀 수 있고, 소스도 와사비간장이나 단촛물, 핫 소스 등으로 다양하게 응용할 수 있어요.

양장피잡채

야들야들 쫄깃한 양장피와 지단, 새우살, 채소 등 각종 재료를 매콤 새콤한 겨자 소스로 버무려 똑 쏘는 맛이 일품이에요. 음식이 화려해 손님상에 준비하면 좋아요.

이렇게 준비해요 (4인분)

양장피 2장

양장피 양념
간장 1작은술
참기름 1큰술
다진 마늘 1/2작은술
소금 조금

볶음 재료
돼지고기 100g
부추 100g
배춧잎 2장
양파 1/2개
당근 1/3개
대파 1/2뿌리
풋고추 4개
생강 1/2톨
불린 목이버섯 1/2컵
간장·설탕 1큰술씩
청주 2작은술
참기름 1큰술
소금·후춧가루 조금씩
식용유 3~4큰술

돼지고기 밑간
간장 1/2큰술
청주 1큰술

돌려 담는 재료
새우살 1컵
달걀 2개
오이 1/2개
파프리카 1개

겨자 소스
겨자 갠 것 1½큰술
간장 1/2큰술
설탕 3큰술
식초 3큰술
땅콩버터 1큰술
다진 마늘 1작은술
참기름 1큰술
소금 1작은술
물 1/2컵

이렇게 만들어요

1 **고기·새우·달걀 준비하기** 새우살은 끓는 물에 데치고, 돼지고기는 곱게 채 썰어 청주와 간장으로 밑간한다. 달걀은 황백지단을 부쳐서 채 썬다.

2 **채소 썰기** 오이와 파프리카는 5cm 길이로 자른다.

3 **볶음 재료 준비하기** 부추는 5cm 길이로 자르고, 배춧잎은 5cm 길이로 잘라 길게 채 썬다. 양파는 반 갈라 곱게 채 썰고, 풋고추는 반 갈라 씨를 빼고 채 썬다. 당근·대파·생강도 채 썬다. 목이버섯은 불려서 작게 뜯는다.

4 **볶음 재료 볶기** 달군 팬에 기름을 두르고 채 썬 생강과 대파를 볶다가 고기를 넣어 볶으면서 간장, 청주로 맛을 낸다. 여기에 배춧잎, 양파, 당근을 넣고 볶다가 소금 간을 한다. 마지막에 채 썬 풋고추, 부추, 목이버섯을 넣고 설탕, 참기름, 후춧가루로 맛을 낸다.

5 **양장피 데쳐서 간하기** 양장피는 미지근한 물에 불린 후 끓는 물에 식용유 1큰술을 넣고 데쳐 찬물에 헹군다. 손으로 작게 뜯어 간장, 참기름, 다진 마늘, 소금으로 무친다.

6 **소스 만들어 끼얹기** 접시에 준비한 재료를 빙 둘러 담은 뒤 가운데에 양장피를 놓고 소스를 만들어 끼얹는다.

 **양장피는 따로 양념해서 올리면 맛있어요**
양장피는 데쳐서 사용하는데, 미리 데쳐 놓으면 불어서 맛이 없으니 요리가 다 되어갈 때 데쳐서 양념해 바로 올리는 것이 좋아요. 겨자 소스는 새콤 매콤한 게 특징이지만 참기름과 땅콩버터를 넣어 부드럽고 고소하게 만들어도 좋답니다.

탕수육

바삭하게 튀긴 고기에 새콤달콤한 소스를 끼얹은 탕수육. 달착지근하면서 새콤한 소스 맛과 바삭한 고기의 맛이 잘 어울려 특별식으로 준비하면 환영받아요.

이렇게 준비해요 (4인분)

돼지고기(살코기) 300g
양파 · 오이 1/2개씩
당근 1/3개
마른 표고버섯 2개
통조림 죽순 100g
식용유 1컵

돼지고기 밑간
간장 · 청주 1큰술씩

튀김옷
녹말가루 2/3컵
달걀 1/2개
식용유 1작은술

소스
설탕 · 식초 1/2컵씩
간장 1큰술
녹말물 3큰술
(녹말가루 · 물 3큰술씩)
참기름 1/2큰술
소금 1작은술
끓는 기름 1/4컵
물 1½컵

이렇게 만들어요

1. **돼지고기 밑간하기** 돼지고기는 나무젓가락 굵기로 작게 썰어 청주와 간장으로 밑간한다.

2. **부재료 준비하기** 양파는 채 썰고, 오이는 반 갈라 어슷하게 썰고, 당근도 비슷한 크기로 썬다. 통조림 죽순은 모양을 살려 저며 썬다. 표고버섯은 미지근한 물에 불려 물기를 짠 뒤 저민다.

3. **소스 만들기** 냄비에 물과 설탕, 소금을 분량대로 넣고 약한 불에 올려서 녹으면 식초와 간장을 넣고 녹말물을 흘려 넣어 재빨리 섞어가며 끓인다. 마지막에 끓는 기름과 참기름을 넣어 새콤달콤한 탕수육 소스를 만든다.

4. **돼지고기 튀김옷 입히기** 밑간한 돼지고기에 달걀과 녹말가루, 식용유를 넣고 고루 주무른다.

5. **돼지고기 튀기기** 170℃의 끓는 기름에 튀김옷 입힌 고기를 넣어 노릇하고 바삭하게 두 번 튀겨서 기름을 뺀다.

6. **채소 튀기기** 손질한 채소를 끓는 기름에 넣어 살짝 튀겨 건진다.

7. **접시에 담고 소스 끼얹기** 접시에 튀긴 고기를 담고 그 위에 튀긴 채소를 얹은 다음 뜨거운 탕수육 소스를 끼얹는다.

녹말물 대신 녹말가루로 버무려도 좋아요
튀김옷을 입힐 때 녹말가루를 사용하면 밀가루보다 한결 바삭한 맛이 나죠. 녹말가루는 보통 물에 불려서 사용하는데, 고기에 옷을 입힐 때 달걀과 녹말가루를 바로 섞어 버무려 튀기면 더욱 바삭한 튀김이 돼요. 소스에 채소를 미리 넣지 말고 따로 튀겨서 마지막에 합하면 만들기도 쉽고 한결 깔끔합니다.

부추잡채와 꽃빵

중국요리에 많이 쓰이는 호부추를 넣고 볶은 중국식 잡채. 꽃빵을 곁들이면 한 끼 식사로 충분해요. 피망이나 고추로 응용해도 좋아요.

이렇게 준비해요 (4인분)

돼지고기 200g
(간장·청주 1큰술씩)
호부추 400g
양파 1개
대파 1뿌리
마늘 2쪽
생강 1/2톨
붉은 고추 2개
꽃빵 8~12개

볶음 양념
간장 2큰술
청주·참기름 1큰술씩
설탕 1작은술
소금·후춧가루 조금씩
식용유 4큰술

이렇게 만들어요

1. **돼지고기 밑간하기** 돼지고기는 곱게 채 썰어 청주, 간장으로 밑간을 한다.
2. **호부추 준비하기** 호부추는 다듬어 깨끗이 씻은 뒤, 4cm 길이로 잘라 흰 부분과 푸른 부분을 나눠 놓는다.
3. **양파·고추 썰기** 양파와 대파, 마늘, 생강은 채 썬다. 붉은 고추는 반 갈라 씨를 빼고 채 썬다.
4. **양파·고기 볶기** 팬을 뜨겁게 달구어 기름을 두르고 대파, 마늘, 생강을 볶다가, 양파와 고기를 넣고 간장과 청주를 가장자리로 흘려 넣어 태우면서 향을 낸다.
5. **부추 넣고 볶기** ④에 붉은 고추와 호부추 흰 부분을 넣고 소금과 설탕을 조금 넣어 볶다가, 호부추의 푸른 부분을 넣고 참기름과 후춧가루로 간한다. 꽃빵을 쪄서 함께 낸다.

중국요리에 많이 쓰이는 호부추

호부추는 중국요리에 많이 쓰이는 부추로 일반 부추보다 통통하고 긴 것이 특징이에요. 호부추는 흰 부분과 푸른 부분의 익는 속도가 다르기 때문에 순차적으로 넣고 볶아야 아삭한 맛을 살릴 수 있어요.

버섯잡채

매일 똑같은 잡채 대신 색다른 맛의 웰빙 잡채를 만들어볼까요? 표고, 느타리, 팽이, 새송이 등 각종 버섯을 넣어 쫄깃하게 씹히는 맛이 좋아요.

이렇게 준비해요 (4인분)

표고버섯 5개	**볶음 양념**
느타리버섯 50g	간장 5큰술
팽이버섯 50g	설탕 2큰술
새송이버섯 2개	다진 파 2큰술
부추 50g	참기름 2큰술
당근 1/3개	통깨 1큰술
붉은 고추 1개	소금·후춧가루 조금씩
당면 80g	
식용유 3큰술	

이렇게 만들어요

1. **버섯 준비하기** 표고버섯은 기둥을 떼고 굵직하게 채 썰고, 느타리버섯은 표고버섯과 비슷한 굵기로 찢는다. 새송이버섯도 채 썰고, 팽이버섯은 밑동을 잘라 가닥을 나눈다.
2. **채소·당면 준비하기** 부추는 4cm 길이로 썰고, 당근과 붉은 고추도 비슷한 길이로 채 썬다. 당면은 미지근한 물에 담가 불린 후 먹기 좋은 길이로 자른다.
3. **볶음 양념 만들기** 준비한 재료를 한데 담아 고루 섞어 볶음 양념을 만든다.
4. **버섯 볶기** 달군 팬에 식용유를 반 덜어 두르고 버섯과 볶음 양념 반을 넣어 고루 섞어가며 볶는다.
5. **당면·채소 볶기** 다른 팬에 남은 기름을 두르고 당면과 당근, 부추, 고추, 남은 양념을 넣어 볶는다.
6. **버섯과 합쳐 볶기** 볶은 버섯과 당면을 섞어 한 번 더 볶는다. 모자라는 간은 소금으로 맞춘다.

팬에 볶으면서 무치면 더 맛있어요
잡채를 무칠 때 팬에 한 번 살짝 볶으면 간이 더 잘 배어들어 맛있어요. 너무 오래 볶으면 잡채에 끈기가 생겨 덩어리지기 쉬우니 간이 밸 정도로 살짝만 볶으세요.

고추장떡볶이 · 간장떡볶이

쫄깃한 떡볶이는 누구나 좋아하는 국민 간식이에요. 어묵을 넉넉히 넣고 매콤한 떡볶이를 만들어보세요.
매운 고추장 양념 대신 간장 양념으로 만들어도 맛있어요.

고추장떡볶이

이렇게 준비해요 (4인분)

떡볶이용 떡 500g
어묵 150g

고추장 양념
고추장 3큰술
간장 1/2큰술
설탕 2큰술
물엿 1큰술
물 1½컵

이렇게 만들어요

1 **떡 준비하기** 떡볶이용 떡은 말랑하면 그냥 씻어 건져두고, 딱딱하게 굳었으면 끓는 물에 살짝 데쳐서 사용한다.

2 **어묵 준비하기** 어묵은 5×2.5cm 크기로 썰어 체에 올려놓고 뜨거운 물을 부어 기름을 뺀다.

3 **양념 끓이기** 팬에 양념 재료를 넣어 잘 푼 뒤 불에 올려 끓인다.

4 **떡·어묵 넣고 끓이기** 양념에 떡을 넣고 눌어붙지 않게 저어가며 끓이다가, 어묵을 넣고 국물이 걸쭉해질 때까지 끓인다.

 **멸치국물로 감칠맛을 살려요**
멸치와 다시마로 국물을 내서 사용하면 감칠맛을 살릴 수 있어요. 좀 더 매운맛을 원하면 고춧가루의 비율을 늘려보세요.

간장떡볶이

이렇게 준비해요 (4인분)

떡볶이용 떡 500g
쇠고기 150g
표고버섯 2개
당근 20g
양파 50g
대파 10cm
식용유 조금

간장 양념
간장 2큰술
설탕 2큰술
물엿 1큰술
다진 마늘 1큰술
참기름 1작은술
후춧가루 조금
물 1½컵

이렇게 만들어요

1 **떡 준비하기** 말랑한 떡볶이용 떡을 준비한다. 딱딱할 경우 살짝 데쳐서 쓴다.

2 **부재료 준비하기** 쇠고기는 얇게 저며서 먹기 좋게 썰고, 표고버섯은 모양대로 저민다. 당근, 양파, 대파는 길고 납작하게 썬다.

3 **양념 준비하기** 간장 양념 재료를 분량대로 배합해둔다.

4 **재료 볶기** 팬에 식용유를 두르고 양파와 대파, 쇠고기를 볶다가 떡과 버섯, 당근을 넣어 볶는다. 마지막에 준비한 양념을 넣고 간이 배도록 볶는다.

 **고기, 버섯을 넣고 궁중떡볶이를 만들어도 좋아요**
궁중떡볶이는 가래떡을 적당한 크기로 썰어 쇠고기, 표고버섯, 숙주 등을 넣고 간장 양념을 해서 맵지 않게 볶은 것이에요. 간장떡볶이에 고기와 버섯, 갖은 채소를 넣고 궁중떡볶이를 만들어보세요.

해물파전

실파와 부추를 밀가루 반죽과 섞어 팬에 떠놓고 그 위에 해물을 듬뿍 얹어
노릇하게 지진 전. 오징어나 새우를 넣어도 맛있어요.

이렇게 준비해요 (4인분)

굴 · 조갯살 · 홍합살 50g씩
실파 100g
부추 50g
붉은 고추 1/2개
식용유 적당량

반죽
밀가루 2/3컵
멥쌀가루 1/2컵
달걀 1개
소금 1작은술
물 1⅓컵

이렇게 만들어요

1. **굴 · 조갯살 · 홍합살 씻기** 굴과 조갯살, 홍합살은 체에 밭친 채 엷은 소금물에 흔들어 씻어 물기를 뺀다.
2. **실파 · 부추 · 고추 준비하기** 부추와 실파는 다듬어 씻어 15cm 정도 길이로 자른다. 붉은 고추는 씨를 털고 곱게 채 썬다.
3. **반죽 만들기** 밀가루와 멥쌀가루, 소금을 분량대로 배합해 섞은 뒤, 달걀을 깨뜨려 풀고 물을 조금씩 넣어가며 반죽한다.
4. **재료 넣고 반죽하기** 밀가루 반죽에 준비한 실파와 부추, 붉은 고추, 해물을 넣고 살살 버무린다.
5. **반죽 떠서 지지기** 뜨겁게 달군 팬에 기름을 두르고 반죽을 국자로 떠 올린다. 재료를 고르게 흩어주면서 얇게 편 다음, 앞뒤로 노릇하게 지진다.

해물 위에 밀가루 반죽을 살짝 덮으세요
해물의 물기가 남아있으면 재료가 반죽에서 분리돼 파전 모양이 흐트러지기 쉬워요. 해물이 반죽에 잘 붙어있게 하려면, 반죽 위에 해물을 올린 다음 그 위에 밀가루 반죽을 살짝 바르세요. 이렇게 하면 해물이 반죽에서 잘 분리되지 않는답니다.

애호박전·표고버섯전·연근전

정성으로 지진 버섯전과 채소전. 달걀물을 씌워 고소하게 지진 버섯전과 채소전은 반찬으로는 물론 잔치나 제사 음식으로도 상에 자주 오르는 우리 음식이에요.

애호박전

이렇게 준비해요 (4인분)

애호박 1개
소금 조금
밀가루 4큰술
달걀 1개
식용유 2큰술

초간장
간장 2큰술
물 · 식초 1큰술씩
잣가루 1/2작은술

이렇게 만들어요

1. **애호박 소금에 절이기** 애호박을 0.5cm 두께로 둥글게 썰어 소금을 조금 뿌려두었다가 물기를 닦는다.
2. **팬에 지지기** 애호박에 밀가루를 얇게 묻힌 다음 달걀물에 담갔다가 건져 기름 두른 팬에 노릇하게 지진다.
3. **초간장 곁들이기** 초간장을 만들어 곁들인다.

표고버섯전

이렇게 준비해요 (4인분)

마른 표고버섯
(작은 것) 12개
다진 쇠고기 100g
두부 1/8모
밀가루 2큰술
달걀 2개
식용유 3큰술

초간장
간장 2큰술
물 · 식초 1큰술씩
잣가루 1/2작은술

소 양념
간장 1큰술
설탕 1/2큰술
다진 파 2작은술
다진 마늘 1작은술
참기름 1작은술
깨소금 1작은술
소금 · 후춧가루
조금씩

이렇게 만들어요

1. **표고버섯 불리기** 마른 표고버섯은 미지근한 물에 담가 불려 기둥을 뗀다.
2. **소 양념하기** 두부는 칼로 으깬 뒤 면포에 싸서 물기를 꼭 짠다. 소 양념을 섞어 으깬 두부, 다진 쇠고기와 섞는다.
3. **소 채워서 지지기** 표고버섯의 안쪽에 밀가루를 묻히고 소를 채운 뒤 밀가루를 뿌린다. 이것을 달걀물에 담갔다가 건져 달군 팬에 식용유를 두르고 앞뒤로 지진다.

연근전

이렇게 준비해요 (4인분)

연근 250g
소금 1작은술
밀가루 2큰술
식용유 2큰술

밀가루옷
밀가루 3/4컵
물 1/2컵
간장 2작은술
참기름 2작은술

초간장
간장 2큰술
물 · 식초 1큰술씩
잣가루 1/2작은술

이렇게 만들어요

1. **연근 삶기** 연근은 지름이 3~5cm 정도 되는 것으로 골라 껍질을 벗기고 0.7cm 두께로 둥글게 썬다. 끓는 물에 소금을 조금 넣고 삶아 건진다.
2. **밀가루옷 입혀 지지기** 연근에 날 밀가루를 묻힌 뒤, 분량의 재료를 섞어 만든 밀가루 옷에 담갔다가 건져 기름 두른 팬에 앞뒤로 노릇하게 지진다.

도토리묵무침 · 메밀묵무침

오이와 쑥갓을 넣고 매콤하게 무친 도토리묵, 새콤하게 맛이 든 김치로 매콤 고소하게 무친 메밀묵. 입맛 돋게 하는 다이어트 건강식이랍니다.

도토리묵무침

이렇게 준비해요 (4인분)

도토리묵 1모
오이 1/2개
풋고추 2개
쑥갓 조금

양념장
간장 3큰술
굵은 고춧가루 1큰술
설탕 2작은술
다진 파 1큰술
다진 마늘 1작은술
참기름·깨소금 1큰술씩

이렇게 만들어요

1 **도토리묵 썰기** 도토리묵은 묵칼을 사용해 직사각형으로 도톰하게 썬다.

2 **채소 준비하기** 오이는 반달 모양으로 썰고, 풋고추는 반 갈라 어슷하게 썬다. 쑥갓은 적당한 길이로 자른다.

3 **양념에 버무리기** 준비한 양념장 재료를 섞어 도토리묵과 오이, 풋고추, 쑥갓 등에 넣고 고루 버무린다.

메밀묵무침

이렇게 준비해요 (4인분)

메밀묵 1모
배추김치 1/8포기

양념장
간장 1½큰술
설탕 1/2큰술
다진 파 1큰술
다진 마늘 1/2큰술
참기름 2큰술
깨소금 1큰술

이렇게 만들어요

1 **메밀묵 썰기** 메밀묵은 반 잘라 0.7cm 두께로 길쭉하게 썬다.

2 **김치 썰기** 잘 익은 배추김치는 소를 털어내어 잘게 썰어 물기를 꼭 짠다.

3 **양념장 만들기** 간장에 설탕, 다진 파, 다진 마늘, 참기름, 깨소금을 섞어 양념장을 만든다.

4 **양념에 버무리기** ②의 김치와 묵을 한데 담고 양념장을 넣어 무친다. 메밀묵과 김치를 그릇에 옆옆이 담고 양념장을 끼얹어도 좋다.

메밀묵밥을 만들어도 좋아요
메밀묵무침에 장국을 부어 묵밥을 만들어도 좋아요. 장국은 멸치와 다시마로 국물을 낸 뒤 국간장으로 간해서 만들면 됩니다. 도토리묵 역시 김치 양념을 해서 무침을 만들어도 좋고, 장국을 부어 도토리묵밥으로 먹어도 맛있답니다.

해파리냉채

오돌오돌 씹히는 맛이 좋은 해파리냉채. 새콤달콤하면서 진한 마늘 향이 감도는 해파리냉채는 코스 요리에 빼놓을 수 없는 전채예요.

이렇게 준비해요 (4인분)

해파리 200g
오이 1개
방울토마토 5개

해파리 밑간
설탕 1/2큰술
식초 1큰술

마늘 소스
굵게 다진 마늘 2큰술
다진 붉은 고추 1/2큰술
식초 1/2컵
설탕 1/3컵
간장 1/2큰술
소금 1/2작은술
참기름 1/2큰술
겨자 2작은술
물 1컵

이렇게 만들어요

1. **해파리 손질하기** 해파리는 주물러 씻어 건져서 돌돌 말아 곱게 채 썬다. 채 썬 해파리는 끓는 물에 살짝 데치듯이 넣었다가 바로 건져서, 미지근한 물에 담가 떫은맛과 짠맛을 뺀다.
2. **식초·설탕으로 맛내기** 해파리의 물기를 꼭 짠 다음 식초와 설탕을 넣고 맛이 배도록 여러 번 주무른다.
3. **오이·토마토 준비하기** 오이는 채 썰고, 방울토마토는 반 자른다.
4. **마늘 소스 만들기** 굵게 다진 마늘에 식초를 넣어 고루 섞은 다음 나머지 재료를 다 넣고 섞어 마늘 소스를 만든다. 칼칼한 맛을 원하면 겨자를 넣고 섞어 차게 둔다.
5. **접시에 담고 소스 붓기** 접시에 토마토와 오이, 해파리를 담고 소스를 넉넉히 붓는다.

칼칼한 맛을 내려면 마늘 소스에 고추기름을 더해요
마늘 소스는 해물로 만든 음식과 잘 어울리는데, 굵직하게 다지거나 채 썰어 향을 진하게 내는 것이 좋아요. 마늘 소스에 겨자 갠 것을 넣으면 매콤한 맛을 더할 수 있어요.

탕평채

봄철에 떨어진 입맛을 회복하기에 좋은 반찬. 녹두가루로 쑨 청포묵을 초간장으로 무치면 새콤하고 부드러운 탕평채가 완성돼요.

이렇게 준비해요 (4인분)

청포묵 1모
미나리·숙주 1줌씩
붉은 고추 1/2개

묵 밑간
소금 1작은술
참기름 2큰술

초간장
간장 1/2큰술
식초 4큰술
물 2큰술
설탕 1큰술
소금 조금

이렇게 만들어요

1. **묵 썰어 밑간하기** 청포묵은 나무젓가락 굵기로 채 썰어 끓는 물에 데쳐서 찬물에 헹군 다음, 소금과 참기름을 넣고 버무린다.
2. **미나리·숙주·고추 준비하기** 미나리는 끓는 물에 데쳐 찬물에 헹구고 4cm 길이로 썬다. 숙주는 머리와 꼬리를 떼고 끓는 물에 데친 다음 찬물에 헹궈 건진다. 붉은 고추는 곱게 채 썰어 준비한다.
3. **초간장 만들기** 준비한 재료를 섞어 초간장을 만든다.
4. **초간장 뿌리기** 청포묵과 숙주, 미나리, 고추를 가볍게 섞고 초간장을 뿌린 다음 접시에 담는다.

식초를 빼고 무쳐도 좋아요
새콤한 초간장에 무치는 탕평채는 궁중 음식의 전채와도 같아요. 식초를 빼고 소금, 참기름으로 무치면 청포묵무침이 됩니다. 구운 김을 부숴 위에 뿌려도 좋아요.

part

6

사계절
김치·장아찌 피클

김치와 장아찌는 우리 식탁에 없어서는 안 될 기본 밑반찬이에요. 요즘은 사 먹는 사람도 많지만, 김치는 역시 집에서 담가야 제 맛이죠. 겨우내 익혀 먹는 김장김치, 국물 맛이 시원한 물김치, 즉석에서 담가 먹는 겉절이까지, 제대로 담근 김치로 엄마의 손맛을 보여주세요.

통배추김치

속이 꽉 찬 통배추를 절여 배춧잎 사이사이에 소를 넣고 익힌 김치. 김장철에 담그는 대표적인 김치랍니다. 배추를 잘 절이고 양념 비율을 정확히 맞추는 것이 맛내기 비결이에요.

이렇게 준비해요

배추 10포기(30kg)
소금물 20컵
(굵은소금 10컵, 물 20컵)

김칫소
무 3개(4.5kg)
쪽파 1단
미나리 2단
대파 1/2단
마늘 10통
생강 3톨
생굴 1컵
생새우 2컵
고춧가루 10컵
새우젓·멸치젓 1컵씩
설탕 1/4컵

국물
꽃소금 4큰술
물 10컵

이렇게 만들어요

1. **배추 반으로 자르기** 배추는 살짝 칼집만 넣어 양손으로 배추를 벌리듯이 쪼갠다. 이렇게 하면 배추 속에 있는 작은 잎들이 떨어지지 않는다.

2. **소금에 절이기** 자른 배추는 소금물에 담그고 배추 안쪽에 굵은소금을 뿌려서 하룻밤 정도 절인 후, 깨끗이 씻어 소쿠리에 엎어 물기를 뺀다.

3. **부재료 준비하기** 무는 채썰고, 쪽파와 미나리는 4cm 길이로 썬다. 대파는 흰 부분만 채 썰고, 마늘과 생강은 곱게 채 썬다. 새우젓은 곱게 다진다.

4. **굴·새우 준비하기** 생굴과 생새우는 신선한 것으로 준비해 연한 소금물에 헹궈 물기를 뺀다.

5. **김칫소 만들기** 준비한 김칫소 재료를 한데 담고 고루 섞는다.

6. **배추에 소 넣기** 물기 뺀 배춧잎 사이사이에 소를 고루 펴 넣고 흩어지지 않게 감싸서 김치통에 꼭꼭 눌러 담는다.

7. **국물 붓기** 김장김치로 담그는 것이 아닐 경우 소를 버무린 그릇에 물을 부어 헹군 뒤 소금을 풀어 김치 위에 붓는다. 상온에서 하루 정도 익힌 다음 냉장고에 넣어 천천히 익혀가며 먹는다.

배추 절이기의 기본
배추를 절일 때의 염도는 배추 1포기당 굵은소금 1컵 정도가 적당해요. 염도는 계절에 따라 달리하는데, 여름에는 10~15%, 겨울에는 20~25%로 맞추는 게 좋아요. 절이는 시간은 실온에서 6~7시간 정도면 적당합니다.

백김치

고춧가루와 젓갈을 쓰지 않는 대신 배와 밤, 잣을 넣어 시원하게 만든 김치.
한국의 전통 샐러드와도 같은 백김치는 담백하고 시원해서 아이들도 잘 먹는답니다.

이렇게 준비해요

배추 5포기(15kg)
소금물 12컵
(굵은소금 6컵, 물 12컵)

김칫소
무 2개(3kg)
배 1개
미나리 1단
쪽파·대파 1/2단씩
마늘 5통
생강 3톨
실고추(또는 마른 고추) 20g
밤 10개
잣 2큰술
불린 표고버섯 4개
석이버섯 10g
꽃소금 1/2컵
설탕 조금

김칫국물
꽃소금 2/3컵
새우젓 1/2컵
배 1개
설탕 조금
물 20컵

이렇게 만들어요

1. **배추 절이기** 배추는 살짝 칼집만 넣어 손으로 쪼갠 다음, 소금물에 담그고 뻣뻣한 줄기에 굵은소금을 뿌려서 6시간 정도 절인다. 절인 배추는 깨끗이 씻어 소쿠리에 엎어 물기를 뺀다.

2. **무·배 썰기** 무와 배는 비슷한 크기로 채 썬다.

3. **양념 재료 준비하기** 쪽파와 미나리는 4cm 길이로 썰고, 대파는 흰 부분만 채 썬다. 마늘과 생강은 곱게 채 썰고, 새우젓은 곱게 다진다.

4. **버섯·견과·실고추 준비하기** 불린 표고버섯과 밤은 채 썰고, 석이버섯도 불려 적당한 길이로 자른다. 실고추는 3~4cm 길이로 자르고, 잣도 준비한다.

5. **김칫국물 만들기** 깨끗한 물에 배를 갈아 넣고 다진 새우젓과 소금, 설탕을 섞어 삼삼한 맛이 나는 국물을 만든다.

6. **김칫소 만들기** 준비한 김칫소 재료를 한데 담고 고루 섞는다.

7. **배추에 소 넣고 국물 붓기** 배춧잎 사이사이에 소를 골고루 펴 넣고 잘 감싸 통에 꼭꼭 눌러 담은 뒤, 배추가 푹 잠기도록 국물을 넉넉히 부어 익힌다.

1

3

4

5

마늘과 생강은 거즈에 싸서 넣어야 깔끔해요

고춧가루가 들어가지 않은 백김치는 이북 지방에서 담그는 동치미의 일종으로 맛이 깔끔하고 시원한 것이 특징이죠. 특히 이북에서는 겨울밤, 김칫국물에 국수나 밥을 말아서 차게 먹는 풍습이 있는데 그 맛이 일품이랍니다. 김치를 담글 때 채 썬 마늘과 생강을 거즈에 싸서 넣으면 국물이 깨끗하고 맛이 깔끔해요. 김치는 담가서 살짝 발효시킨 다음 냉장고에 넣어야 천천히 익으면서 싸한 맛이 납니다.

총각김치

작고 단단한 총각무를 충분히 절여 매운 양념으로 버무린 무김치.
무청이 싱싱한 것으로 준비해 담그면 무와 열무의 맛과 영양을 모두 챙길 수 있어요.

이렇게 준비해요

총각무 5단
쪽파 1단
굵은소금 2컵

양념
미나리 1/2단
대파 2뿌리
다진 마늘 1/2컵
다진 생강 1/4컵
고춧가루 3컵
설탕 3큰술
새우젓 1/3컵
멸치액젓 1컵
실고추 20g

찹쌀풀
찹쌀가루 4큰술
물 3컵

국물
꽃소금 2큰술
물 5컵

이렇게 만들어요

1. **총각무 다듬기** 총각무는 깨끗이 다듬어 솔로 문질러 씻는다. 쪽파와 미나리도 다듬어 씻어 건진다. 너무 큰 총각무는 반 가른다.

2. **소금에 절이기** 총각무에 굵은소금과 물을 뿌려 무가 휘어지도록 3시간 정도 절인다. 절이면서 생긴 물은 버리지 않는다.

3. **쪽파·미나리 절이기** 쪽파와 미나리는 3~4cm 길이로 썰어 무 절인 물에 넣어 살짝 절인다. 새우젓은 굵게 다진다.

4. **물에 헹구어 건지기** 총각무, 쪽파, 미나리는 물에 헹궈 건진다.

5. **찹쌀풀 만들기** 냄비에 물을 부어 끓이다가 찹쌀가루를 넣고 저어가며 찹쌀풀을 만든다.

6. **양념 만들기** 고춧가루에 멸치액젓을 넣어 잠시 불린 뒤 찹쌀풀을 넣는다. 그런 다음 어슷하게 썬 대파와 다진 마늘, 다진 생강, 새우젓, 설탕, 미나리를 모두 넣고 잘 섞어 김치 양념을 만든다.

7. **양념에 버무리기** ⑥에 총각무와 쪽파를 넣고 골고루 버무린다.

8. **묶어서 통에 담고 국물 붓기** 총각무와 실파를 두세 가닥씩 말아 둥글게 묶어서 김치통에 차곡차곡 담는다. 양념을 버무렸던 그릇에 물과 소금을 넣고 헹구어 통에 부어 익힌다.

상에 낼 때 무청은 먹기 좋은 크기로 잘라 담아요

총각김치는 김장을 하기 전에 일찍 동치미와 함께 담가두는 김치예요. 늦게 담그는 김치는 멸치젓이나 풀을 적게 쓰고 새우젓이나 황석어젓으로 간을 세게 해서 우거지로 덮어두는 것이 특징입니다. 총각김치를 상에 낼 때 한 묶음씩 꺼내 무는 그대로, 무청은 먹기 좋은 크기로 썰어 옆옆이 담아내면 보기 좋을 뿐 아니라 먹기도 좋아요.

열무물김치

열무비빔밥, 열무냉면의 재료로 요긴하게 쓰이는 대표 물김치.
연한 열무와 얼갈이배추를 살짝 절여 붉은 고추를 갈아 넣고 풀을 쑤어 담가서 시원한 맛이 좋아요.

이렇게 준비해요

열무 1단
얼갈이배추 1/2단
쪽파 1/3단
양파 1개
풋고추 5개
붉은 고추 2개
굵은소금 1컵

밀가루풀
밀가루 2큰술
물 1컵

김칫국물
붉은 고추 간 것 2컵
다진 마늘 2큰술
다진 생강 1작은술
굵은소금 1/2컵
물 15컵

이렇게 만들어요

1 **열무·배추 절이기** 열무와 얼갈이배추는 깨끗이 다듬어 5cm 길이로 썬 다음, 물에 씻어 건져서 굵은소금을 뿌려 절여둔다.

2 **밀가루풀 쑤기** 물 1컵을 끓여 밀가루 2큰술을 풀어 넣고 저어 풀을 쑨다.

3 **쪽파·양파·고추 썰기** 쪽파는 5cm 길이로 자르고 양파와 풋고추, 붉은 고추는 어슷하게 썬다.

4 **고춧물 섞기** 붉은 고추 간 것에 다진 마늘과 다진 생강을 넣어 고루 섞는다.

5 **김칫국물 만들기** 밀가루풀을 물에 잘 푼 후 쪽파, 양파, 고추와 ④의 양념을 넣고 소금으로 간해서 김칫국물을 만든다.

6 **통에 담고 국물 붓기** 절인 열무와 얼갈이배추를 김치통에 한 줌 담고 김칫국물을 붓는다. 남은 재료도 국물과 번갈아 담는다.

7 **김치 익히기** 담근 김치를 상온에 하룻밤 두어 익혀서 냉장고에 보관한다.

여름 열무물김치는 붉은 고추만 갈아 넣어도 맛있어요

여름 김치로 많이 담그는 열무물김치는 고춧가루를 넣지 않고 붉은 고추만 갈아서 넣어도 칼칼하면서 맛있어요. 붉은 고추에 풀을 쑤어 넣고 마늘과 소금 등을 넣어 곱게 간 다음 절인 열무 위에 끼얹으면 돼요. 열무를 손질할 때는 풋내가 나지 않도록 씻을 때 살살 씻어 건지고, 풀을 넣어 담그면 설탕을 넣지 않아도 쓴맛을 줄일 수 있어요. 절인 열무를 양념에 버무려 국물을 자작하게 부어 익히면 열무김치가 됩니다.

깍두기

무를 주사위 모양으로 썰어 생굴을 넉넉히 넣고 고춧가루 양념에 버무려 익힌 깍두기.
깍두기는 단단한 무로 담가야 아삭아삭해서 맛있어요.

이렇게 준비해요

무(중간 크기) 4개
실파 200g
미나리 100g
생굴 2컵

양념
대파 1뿌리
마늘 2통
생강 1톨
고춧가루 3컵
새우젓 1/2컵
꽃소금 · 설탕 1큰술씩

이렇게 만들어요

1. **무 썰기** 무를 단단하고 매끄러운 것으로 준비해 잔뿌리를 떼고 깨끗이 씻어 2×2.5cm 크기의 주사위 모양으로 썬다.

2. **미나리 · 파 썰기** 실파와 미나리는 다듬어 씻은 뒤 3cm 길이로 썰고, 대파는 어슷하게 썬다. 마늘과 생강은 다져서 준비한다.

3. **굴 · 새우젓 준비하기** 생굴은 소금물에 씻어 건지고, 새우젓은 굵게 다진다.

4. **양념에 버무리기** 무에 고춧가루를 넣고 버무려 물을 들인다. 빨갛게 물이 들면 다진 마늘, 다진 생강, 새우젓, 꽃소금, 설탕을 넣고 버무린 다음 실파와 미나리, 대파, 굴을 넣고 가볍게 섞는다.

5. **김치통에 담기** 소금을 뿌려 전체적으로 간을 맞춰 김치통에 담는다. 하룻밤 두었다가 냉장고에 보관한다.

굴깍두기는 빨리 시어지니 조금씩 담그세요
깍두기는 새우젓을 넣으면 새우젓깍두기, 굴을 넣으면 굴깍두기라고 해요. 옛날 궁중에서는 작게 송송 썰어 담가 송송이라 하기도 했어요. 굴이 제철이 아닐 때는 넣지 않아도 됩니다. 굴을 넣으면 빨리 시어지므로 일정 기간 먹을 만큼만 만드는 것이 좋아요.

동치미

무를 통째로 절여서 양념 국물을 부어 익힌 동치미. 고춧가루 없이 담가 무 자체의 시원한 맛을 즐기는 대표적인 무김치입니다.

이렇게 준비해요

동치미 무(중간 크기) 20개
배 2개
갓 1/2단
쪽파 1/4단
대파 10뿌리
마늘 3통
생강 3톨
삭힌 풋고추 200g
굵은소금 3컵

국물
굵은소금 3컵
물 50컵

이렇게 만들어요

1 **무 절이기** 무는 잔털을 떼고 솔로 말끔히 씻은 뒤, 껍질을 벗기지 말고 소금에 굴려서 하룻밤 절인다.

2 **부재료 준비하기** 배는 껍질째 4등분하고, 갓과 쪽파는 소금에 살짝 절여 2~3가닥씩 말아 묶는다.

3 **양념 재료 준비하기** 대파는 흰 부분만 자르고 마늘과 생강은 저며서 함께 거즈 주머니에 담는다. 고추는 꼭지째 소금물에 담가 노르스름하게 삭힌다.

4 **소금 거르기** 굵은소금을 소쿠리에 담아 큰 그릇 위에 걸쳐두고 그 위로 물을 부어 소금이 녹아내리게 한 뒤 가라앉힌다. 깨끗한 꽃소금은 잘 풀어서 그대로 녹인다.

5 **김치통에 담고 국물 붓기** 김치통 바닥에 대파, 마늘, 생강을 넣은 양념 주머니를 놓고 절인 무와 배, 말아 놓은 쪽파, 갓, 삭힌 고추를 켜켜로 담은 뒤 ④의 소금물을 붓는다.

김장 때 가장 먼저 담그는 동치미
해마다 김장철이면 통배추김치, 깍두기, 동치미, 총각김치 등 김치를 다양하게 담가 먹었어요. 여러 가지 김치 중에서 가장 먼저 담그는 것이 동치미인데, 동치미는 한 달 정도 지나야 익기 때문에 제일 먼저 담갔답니다.

나박김치

무와 배추를 나박나박 썰어 김칫국물을 부어 익히는 나박김치는 제사상에 올리는 대표 김치입니다. 시원하고 새콤해서 떡상에 내면 잘 어울려요.

이렇게 준비해요

무 1개
배추 1/2포기
미나리 30g
대파(흰 부분) 6cm
붉은 고추 1개
마늘 1통
생강 1쪽
굵은소금 적당량

김칫국물
고춧가루 2큰술
설탕 1큰술
꽃소금 4큰술
물 10컵

이렇게 만들어요

1. **무·배추 썰기** 무를 깨끗이 씻어 3cm 길이로 토막 내어 2.5cm 너비, 0.4cm 두께로 납작하게 썬다. 배추는 씻어서 길이로 2등분해 3cm 너비로 썬다. 무와 배추를 각각 굵은소금을 뿌려 절인다.
2. **양념 준비하기** 미나리와 대파, 붉은 고추는 3cm 길이로 썰고, 마늘과 생강은 가늘게 채 썬다.
3. **김치 버무리기** 무와 배추가 절여졌으면 물기를 뺀 뒤, 미나리, 대파, 고추, 마늘, 생강을 넣고 한데 버무려 김치통에 담는다.
4. **김칫국물 만들어 붓기** 김치를 버무린 그릇에 물을 붓고 고춧가루를 면포에 싸서 흔들어 붉은 빛이 우러나게 한 다음, 꽃소금과 설탕으로 간을 맞추고 김치통에 부어 하룻밤 두었다가 냉장고에 넣는다.

제사에 빠지지 않는 나박김치
나박김치는 만들기 쉬워 언제든 담가 먹을 수 있어요. 예부터 제사상에는 꼭 나박김치를 올렸는데, 담가서 하루 이틀이면 익기 때문에 큰일 앞두고 김치부터 담그곤 했답니다. 제사상에 올리는 나박김치는 고춧가루를 넣지 않고 담가야 합니다.

섞박지

배추와 무를 나박나박 썰어 젓갈과 여러 양념으로 섞어 만든 김치. 배추김치 사이사이에 무를 크게 썰어 박아 넣는다 하여 섞박지라고 부른답니다.

이렇게 준비해요

배추 2포기
무 1/2개
쪽파 1/5단
굵은소금 적당량

양념
대파 2뿌리
고춧가루 2컵
다진 마늘 1/2컵
다진 생강 2큰술
새우젓 1/3컵
멸치액젓 1/2컵
설탕 2큰술
꽃소금 조금
물 1/4컵

이렇게 만들어요

1 **배추·무 절이기** 배추는 3×4cm로 썰고 무도 같은 크기로 얄팍하게 썰어, 각각 굵은소금을 뿌리고 물을 훌훌 흩뿌려서 30분쯤 절인다. 절인 배추는 물에 두 번 정도 씻어 건져 물기를 뺀다. 무는 씻지 말고 물기만 뺀다.

2 **파 다듬어 썰기** 쪽파는 다듬어 씻어 4cm 길이로 썰고, 대파는 어슷하게 썬다.

3 **양념 만들기** 고춧가루에 물을 붓고 마늘, 생강, 대파, 젓갈을 넣어 잘 섞은 다음, 꽃소금과 설탕을 넣어 고루 버무린다.

4 **양념에 버무리기** 절인 배추와 무를 한데 담고 양념을 넣어 고루 섞은 뒤 쪽파를 넣어 버무린다. 간을 보아 싱거우면 소금을 조금 더 넣는다.

5 **김치통에 담기** 김치통에 담고 꼭꼭 누른 다음, 양념 그릇에 물을 부어 소금 간을 한 후 김치통에 붓는다.

무는 큼직하게 잘라 넣어요

김장용으로 배추김치를 담글 때 무를 큼직하게 잘라 사이사이에 넣으면 무의 시원한 맛이 더해져 맛있어요. 김장김치가 제대로 익기 전에 먹을 수 있도록 섞박지를 만들어 왔는데 요즘에는 별미 김치로 만들어 즐기기도 한답니다.

배추겉절이

참기름, 통깨를 넣고 가볍게 훌훌 버무려 생채처럼 먹는 즉석 김치. 오래 두면 맛이 덜하니 며칠 먹을 분량만 담그세요.

이렇게 준비해요

배추 1/2포기
굵은소금 1/2컵

양념
고춧가루 1/2컵
다진 파 2큰술
다진 마늘 1큰술
다진 생강 1작은술
새우젓 2큰술
설탕·참기름·통깨 1큰술씩
소금 적당량
물 1컵

이렇게 만들어요

1. **배추 절여 씻기** 배추는 소금을 뿌려 절인다. 절인 배추는 물에 깨끗이 씻은 뒤 물기를 빼고 손으로 쭉쭉 찢는다.
2. **양념 만들기** 고춧가루에 물 1컵을 붓고 불린다. 여기에 다진 파와 마늘, 생강, 설탕, 새우젓을 넣고 잘 섞어서 양념을 만든다.
3. **양념에 버무리기** 만든 양념에 배추 찢은 것을 넣고 고루 무친다. 통깨와 참기름을 넣고 버무려 맛을 내고, 모자라는 간은 소금으로 맞춘다.

겉절이를 더욱 맛있게 담그려면

겉절이 양념이 배추에 잘 어우러지지 않을 때는 밀가루풀이나 찹쌀풀을 양념에 같이 넣으면 좋아요. 설탕을 조금 줄이고 대신 물엿을 쓰는 것도 한 가지 방법이죠. 겉절이에 윤기가 더해져 더 맛깔스러워요. 오이와 풋고추, 미나리 등을 같이 넣고 무쳐도 맛있어요.

오이소박이

오이에 칼집을 내고 절여서 소를 채워 넣고 익힌 김치. 잘 익어 아삭아삭하고 상큼한 오이소박이는 보기만 해도 입에 침이 고여요.

이렇게 준비해요

오이 10개
소금물 3컵
(굵은소금 1/2컵, 물 3컵)

소
부추 1/2단
고춧가루 · 물 1/2컵씩
다진 파 4큰술
다진 마늘 2큰술
다진 생강 1작은술
꽃소금 · 설탕 조금씩

국물
꽃소금 1큰술
물 4컵

이렇게 만들어요

1. **오이 손질하기** 오이를 소금으로 문질러 씻어 6~7cm 길이로 토막 낸 뒤 십자로 칼집을 넣는다. 소금물에 1시간 정도 절여 물기를 꼭 짠다.
2. **부추 손질해 썰기** 부추를 물에 살살 씻어 물기를 뺀 뒤 1cm 길이로 썬다.
3. **소 만들기** 고춧가루를 물에 잘 갠 뒤 부추와 파, 마늘, 생강을 넣어 고루 섞는다. 꽃소금과 설탕으로 맛을 낸다.
4. **오이에 소 넣기** 절인 오이에 ③의 소를 채워 넣는다. 칼집 낸 곳을 살짝 벌려 소를 집어넣고 빠져나오지 않도록 꽉 쥔 다음 김치통에 눌러 담는다.
5. **국물 붓기** 남은 소에 물을 붓고 꽃소금으로 간해 오이소박이 위에 골고루 뿌린다.

오이는 충분히 절여야 물러지지 않아요
오이소박이를 바로 해서 먹으려면 조금만 절여도 되지만, 익혀서 먹으려면 충분히 절여야 물러지지 않아요. 담가서 빨리 먹으려면 김치통에 담을 때 소금물을 부으세요. 발효가 빨라져 새콤한 맛을 즐길 수 있어요. 쪽파는 숨이 살짝 죽을 정도로만 절이는 것이 적당합니다.

고추소박이

절인 풋고추에 양념한 무채 소를 채운 김치.
풋고추가 제철인 여름에 만들어 먹으면 칼
칼한 매운맛이 입맛을 돋게 해요.

이렇게 준비해요

풋고추 30개
소금물 3컵
(굵은소금 1/2컵, 물 3컵)

소
무 1/4개
붉은 고추 1개
고춧가루 1/4컵
다진 마늘 4큰술
멸치액젓 3큰술
설탕 1큰술
꽃소금 조금

이렇게 만들어요

1 **풋고추 다듬기** 풋고추를 꼭지를 떼고 씻어 길이로 칼집을 넣은 뒤 찻숟가락으로 씨를 훑어낸다. 소금물을 붓고 떠오르지 않게 무거운 접시 등으로 눌러 절인 다음 물기를 뺀다.
2 **무·고추 썰기** 무는 4cm 길이로 가늘게 채 썰고, 붉은 고추는 반 갈라 씨를 뺀 뒤 채 썬다.
3 **소 만들기** 고춧가루와 다진 마늘, 멸치액젓을 한데 섞고 설탕과 꽃소금으로 간한 뒤, 채 썬 무와 붉은 고추를 넣어 골고루 버무린다.
4 **풋고추에 소 넣기** 풋고추 속에 ③의 소를 꼭꼭 채워 넣는다.
5 **김치통에 담기** 김치통에 차곡차곡 담아 상온에서 반나절 정도 익힌 다음 냉장고에 넣는다.

 **부추로 소를 만들어도 좋아요**
무 대신 부추와 당근으로 소를 만들어 넣어도 좋아요. 부추는 송송 썰고 당근은 부추와 비슷한 크기로 채 썰어서 고춧가루와 액젓으로 양념하면 됩니다.

파김치

멸치액젓과 고추가루로 양념해서 푹 익혀 먹는 김치. 파김치는 오래 익혀서 푹 삭을수록 깊은 맛이 나요.

이렇게 준비해요

쪽파 2kg
멸치액젓 1/2컵

양념
고춧가루 · 물 2컵씩
멸치액젓 1컵
다진 마늘 2큰술
다진 생강 1작은술
꽃소금 · 설탕 1큰술씩
통깨 2큰술

찹쌀풀
찹쌀가루 2큰술
물 1컵

이렇게 만들어요

1. **쪽파 절이기** 쪽파를 다듬어서 깨끗이 씻어 건져 멸치액젓으로 절인다.
2. **찹쌀풀 쑤기** 찹쌀가루를 찬물에 멍울이 지지 않게 잘 풀어서 나무주걱으로 저어가며 끓여 충분히 식힌다.
3. **양념 만들기** 고춧가루에 물과 멸치액젓, 찹쌀풀을 넣어 섞은 뒤, 남은 양념 재료를 넣어 버무린다.
4. **쪽파에 양념 바르기** 절인 파에 ③의 양념을 골고루 바른 뒤 2~3가닥씩 돌돌 말아서 김치통에 담는다.

쪽파나 부추는 액젓에 절이는 게 좋아요
쪽파나 부추같이 여린 줄기는 액젓에 절여야 부드럽게 잘 절여져요. 파김치를 상에 올릴 때는 돌돌 말린 것을 가닥가닥 펴서 반으로 접거나 먹기 좋은 크기로 썰어서 접시에 담으세요.

부추김치

멸치액젓에 절인 부추를 칼칼하게 양념해 버무린 별미 김치. 겉절이처럼 바로 담가 먹거나 잘 익혀서 먹으면 제 맛이 나요.

이렇게 준비해요

부추 2단(1kg)
풋고추 2개
붉은 고추 1개
멸치액젓 1/3컵

양념
고춧가루 · 물 1컵씩
멸치액젓 1/3컵
다진 마늘 2큰술
통깨 1큰술

이렇게 만들어요

1. **부추 다듬어 씻기** 부추는 잎이 푸르고 가늘며 길이가 짧은 재래종으로 준비해 물에 살살 흔들어 씻어 물기를 뺀다.
2. **부추 · 고추 썰기** 부추는 지저분한 끝잎은 잘라내고, 고추는 반 갈라 채 썬 다음 씨를 턴다.
3. **양념 만들기** 고춧가루에 물을 넣어 갠 뒤 멸치액젓과 다진 마늘, 통깨를 넣어 잘 섞는다.
4. **양념에 버무리기** 부추와 고추를 한데 합한 다음 ③의 양념을 넣고 살살 버무린다. 바로 먹거나 김치통에 담아 익혀서 먹는다.

부추는 살살 다루어야 해요
부추는 잎이 연해서 풋내가 나기 때문에 씻을 때나 버무릴 때 살살 다루어야 해요. 지저분한 껍질을 당겨서 벗기고 흰 부분을 가지런히 양손으로 잡아 물 속에서 살살 흔들어 씻으면 됩니다. 부추는 소금에 절이지 않고 액젓으로만 버무려야 질기지 않아요.

깻잎김치

향긋한 맛이 좋은 여름철 대표 김치. 입맛을 잃기 쉬운 여름철, 조금씩 담가 먹으면 입맛을 돋우는 데 최고예요.

이렇게 준비해요

깻잎 50장
쪽파 5뿌리
풋고추 2개
붉은 고추 2개
통깨 조금

양념
고춧가루 1/2컵
멸치액젓 1/3컵
간장 2큰술
다진 마늘 2큰술
다진 생강 1작은술
설탕 조금
물 1/2컵

이렇게 만들어요

1. **깻잎 씻기** 깻잎을 한 장씩 흐르는 물에 깨끗이 씻어 물기를 탁탁 털고 체에 엎어둔다.
2. **쪽파·고추 썰기** 쪽파는 송송 썰고, 풋고추와 붉은 고추는 어슷하게 채 썬다.
3. **양념 만들기** 양념 재료를 모두 합해 고루 섞는다.
4. **깻잎에 양념 바르기** 깻잎을 3~4장씩 겹쳐 켜켜로 양념을 바른다. 중간중간 쪽파와 고추, 통깨를 뿌려가며 양념해서 김치통에 차곡차곡 담는다.

깻잎장아찌, 깻잎찜으로 먹어도 맛있어요
젓국을 많이 넣어서 만든 깻잎김치는 생으로 먹으면 깻잎장아찌가 되고 새콤하게 익히면 깻잎김치, 쪄서 먹으면 깻잎찜이 됩니다. 어느 것이든 향긋한 향취가 입맛을 자극해 뜨거운 밥과 함께 먹으면 정말 맛있어요.

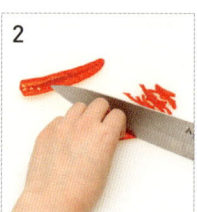

갓김치

갓과 쪽파로 담그는 전라도식 김치. 멸치액젓을 많이 넣어 칼칼하면서도 진한 맛이 느껴져요. 오래 익어 곰삭은 맛이 별미랍니다.

이렇게 준비해요

갓 4kg
쪽파 1단
무 1/2개
배 1개
밤 10개
마늘 4통
생강 2톨
소금물 40컵
(굵은소금 3컵, 물 40컵)

찹쌀풀
찹쌀가루 1/2컵
물 2컵

양념
고춧가루 3컵
멸치액젓·멸치국물 1컵
새우젓 1/4컵
통깨·실고추 조금씩
물 5컵

국물
꽃소금 1/2컵
물 4컵

이렇게 만들어요

1. **갓·쪽파 절이기** 갓은 연한 것으로 골라 물에 깨끗이 씻은 뒤 소금물에 2시간 정도 절인다. 쪽파는 다듬어 씻은 뒤 30분만 절여서 물에 헹구어 건진다.

2. **부재료 준비하기** 무는 3cm 길이로 채 썰어 소금에 살짝 절이고, 배는 무와 비슷한 크기로 채 썬다. 밤은 납작하게 저며 썰고, 마늘과 생강은 다진다.

3. **찹쌀풀 쑤기** 찹쌀가루를 물에 풀어 불에 올리고 잘 저어가며 풀을 쑨다.

4. **양념 만들기** 고춧가루에 물과 찹쌀풀을 섞은 뒤 나머지 양념 재료와 ②의 부재료를 넣어 버무린다.

5. **양념에 버무리기** 갓과 쪽파를 ④의 양념으로 버무린 뒤, 갓 3~4가닥과 쪽파 2가닥씩 묶어서 김치통에 눌러 담는다. 버무린 그릇에 물을 부어 헹군 뒤 꽃소금으로 간해 김치통에 붓는다.

 **찹쌀풀이 갓 특유의 씁쓸한 맛을 누그러뜨려요**
뻣뻣한 갓김치를 삭히는 데 가장 중요한 역할을 하는 것이 바로 찹쌀풀이에요. 찹쌀풀은 갓 특유의 씁쓸한 맛을 누그러뜨리고 젓갈의 비린내를 없애기도 합니다.

마늘초장아찌

대표적인 저장 음식. 마늘장아찌는 새콤달콤한 초장아찌와 간장장아찌가 있는데, 입맛 없을 때 물 만 밥과 함께 먹으면 식욕이 생긴답니다.

이렇게 준비해요

풋마늘 50통

간장물
식초·물 5컵씩
설탕 3컵
간장 2컵
꽃소금 2큰술

삭히는 물
굵은소금 1컵
물 6컵

이렇게 만들어요

1. **마늘 준비하기** 마늘의 겉껍질은 벗기고 속껍질은 조금만 남겨둔다. 대를 너무 바싹 자르면 나중에 마늘이 흩어지기 쉬우니 2cm 정도 남기고 자른다.
2. **소금물에 삭히기** 마늘을 소금물에 일주일 정도 삭힌다.
3. **간장물 만들기** 물에 설탕과 꽃소금을 넣어 녹이고 식초와 간장을 합하여 새콤달콤한 간장물을 만든다.
4. **마늘에 간장물 붓기** 삭힌 마늘을 병에 담고 뜨지 않도록 돌로 누른 뒤 간장물을 잠기도록 붓는다.
5. **국물 끓여서 병에 붓기** 일주일 후에 국물을 냄비에 따라 붓고 팔팔 끓여서 완전히 식힌 다음 다시 병에 붓는다.
6. **접시에 담기** 한 달쯤 지나 마늘이 잘 삭으면 가로로 반 잘라 담거나 껍질을 벗겨 알알이 담아낸다.

국물을 끓여 부으면 오래 저장할 수 있어요
담근 지 한 달쯤 되었을 때 장아찌 국물을 팔팔 끓여 식혀 다시 부으면, 오래 두고 먹어도 곰팡이가 끼거나 맛이 변하지 않아요. 물에 설탕과 소금이 잘 녹지 않으면 살짝 끓인 뒤 간장과 식초를 합하세요.

오이피클

아삭아삭 새콤달콤한 피클은 생각만 해도 입에 침이 고여요. 피클은 보통 오이로 많이 만들지만 양파, 고추, 셀러리 등으로 만들어도 맛있어요.

이렇게 준비해요

오이 5개
양파 1/2개
마늘 10쪽
마른 고추 2개
굵은소금 조금

단촛물
식초 · 설탕 · 물 3컵씩
꽃소금 1큰술
월계수 잎 4장
통후추 1큰술
정향 4개

이렇게 만들어요

1. **피클 재료 준비하기** 오이는 껍질째 소금으로 문질러 깨끗하게 씻은 뒤 도톰하고 어슷하게 자른다. 양파는 굵직하게 채 썰거나 네모지게 자른다. 마늘은 통으로 준비하거나 반으로 자른다. 마른 고추는 큼직하게 자른다.
2. **소금에 절이기** 손질한 재료에 굵은소금을 조금 뿌리고 살짝 절여서 물기를 뺀다.
3. **단촛물 끓여 식히기** 준비한 단촛물 재료를 한데 담고 한소끔 팔팔 끓인 뒤 충분히 식힌다.
4. **병에 담아 익히기** 오이와 양파 등을 병에 담고 식힌 단촛물을 붓는다. 실온에서 하루 정도 삭힌 다음 냉장고에 넣어 차게 보관한다.

아삭아삭 오이지 담그기

수분이 많고 너무 굵지 않으며 길이가 쭉 고른 다다기 오이를 골라서 깨끗하게 씻은 뒤 소금물을 끓여 부으세요. 오이가 푹 잠긴 상태로 3~4일이나 일주일 정도 두면 노르스름하게 절여지는데, 이것을 건져 냉장고에 두면 오래도록 제 맛을 유지할 수 있어요.

매실장아찌

유기산이 풍부한 매실을 설탕에 재두면 매실청이 만들어져요. 씨만 발라내고 고추장에 버무려 매실장아찌를 만들어보세요.

이렇게 준비해요

매실 1kg
설탕 4컵
고추장 2½컵

이렇게 만들어요

1. **매실청 만들기** 단단하고 흠집이 없는 청매실을 골라 깨끗이 씻고 물기를 닦은 뒤 유리병에 설탕과 함께 켜켜이 담는다. 며칠 지나 청이 고이면 무거운 것으로 눌러둔다.
2. **장아찌 담그기** 3개월이 지나면 청만 따로 유리병에 담는다. 매실은 씨를 발라내고 고추장에 버무린 다음 맨 위를 고추장으로 덮어 냉장고에 보관한다.

매실로 소금장아찌 담그기
매실청은 연두빛을 띠는 청매실로 담그고, 노랗게 익은 매실로는 소금장아찌를 담그면 좋아요. 깨끗이 씻은 유리병에 손질한 매실과 소금을 켜켜이 쌓아 서늘한 곳에 보관했다가 한 달 정도 지난 뒤에 먹으면 됩니다.

풋고추장아찌

풋고추에 새콤달콤한 간장물을 부어 익힌 풋고추장아찌. 짭조름한 맛과 새콤달콤한 맛이 잘 어우러진 밑반찬이에요.

이렇게 준비해요

풋고추 200g

간장물
식초 2컵
간장 1½컵
설탕 1/2컵
꽃소금 1큰술
물 1컵

이렇게 만들어요

1. **풋고추 준비하기** 풋고추를 꼭지째 씻어 물기를 닦고 꼬치로 군데군데 찔러 넣어 구멍을 낸다.
2. **간장물 만들기** 냄비에 간장과 꽃소금, 설탕, 물을 넣어 끓이다가 식초를 넣고 한소끔 끓여 식힌다.
3. **병에 담아 삭히기** 풋고추를 병에 담고 떠오르지 않게 돌로 누른 다음 ②의 간장물을 붓고 뚜껑을 닫아 10일 정도 삭힌다.

식촛물에 삭힌 다음 장아찌를 담가도 돼요

씻어서 군데군데 구멍을 낸 풋고추를 옅은 식촛물에 일주일 정도 삭힌 다음에 장아찌를 담그는 방법도 있어요. 한 번 삭힌 고추로 장아찌를 담그면 간장물을 다시 걸러 끓이지 않아도 됩니다.

찾아보기

ㄱ
가지나물 69
가지볶음 68
간장떡볶이 270
간장게장 55
간장새우장 57
갈비탕 106
갈치무조림 46
감자수제비 180
감자조림 85
감자탕 248
감잣국 120
갓김치 301
계량법 10
고구마순들깨볶음 95
고기 부위 18
고등어조림 47
고박고지나물 74
고사리나물 76
고추부각 90
고추소박이 297
고추장떡볶이 270
골동면 182
골뱅이북어포무침 61
구이 26
국 28
국물 32
국수전골 252
굴두부새우젓찌개 139
굴무생채 194
굴전 199
궁중비빔밥 150
김치 담그기 36
김치말이국수 185

김치치즈볶음밥 168
깍두기 290
깻잎김치 300
깻잎나물 70
꼬막양념무침 62
꽃게무침 59
꽃게찌개 130

ㄴ
나박김치 293
낙지볶음 242
낙지연포탕 210
냉이무침 80
너비아니구이 229

ㄷ
다시마튀각 90
단호박죽 189
닭갈비 238
닭매운찜 236
닭칼국수 178
대구맑은탕 134
대구탕 136
대보름나물 74
더덕구이 83
도라지나물 76
도라지오이생채 82
도토리묵무침 276
동치미 292
동치미냉면 183
동태매운탕 137
돼지갈비찜 230
돼지고기감자고추장찌개 129
돼지고기김치찌개 128

돼지고기김치찜 42
돼지보쌈 194
두부김치 96
두부조림 98
들깨미역국 217
등갈비강정 232
떡만둣국 174
뚝배기달걀찜 99

ㄹ
라이스치킨그라탱 166

ㅁ
마늘종볶음 93
마늘초장아찌 302
마파두부 244
매생이굴국 219
매실장아찌 304
메밀묵무침 276
메밀묵밥 186
멸치고추장볶음 66
멸치꽈리고추조림 67
명란두부찌개 138
무나물 72
무말랭이무침 79
무침 24
미역오이초무침 89
미역줄기볶음 92
미트소스 스파게티 256

ㅂ
바지락칼국수 176
밥 짓기 34
배추겉절이 295

배추속댓국 118
백김치 284
뱅어포구이 53
버섯잡채 267
버섯전골 214
볶음 24
부대찌개 147
부추김치 299
부추잡채와 꽃빵 266
북어찜 51
북어포양념구이 52
불고기 44
불고기뚝배기 126
불고기낙지전골 212

ㅅ
사골우거지국 104
삼계탕 202
무생채 78
삼치데리야키구이 50
새우부추죽 223
새우케첩볶음 243
생선 고르기 16
생선 손질하기 16
생태국 116
샤부샤부 250
섞박지 294
설렁탕 206
소스 29
소시지채소볶음 100
쇠갈비찜 226
쇠고기달걀덮밥 156
쇠고기무국 108
쇠고기미역국 110

쇠고기채소죽　187
수삼떡갈비　196
숙주나물　72
순두부찌개　140
스키야키　253
시금치나물　76
시래기나물　74
식품 계량법　10
식품 어림치　10
식품보관법　13
썰기　12
쑥갓나물　71
쑥콩가루국　218

ㅇ
아귀찜　240
아욱된장국　119
알솥밥　165
알탕　132
애호박된장찌개　145
애호박새우젓볶음　94
애호박전　274
양념장　20
양미리조림　49
양장피잡채　264
어묵국　123
어묵볶음　101
LA갈비구이　228
연근전　274
연근조림　84
열무물김치　288
영양솥밥　162
오므라이스　158
오삼불고기　234

오이미역냉국　124
오이소박이　296
오이지무침　81
오이피클　303
오징어무국　114
오징어볶음　60
오징어채무침　63
오코노미야키　260
오향장육　192
우무냉국　125
우엉조림　84
월남쌈　262
육개장　204
일본식 볶음우동　258

ㅈ
잔멸치아몬드볶음　65
잔치국수　179
잣죽　222
장아찌 담그기　39
장어구이　200
장조림　45
재첩국　122
쟁반국수　254
전　26
전골　30
전복죽　220
전주비빔밥　152
조림　22
주꾸미볶음　198
쫄면　184
찌개　30
찜　22

ㅊ
참치김치찌개　146
참치회덮밥　163
채소 고르기　14
채소 보관하기　14
청국장찌개　144
초계탕　207
총각김치　286
추어탕　208
취나물　74
취나물보리비빔밥　154
치즈오믈렛　169

ㅋ
카레라이스　160
칼 사용법　12
코다리조림　48
콩국수　181
콩나물　72
콩나물국　121
콩나물밥　164
콩비지김치찌개　143
콩비지찌개　142
콩자반　87

ㅌ
탕수육　264
탕평채　279
토란국　216
톳두부무침　88
통배추김치　282
튀김　26

ㅍ
파김치　298
팥죽　188
포크커틀릿　170
표고버섯전　274
풋고추장아찌　305
피클 만들기　38

ㅎ
해물매운탕　246
해물파전　272
해파리냉채　278
햄버그스테이크　172
호두땅콩조림　86
호박고지나물　74
홍합초　64
황태해장국　112
흑임자죽　221

리스컴이 펴낸 책들

요리

한입에 쏙, 맛과 영양을 가득 담은 간편 도시락
김밥 주먹밥 유부초밥
맛있고 영양 많고 한입에 먹기 편한 김밥, 주먹밥, 유부초밥. 도시락, 간식으로 준비하기에 이보다 더 좋은 게 없다! 밥 양념하기, 속재료 준비하기부터 김밥 말기, 주먹밥 모양내기, 유부초밥 토핑하기까지 50가지 메뉴의 모든 테크닉을 꼼꼼하게 알려준다.

지선아 지음 | 144쪽 | 188×230mm | 16,800원

내 몸이 가벼워지는 시간
샐러드에 반하다
한 끼 샐러드, 도시락 샐러드, 저칼로리 샐러드, 곁들이 샐러드 등 쉽고 맛있는 샐러드 레시피 64가지를 소개한다. 각 샐러드의 전체 칼로리와 드레싱 칼로리를 함께 알려줘 다이어트에도 도움이 된다. 다양한 맛의 45가지 드레싱 등 알찬 정보도 담았다.

장연정 지음 | 184쪽 | 210×256mm | 16,000원

더 오래, 더 맛있게 홈메이드 저장식 60
피클 장아찌 병조림
맛있고 건강한 홈메이드 저장식을 알려준다. 기본 피클, 장아찌부터 아보카도장이나 낙지장 등 요즘 인기 있는 레시피까지 모두 수록했다. 제철 재료 캘린더, 조리 팁까지 꼼꼼하게 알려줘 요리 초보자도 실패 없이 맛있는 저장식을 만들 수 있다.

손성희 지음 | 176쪽 | 188×235mm | 18,000원

매일 만들어 먹고 싶은
핫플 카페의 인기 샌드위치
23년 경력의 요리연구가 지선아가 고안한 50가지 샌드위치 레시피를 통해, 집에서도 카페처럼 맛있고 다채로운 한 끼를 즐길 수 있도록 했다. SNS와 인기 카페에서 주목받은 메뉴를 집에서도 재현할 수 있도록 자세한 조리 과정과 사진을 수록했다.

지선아 지음 | 144쪽 | 188×230mm | 18,000원

맛있는 밥을 간편하게 즐기고 싶다면
뚝딱 한 그릇, 밥
덮밥, 볶음밥, 비빔밥, 솥밥 등 별다른 반찬 없이도 맛있게 먹을 수 있는 한 그릇 밥 76가지를 소개한다. 한식부터 외국 음식까지 메뉴가 풍성해 혼밥으로 별식으로, 도시락으로 다양하게 즐길 수 있다. 레시피가 쉽고, 밥 짓기 등 기본 조리법과 알찬 정보도 가득하다.

장연정 지음 | 216쪽 | 188×245mm | 16,800원

다이어터를 위한 고단백 저지방 레시피
매일 새로운 닭가슴살 요리
"닭가슴살을 어떻게 매일 먹을 수 있을까?"라는 질문에서 출발한 이 책은, 반복적인 식단에 신선한 영감을 더하는 62가지 레시피를 담고 있다. 샐러드, 구이, 한 끼 요리, 도시락 등으로 다채롭게 구성된 모든 레시피는 다이어터에게 이상적인 식단을 제공한다.

이양지 지음 | 152쪽 | 150×205mm | 16,800원

입맛 없을 때, 간단하고 맛있는 한 끼
뚝딱 한 그릇, 국수
비빔국수, 국물국수, 볶음국수 등 입맛 살리는 국수 63가지를 담았다. 김치비빔국수, 칼국수 등 누구나 좋아하는 우리 국수부터 파스타, 미고렝 등 색다른 외국 국수까지 다양하다. 국수 삶기, 국물 내기 등 기본 조리법과 함께 먹으면 맛있는 밑반찬도 알려준다.

장연정 지음 | 200쪽 | 188×245mm | 16,800원

점심 한 끼만 잘 지켜도 살이 빠진다
하루 한 끼 다이어트 도시락
맛있게 먹으면서 건강하게 살을 빼는 다이어트 도시락. 영양은 가득하고 칼로리는 200~300kcal대로 맞춘 저칼로리 도시락으로, 샐러드, 샌드위치, 별식, 기본 도시락 등 다양한 메뉴를 담았다. 다이어트 도시락을 쉽고 맛있게 싸는 알찬 정보도 가득하다.

최승주 지음 | 176쪽 | 188×245mm | 15,000원

만약에 달걀이 없었더라면 무엇으로 식탁을 차릴까
오늘도 달걀
값싸고 영양 많은 완전식품 달걀을 더 맛있게 즐길 수 있는 달걀 요리 레시피북. 가벼운 한 끼부터 든든한 별식, 밥반찬, 간식과 디저트, 음료까지 맛있는 달걀 요리 63가지를 담았다. 레시피가 간단하고 기본 조리법과 소스 등도 알려줘 누구나 쉽게 만들 수 있다.

손성희 지음 | 136쪽 | 188×245mm | 14,000원

하루 한 그릇 면역 습관
암도 이기는 장수 수프
1천 명의 암 환자를 치료한 명의가 다년간의 연구를 바탕으로 만든 항암 식사 가이드로, 항암 식품 10가지와 이를 활용한 100개의 수프 레시피와 비법을 담았다. 암 예방은 물론, 질병 예방과 건강한 장수까지 지킬 수 있는 최고의 선택이 될 것이다.

사토 노리히로 지음 | 168쪽 | 150×205mm | 18,000원

영양학 전문가가 제안하는 슬로에이징 식단
저속노화 레시피

먹는 즐거움을 잃지 않으면서 건강 수명을 늘리고 싶은 사람들에게 꼭 필요한 실전 건강서. 저속노화의 개념과 원리, 그리고 왜 식습관이 노화를 결정짓는 핵심인지 설명하고, 실제로 저속노화를 실천할 수 있는 72가지 레시피를 담았다.

어메이징푸드 지음 | 216쪽 | 188×245mm | 18,000원

기초부터 응용까지 베이킹의 모든 것
브레드 마스터 클래스

국내 최고 발효 빵 전문가이자 20년 동안 베이커의 길을 걸어온 저자의 모든 베이킹 노하우를 한 권에 담았다. 베이킹 이론과 레시피를 단계적이고 체계적으로 알려주는 원앤온리 클래스로, 건강 빵부터 인기 빵까지 40개의 레시피가 수록되어 있다.

고상진 지음 | 256쪽 | 188×245mm | 22,000원

뇌 건강을 지키는 식사, 마인드 식단

뇌 건강에 필요한 영양소를 가장 효율적으로 섭취할 수 있는 방법. 이론 편에서 치매의 원리와 위험 요인, 식생활이 뇌에 미치는 영향을 설명하고, 식단 편에서는 스무디·샐러드·한 그릇 요리로 구성된 레시피를 통해 일상에서 바로 실천할 수 있도록 구성했다.

오상석·성미경·박미영·성동은 지음 | 백현욱 감수 | 192쪽
188×245mm | 18,000원

천연 효모가 살아있는 건강빵
천연발효빵

맛있고 몸에 좋은 천연발효빵을 소개한 책. 홈 베이킹을 넘어 건강한 빵을 찾는 웰빙족을 위해 과일, 채소, 곡물 등으로 만드는 천연발효종 20가지와 천연발효종으로 굽는 건강빵 레시피 62가지를 담았다. 천연발효빵 만드는 과정이 한눈에 들어오도록 구성되었다.

고상진 지음 | 328쪽 | 188×245mm | 19,800원

영양학 전문가가 알려주는 저염·저칼륨 식사법
콩팥병을 이기는 매일 밥상

콩팥병은 한번 시작되면 점점 나빠지는 특징이 있어 무엇보다 식사 관리가 중요하다. 영양학 박사와 임상영상사들이 저염식을 기본으로 단백질, 인, 칼륨 등을 줄인 콩팥병 맞춤 요리를 준비했다. 간편하고 맛도 좋아 환자와 가족 모두 걱정 없이 즐길 수 있다.

어메이징푸드 지음 | 248쪽 | 188×245mm | 18,000원

볼 하나로 간단히, 치대지 않고 쉽게
무반죽 원 볼 베이킹

누구나 쉽게 맛있고 건강한 빵을 만들 수 있도록 돕는 책. 61가지 무반죽 레시피와 전문가의 Tip을 담았다. 이제 힘든 반죽 과정 없이 볼과 주걱만 있어도 집에서 간편하게 빵을 구울 수 있다. 초보자에게도, 바쁜 사람에게도 안성맞춤이다.

고상진 지음 | 248쪽 | 188×245mm | 20,000원

영양학 전문가의 맞춤 당뇨식
최고의 당뇨 밥상

영양학 전문가들이 상담을 통해 쌓은 데이터를 기반으로 당뇨 환자들이 가장 맛있게 먹으며 당뇨 관리에 성공한 메뉴를 추렸다. 한 상 차림부터 한 그릇 요리, 브런치, 샐러드와 당뇨 맞춤 음료, 도시락 등으로 구성해 매일 활용할 수 있으며, 조리법도 간단하다.

어메이징푸드 지음 | 256쪽 | 188×245mm | 16,000원

정말 쉽고 맛있는 베이킹 레시피 54
나의 첫 베이킹 수업

기본 빵부터 쿠키, 케이크까지 초보자를 위한 베이킹 레시피 54가지. 바삭한 쿠키와 담백한 스콘, 다양한 머핀과 파운드케이크, 폼나는 케이크와 타르트, 누구나 좋아하는 인기 빵까지 모두 담겨 있다. 베이킹을 처음 시작하는 사람에게 안성맞춤이다.

고상진 지음 | 216쪽 | 188×245mm | 16,800원

치료 효과 높이고 재발 막는 항암요리
암을 이기는 최고의 식사법

암 환자들의 치료 효과를 높이고 재발을 막는 데 도움이 되는 음식을 소개한다. 항암치료 시 나타나는 증상별 치료식과 치료를 마치고 건강을 관리하는 일상 관리식으로 나눠 담았다. 항암 식생활, 항암 식단에 대한 궁금증 등 암에 관한 정보도 꼼꼼하게 알려준다.

어메이징푸드 지음 | 280쪽 | 188×245mm | 18,000원

커피, 달걀, 우유 없이도 이렇게 맛있다고?
비건 디저트

건강 때문에 달콤한 디저트를 포기했던 사람들을 위해 안전하게 즐길 수 있는 디저트 레시피를 소개한다. 재료만 섞어서 금방 만드는 머핀과 쿠키, 오븐에 굽지 않아도 되는 오트밀 그래놀라 바, 브라우니까지 알차고 다양하게 구성했다.

시라이 유키 지음 | 안지홍 옮김 | 144쪽
188×230mm | 18,000원

리스컴이 펴낸 책들

건강 | 다이어트

한의사 트레이너가 알려주는 통증 제로 솔루션
하루 10분 속근육 운동법

한의사이자 헬스 트레이너인 저자가 한의학적 통증 관리와 운동 생리학을 결합해 통증의 뿌리를 바로잡는 3단계 속근육 운동법을 제시한다. 마사지로 풀고, 스트레칭으로 늘리고, 운동으로 강화하는 하루 10분 루틴으로 통증 완화와 체형 교정 효과를 확실히 얻을 수 있다.

이용현 지음 | 168쪽 | 188×235mm | 17,500원

라인 살리고, 근력과 유연성 기르는 최고의 전신 운동
필라테스 홈트

필라테스는 자세 교정과 다이어트 효과가 매우 큰 신체 단련 운동이다. 이 책은 전문 스튜디오에 나가지 않고도 집에서 얼마든지 필라테스를 쉽게 배울 수 있는 방법을 알려준다. 난이도에 따라 15분, 30분, 50분 프로그램으로 구성해 누구나 부담 없이 시작할 수 있다.

박서희 지음 | 128쪽 | 215×290mm | 10,000원

아침 5분, 저녁 10분
스트레칭이면 충분하다

몸은 튼튼하게 몸매는 탄력 있게! 아침 5분, 저녁 10분이라도 꾸준히 스트레칭하면 하루하루가 몰라보게 달라질 것이다. 아침저녁 동작은 5분을 기본으로 구성하고 좀 더 체계적인 스트레칭 동작을 위해 10분, 20분 과정도 소개했다.

박서희 지음 | 152쪽 | 188×245mm | 13,000원

남자들을 위한 최고의 퍼스널 트레이닝
1일 20분 셀프PT

혼자서도 쉽고 빠르게 원하는 몸을 만들도록 돕는 PT 가이드북. 내추럴 보디빌딩 국가대표가 기본 동작부터 잘못된 자세까지 차근차근 알려준다. 오늘부터 하루 20분 셀프PT로 남자라면 누구나 갖고 싶어하는 역삼각형 어깨, 탄탄한 가슴, 식스팩, 강한 하체를 만들어보자.

이용현 지음 | 192쪽 | 188×230mm | 14,000원

파킨슨병 전문가가 알려주는 파킨슨병 완벽 가이드북
파킨슨병

파킨슨병에 대한 정확한 기초 지식과 치료법, 생활관리법, 환자 돌보기를 실생활에서 바로 적용할 수 있도록 쉽게 알려준다. 일목요연한 구성과 그림을 활용한 이해하기 쉬운 설명으로 파킨슨병 환자와 가족에게 든든한 가이드가 되어줄 것이다.

사쿠나 마나부 감수 | 조기호 옮김 | 160쪽
152×225mm | 16,800원

임신출산 | 자녀교육

산부인과 의사가 들려주는 임신 출산 육아의 모든 것
똑똑하고 건강한 첫 임신 출산 육아

임신 전 계획부터 산후조리까지 현대의 임신부를 위한 똑똑한 임신 출산 육아 교과서. 20년 산부인과 전문의가 임신부들이 가장 궁금해하는 것과 꼭 알아야 할 것들을 알려준다. 계획 임신, 개월 수에 따른 엄마와 태아의 변화, 안전한 출산을 위한 준비 등을 꼼꼼하게 짚어준다.

김건오 지음 | 408쪽 | 190×250mm | 20,000원

세상에서 가장 아름다운 태교 동화
하루 10분, 아가랑 소곤소곤

독서교육 전문가가 30여 년 동안 읽은 수천 권의 책 중에서 가장 아름다운 이야기 30여 편을 골라 모았다. 마음이 따뜻해지는 이야기, 재치 있고 삶의 지혜가 담긴 이야기, 가족 사랑과 인간애를 느낄 수 있는 이야기들이 가득하다. 태교를 위한 갖가지 정보도 알차게 담겨 있다.

박한나 지음 | 208쪽 | 174×220mm | 19,800원

말 안 듣는 아들, 속 터지는 엄마
아들 키우기, 왜 이렇게 힘들까

20만 명이 넘는 엄마가 선택한 아들 키우기의 노하우. 엄마는 이해할 수 없는 남자아이의 특징부터 소리치지 않고 행동을 변화시키는 아들 맞춤 육아법까지. 오늘도 아들 육아에 지친 엄마들에게 '슈퍼 보육교사'로 소문난 자녀교육 전문가가 명쾌한 해답을 제시한다.

하라사카 이치로 지음 | 192쪽 | 143×205mm | 13,000원

성인 자녀와 부모의 단절 원인과 갈등 회복 방법
자녀는 왜 부모를 거부하는가

최근 부모 자식 간 관계 단절 현상이 늘고 있다. 심리학자인 저자가 자신의 경험과 상담 사례를 바탕으로 그 원인을 찾고 해답을 제시한다. 성인이 되어 부모와 인연을 끊는 자녀들의 심리와, 그로 인해 고통받는 부모에 대한 위로, 부모와 자녀 간의 화해 방법이 담겨있다.

조슈아 콜먼 지음 | 328쪽 | 152×223mm | 16,000원

아이는 엄마의 감정을 먹고 자란다
내 아이를 위한 엄마의 감정 공부

엄마의 감정 육아는 아이의 정서에 나쁜 영향을 미친다. 엄마들을 위한 8일간의 감정 공부 프로그램을 그대로 책에 담았다. 감정을 정리하고 자녀와 좀 더 가까워지는 방법을 안내한다. 사례가 풍부하고 워크지도 있어 책을 읽으면서 바로 활용할 수 있다.

양선아 지음 | 272쪽 | 152×223mm | 15,000원

취미 | 인테리어

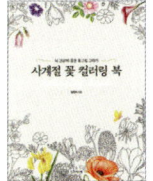

뇌 건강에 좋은 꽃그림 그리기
사계절 꽃 컬러링북
꽃그림을 색칠하며 뇌 건강을 지키는 컬러링북. 컬러링은 인지 능력을 높이기 때문에 시니어들의 뇌 건강을 지키는 취미로 안성맞춤이다. 이 책은 색연필을 사용해 누구나 쉽고 재미있게 색칠할 수 있다. 꽃그림을 직접 그려 선물할 수 있는 포스트 카드도 담았다.

정은희 지음 | 96쪽 | 210×265mm | 13,000원

내 집은 내가 고친다
집수리 닥터 강쌤의 셀프 집수리
집 안 곳곳에서 생기는 문제들을 출장 수리 없이 내 손으로 고칠 수 있게 도와주는 책. 집수리 전문가이자 인기 유튜버인 저자가 25년 경력을 통해 얻은 노하우를 알려준다. 전 과정을 사진과 함께 자세히 설명하고, QR 코드를 수록해 동영상도 볼 수 있다.

강태운 지음 | 272쪽 | 190×260mm | 22,000원

초록으로 물드는 일상
실내식물 컬러링북
색연필 한 자루로 식물의 고요한 아름다움과 정서적 안정을 함께 누릴 수 있는 힐링 컬러링북이다. 그림을 따라 색칠하는 동안, 자연스럽게 식물의 이름과 생김새, 특징까지 익힐 수 있다. 일상 속 식물 감상과 뇌 건강을 위한 특별한 취미생활이 이 책 한 권에 담겨 있다.

정은희 지음 | 104쪽 | 210×265mm | 15,000원

119가지 실내식물 가이드
실내식물 죽이지 않고 잘 키우는 방법
반려식물로 삼기 적합한 119가지 실내식물의 특징과 환경, 적절한 관리 방법을 알려주는 가이드북. 식물에 대한 정보를 위치, 빛, 물과 영양, 돌보기로 나누어 보다 자세하게 설명한다. 식물을 키우며 겪을 수 있는 여러 문제에 대한 해결책도 제시한다.

베로니카 피어리스 지음 | 144쪽 | 150×195mm | 16,000원

나 어릴때 놀던 뜰
우리 집 꽃밭 컬러링북
'아빠하고 나하고 만든 꽃밭에, 채송화도 봉숭아도 한창입니다…' 마당 한가운데 동그란 꽃밭, 그 안에 올망졸망 자리 잡은 백일홍, 봉숭아, 샐비어, 분꽃, 붓꽃, 채송화, 과꽃, 한련화… 어릴 적 고향 집 뜰에 피던 추억의 꽃들을 색칠하며 그 시절로 돌아가 보자.

정은희 지음 | 96쪽 | 210×265mm | 14,000원

화분에 쉽게 키우는 28가지 인기 채소
우리 집 미니 채소밭
화분 둘 곳만 있다면 집에서 간단히 채소를 키울 수 있다. 이 책은 화분 재배 방법을 기초부터 꼼꼼하게 가르쳐준다. 화분 준비부터 키우는 방법, 병충해 대책까지 쉽고 자세하게 설명하고, 수확량을 늘리는 비결에 대해서도 친절하게 알려준다.

후지타 사토시 지음 | 96쪽 | 190×260mm | 13,000원

여행에 색을 입히다
꼭 가보고 싶은 유럽 컬러링북
아름다운 유럽의 풍경 28개를 색칠하는 컬러링북. 초보자도 다루기 쉬운 색연필을 사용해 누구나 멋진 작품을 완성할 수 있다. 꿈꿔왔던 여행을 상상하고 행복했던 추억을 떠올리며 색칠하다 보면 편안하고 따뜻한 힐링의 시간을 보낼 수 있다.

정은희 지음 | 72쪽 | 210×265mm | 13,000원

우리 집을 넓고 예쁘게 꾸미는 아이디어
공간 디자인의 기술
집 안을 예쁘고 효율적으로 꾸미는 방법을 인테리어의 핵심인 배치, 수납, 장식으로 나눠 알려준다. 포인트를 콕콕 짚어주고 알기 쉬운 그림을 곁들여 한눈에 이해할 수 있다. 결혼이나 이사를 하는 사람을 위해 집 구하기와 가구 고르기에 대한 정보도 자세히 담았다.

가와카미 유키 지음 | 240쪽 | 152×220mm | 16,800원

꽃과 같은 당신에게 전하는 마음의 선물
꽃말 365
365일의 탄생화와 꽃말을 소개하고, 따뜻한 일상 이야기를 통해 인생을 '잘'살아가는 방법을 알려주는 책. 두 딸의 엄마인 저자는 꽃말과 함께 평범한 일상 속에서 소중함을 찾고 삶을 아름답게 가꿔가는 지혜를 전해준다. 마음에 닿는 하루 한 줄 명언도 담았다.

조서윤 지음 | 정은희 그림 | 292쪽 | 130×200mm | 19,800원

착한 성분, 예쁜 디자인
나만의 핸드메이드 천연비누
예쁘고 건강한 천연비누를 만들 수 있도록 돕는 레시피북. 천연비누부터 배스밤, 버블바, 배스 솔트까지 39가지 레시피를 한 권에 담았다. 비누 만드는 데 알아야 할 정보를 친절하게 설명했다.

오혜리 지음 | 248쪽 | 190×245mm | 18,000원

내 입맛에 꼭 맞는 197가지 집밥 메뉴

한복선의
엄마의 밥상

지은이 | 한복선
어시스트 | 지선아

사진 | 이용근 최해성
진행 | 최승주 김지원
촬영 협조 | 서촌게스트하우스 (0507-1473-9681)

편집 | 김연주 이희진 김민주
디자인 | 이미정 한송이
마케팅 | 신용천 추미경 안효원

출력·인쇄 | 금강인쇄

개정2판 1쇄 | 2022년 1월 24일
개정2판 6쇄 | 2026년 1월 2일

펴낸이 | 이진희
펴낸 곳 | 리스컴

주소 | 서울시 강남구 테헤란로87길 22, 7층 (삼성동, 한국도심공항)
전화번호 | 대표번호 02-540-5192
　　　　　　편집부 02-544-5194
FAX | 0504-479-4222

등록번호 | 제2-3348

이 책은 저작권의 보호를 받는 출판물입니다.
이 책에 실린 사진과 글의 무단 전재 및 복제를 금합니다.
잘못된 책은 바꾸어 드립니다.

ISBN 979-11-5616-255-1 13590
책값은 뒤표지에 있습니다.

블로그
blog.naver.com/leescomm

인스타그램
instagram.com/leescom

유튜브
www.youtube.com/c/leescom

유익한 정보와 다양한 이벤트가 있는 리스컴 SNS 채널로 놀러오세요!